Roman Frydman und Michael D. Goldberg

Jenseits rationaler Märkte

Roman Frydman und Michael D. Goldberg

Jenseits rationaler Märkte

*Die neue Marktwirtschaft
nach Keynes und Hayek*

Aus dem Englischen von
Andreas Schieberle

WILEY-VCH Verlag GmbH & Co. KGaA

1. Auflage 2012

Alle Bücher von Wiley-VCH werden sorgfältig erarbeitet. Dennoch übernehmen Autoren, Herausgeber und Verlag in keinem Fall, einschließlich des vorliegenden Werkes, für die Richtigkeit von Angaben, Hinweisen und Ratschlägen sowie für eventuelle Druckfehler irgendeine Haftung.

Bibliografische Information der Deutschen Nationalbibliothek
Die Deutsche Nationalbibliothek verzeichnet diese Publikation in der Deutschen Nationalbibliografie; detaillierte bibliografische Daten sind im Internet über http://dnb.d-nb.de abrufbar.

Das englische Original erschien 2011 unter dem Titel »Beyond Mechanical Markets: Asset Price Swings, Risk, and the Role of the State« bei Princeton University Press, New Jersey.

Copyright © 2011 by Princeton University Press. All rights reserved.

This translation published under license.

© 2012 Wiley-VCH Verlag & Co. KGaA, Boschstr. 12, 69469 Weinheim, Germany

Printed in the Federal Republic of Germany

Satz Mitterweger und Partner, Plankstadt
Druck und Bindung CPI, Ebner & Spiegel, Ulm
Umschlaggestaltung init GmbH, Bielefeld
Lektorat Evelyn Boos, Schondorf am Ammersee

Print ISBN: 978-3-527-50665-1

Widmung

Für Halina, Julia und Marcella
R. F.

Für Sybille und Ben
M. G.

Inhaltsverzeichnis

Inhaltsverzeichnis

Danksagungen

Wir sind Peter Dougherty vom Verlag Princeton University Press außerordentlich dankbar dafür, dass er uns zum Schreiben dieses Buches ermuntert hat. Sein Rat hat uns inspiriert, einen Artikel zu überarbeiten und auszubauen, in dem es darum ging, wie uns der Ansatz, unvollkommenes Wissen ins Zentrum von Makroökonomie und Finanztheorie zu stellen, dabei helfen kann, die Probleme besser zu verstehen, die von der 2007 ausgebrochenen Finanzkrise aufgeworfen wurden. Seine unerschütterliche Überzeugung, die technischen Erkenntnisse aus *Imperfect Knowledge Economics: Exchange Rates and Risk* (Princeton University Press, 2007) könnten, in einer für Nichtfachleute verständlichen Sprache dargestellt, einen Beitrag zur öffentlichen Debatte leisten, war ein entscheidender Katalysator für dieses Buch.

Gewaltig profitiert haben wir über die Jahrzehnte von unseren erhellenden Diskussionen über moderne Makroökonomie mit Edmund Phelps. Auch George Soros' Gedanken über die Rolle von unvollkommenem Wissen und Reflexivität auf den Finanzmärkten und bei historischen Veränderungen hat uns stimuliert und über die Jahre hinweg unterstützt.

Robert Skidelsky und Michael Woodford haben die meisten Kapitel dieses Buches im Entwurf gelesen. Ihr scharfsinniges Verständnis der Gedankenwelt Keynes' sowie der modernen makroökonomischen Theorie haben uns dazu veranlasst, unsere Gedanken erheblich zu überarbeiten. Anatole Kaletsky zeigte früh Interesse an unserer Arbeit und ihren weitreichenden Auswirkungen auf das Verständnis der jeweiligen Rollen von Markt und Staat in der modernen Ökonomie. Anatoles weiter intellektueller Horizont hat unsere Arbeit inspiriert.

Viele Diskussionen am Center on Capitalism and Society an der Columbia University haben uns über die Jahre hinweg in unserem Ansatz bestärkt, die entscheidende Bedeutung von unvollkommenem Wissen für das Verständnis von Marktergebnissen deutlich zu machen. Richard Robbs' frühe prägnante Kommentare zur Ökonomie des unvollkommenen Wissens sowie zu den Entwürfen unserer Anfangskapitel haben uns dabei geholfen, unsere Argumente zur zeitgenössischen Finanztheorie klarer zu machen und ihre Darstellung zu verbessern.

Die unlängst erfolgte Gründung des Institute for New Economic Thinking (INET) hat uns sehr in unseren laufenden Bemühungen ermutigt, einen alternativen Ansatz für Makroökonomie und Finanzwissenschaft zu entwickeln. Die Reaktionen auf unsere Präsentation auf der INET-Eröffnungskonferenz am King's College in Cambridge sowie viele anregende Diskussionen über Finanzreformen mit dessen Geschäftsführer Robert Johnson haben uns in die Lage versetzt, eine Reihe unserer Schlüsselargumente zu präzisieren.

Auch Niels Thygesen hat seine umfangreichen Kenntnisse über die unterschiedlichen aktuellen Ansätze zu Finanzreformen großzügig mit uns geteilt. Seine Kritik an unseren Politikvorschlägen hat uns vor vielen Auslassungen und Fehleinschätzungen bewahrt. Ein erhellendes Gespräch mit Adair Turner in der Frühphase der Entwicklung unseres Politikrahmens hat uns in die Lage versetzt, unseren Vergleich von Politikvorschlägen, die auf der Ökonomie des unvollkommenen Wissens beruhen, mit den von öffentlichen Körperschaften nach der Krise vorgebrachten Vorschlägen substanziell zu verbessern.

Ideenfördernde Diskussionen mit vielen weiteren Kollegen und Freunden haben uns zu zahlreichen Überarbeitungen unserer Gedanken und Argumente veranlasst. Viele Jahre gemeinsamer Forschung mit Andrzej Rapaczynski zum postkommunistischen Übergang haben als Ausgangsbasis für unsere Argumente über die Ähnlichkeiten zwischen Zentralplanwirtschaft und zeitgenössischer Makroökonomie und Finanzwissenschaft gedient. Stark profitiert haben wir von der Perspektive des Historikers auf die frühen Manuskriptpassagen, die Jan Gross beigesteuert hat. Peter Jungens' scharfsinnige Lektüre des Manuskripts sowie eine Reihe ausführlicher Diskussionen mit ihm haben uns geholfen, unsere Analyse der Zusammenhänge zwischen Unternehmertum und anderen Schlüsselmerkmalen der modernen Wirtschaft sowie der allokativen Rolle der Finanzmärkte zu verfeinern.

Zu Dank verpflichtet sind wir Bruce Elmslie, Lejb Fogelman, Irena Grudzinska-Gross, Helena Hessel, Soren Johansen, Katarina Juselius, Henri Kowalski, Jonathan Schell, Peter Sullivan, Josh Stillwagon, Klaudiusz Weiss und Emre Yoldas, weil sie sich die Zeit genommen haben, Teile einer frühen Manuskriptversion zu lesen. Ihre Fragen und klugen Vorschläge haben zur Verfeinerung und Überarbeitung einiger unserer Schlüsselargumente geführt.

Matthew Winkler sind wir dankbar für sein Interesse an unserer Arbeit und seine großzügige Bereitstellung elektronischer Aufzeichnungen der »Market-Wrap«-Geschichten des Wirtschaftsnachrichtensenders Bloomberg. Die Belege aus diesen Geschichten waren wesentlich für unsere Analyse der jeweiligen Rollen psychologischer und fundamentaler Erwägungen als Bestimmungsfaktoren für die Bewegungen der Kurse von Vermögenswerten sowie des Risikos. In diesem Buch präsentieren wir frühe Erkenntnisse dieser Analyse. Wir stehen in Nicholas Mangees Schuld für seinen außergewöhnlichen Einsatz bei der Analyse der Bloomberg-Geschichten und für seine Zusammenarbeit bei der Entwicklung eines Ansatzes zur empirischen Analyse der Märkte für Vermögenswerte, der traditionelle ökonometrische Methoden mit darstellerischer Klarheit verbindet.

Zutiefst dankbar sind wir Jonathan Stein für seine außerordentliche redaktionelle Arbeit, die Stil, Präsentation und Lesbarkeit des Buches deutlich verbessert hat. Jonathans Einsatz ging weit über den eines erstklassigen Redakteurs hinaus: Unsere zahlreichen anregenden Diskussionen mit ihm führten zu einem substanziellen Überdenken einer ganzen Reihe von Argumenten dieses Buches. Wir dürfen außerdem von Glück reden, dass Marcella Frydman und Kenneth Murphy am redaktionellen Prozess beteiligt waren. Cyd Westmoreland lieferte ein professionelles Lektorat, und Peter Strupp und seine Belegschaft bei Princeton Editorial Associates waren maßgeblich an der Verwirklichung des seltenen Kunststücks beteiligt, die Herstellung dieses Buches zu einem mühelosen Vorgang zu machen.

Wenn wir uns den institutionellen Sponsoren zuwenden, so freuen wir uns, die Unterstützung in Form redaktioneller Assistenz durch das C. V. Starr Center for Applied Economics an der New York University und die University of New Hampshire zu würdigen. Robert Litan von der Ewing Marion Kauffman Foundation sind wir dankbar für sein Interesse an diesem Buch. Der Zuschuss der Stiftung hat uns in die Lage versetzt, den Sommer 2010 seiner Fertigstellung zu widmen.

Und zum Schluss danken wir noch Halina, Sybille, Ben, Julia und Marcella für ihre Geduld und warmherzige Unterstützung.

Jenseits rationaler Märkte

Was schiefgelaufen ist und was wir dagegen unternehmen können

*Ganz abgesehen von der Tatsache, dass wir
die Zukunft nicht kennen, ist die Zukunft
auch objektiv nicht festgelegt. Die Zukunft
ist offen: objektiv offen.*

Karl R. Popper, Eine Welt der Propensitäten

*Ich gestehe, dass ich ein echtes, aber
unvollkommenes Wissen ... der Anmaßung
eines exakten Wissens vorziehe, das
höchstwahrscheinlich falsch ist.*

Friedrich A. Hayek,

*»Die Anmaßung von Wissen«, Ansprache nach
Verleihung des Nobelpreises*

Der fatale Fehler

Instabilität ist ein inhärentes Merkmal der kapitalistischen Wirtschaften, und vielleicht nirgendwo so ausgeprägt wie auf den modernen Finanzmärkten. Die Kurse von Vermögenswerten neigen ebenso wie die Risiken zu Schwankungen, und wie die jüngsten Erfahrungen auf den Immobilien-, Aktien-, Devisen- und Rohstoffmärkten rund um die Welt gezeigt haben, werden Kursanstiege mitunter auch exzessiv und enden schließlich mit abrupten und dramatischen Rückschlägen.

Diese Auf- und Abschwünge bei den Vermögenswerten führen oft zu schmerzlichen Veränderungen in Konsum- und Investitionsmustern, die Konjunkturabschwünge auslösen oder verlängern und die Arbeitslosigkeit stark anwachsen lassen können. Viele Beobachter betrachten exzessive Preissteigerungen bei den Immobilien- und Aktienkursen als Schlüsselfaktoren für die 2007 ausgebrochene globale Finanzkrise mit ihren verheerenden Folgen für die Menschen weltweit. Daher ist es entscheidend, die Kursschwankungen von Vermögenswerten, ihren Zusammenhang mit finanziellen Risiken und ihre Auswirkungen auf die Gesamtwirtschaft zu verstehen, um die Ursachen von Krisen einschätzen und die verschiedenen Politikvorschläge bewerten zu können, die auf eine Behebung des Systemversagens abzielen.

Jenseits rationaler Märkte Roman Frydman und Michael D. Goldberg
Copyright © 2012 WILEY-VCH Verlag GmbH & Co. KGaA, Weinheim

Die zentrale Prämisse dieses Buches lautet, dass der begriffliche Rahmen der Debatte, die von der globalen Finanzkrise ausgelöst wurde, völlig ungeeignet ist, um zu verstehen, was mit unseren Wirtschaften schiefgelaufen ist und was getan werden müsste, um sie zu reformieren. Der Grund ist einfach: Die heutige makroökonomische und finanzwissenschaftliche Theorie versucht, Kursrisiken und -schwankungen mit Modellen zu erklären, denen zufolge nicht routinemäßige Veränderungen irrelevant sind, so als ob nie etwas wirklich Neues geschehen könnte.

Wie Frank Knight (1921, S. 198) es ausgedrückt hat: »Wenn sämtliche Veränderungen im Einklang mit unveränderlichen und allgemein bekannten Gesetzen stattfänden, [sodass] sie auf unbestimmte Zeit vor ihrem Eintreten vorhergesehen werden könnten, ... dann würden Gewinne oder Verluste gar nicht entstehen.« Und dennoch gehen die heutigen Modelle davon aus, dass solche Gesetze existieren. Zur Debatte steht also, was wirtschaftliches Handeln motiviert und die Allokation der Ressourcen in den kapitalistischen Wirtschaften lenkt. Für Knight – und für uns – »ist es unser unvollkommenes Wissen über die Zukunft, also die Folge von Veränderungen, nicht die Veränderungen an sich, was für unser Verständnis wesentlich ist«, wie nach Profit strebende Marktteilnehmer ihre Entscheidungen treffen und wie Kurse und Risiken sich über die Zeit entwickeln.

Annahmen, die das Wichtigste einfach ausblenden

Ökonomen müssen natürlich immer irgendwelche Annahmen machen, wenn sie ihre Modelle konstruieren. Wenn man aber annimmt, so wie es die heutigen ökonomischen Modelle tun, dass Bewegungen von Kursen und Risiken so verstanden werden könnten, als ergäbe sich die Zukunft automatisch aus der Vergangenheit, dann heißt das anzunehmen, dass, abgesehen von »Schocks«, alle Veränderungen vollständig vorhersagbar wären. Bliebe diese Selbsttäuschung auf die Welt der akademischen Wirtschaftswissenschaften beschränkt, dann wäre sie nichts weiter als eine zwar rätselhafte, aber letztlich harmlose intellektuelle Illusion. Aber die mechanistischen Erklärungen der Märkte durch die Ökonomen üben ja durchaus beträchtlichen Einfluss auf die politischen Entscheidungsträger, die Teilnehmer an den Finanzmärkten und die breite Öffentlichkeit in der wirklichen Welt aus. Darüber hinaus haben sie auch noch zu anscheinend gegensätzlichen Ansichten über die Finanzmärkte geführt: Diese werden entweder als rational und nahezu perfekt bei der Allokation des gesellschaftlichen Kapitals angesehen, oder aber als irrationale, casinoartige Einrichtungen, die zu einer völlig zufälligen Kapitalallokation führen.

Diese extremen Ansichten haben einen irreparablen Fehler gemein, der davon herrührt, dass die heutigen ökonomischen Modelle Individuen als wenig mehr denn Roboter darstellen. Im einen Lager nehmen die konventionellen Ökonomen an, rationale Individuen träfen ihre Entscheidungen so, als befolgten sie streng und stetig übergreifende mechanische Regeln, welche die Ökonomen selbst im Voraus vollständig darlegen. Und im anderen Lager nehmen die Verhaltensökonomen, trotz ihrer Kritik, dass es den rationalen Marktmodellen an psychologischem Realismus mangele, ganz genauso an, dass die Entscheidungen irrationaler Individuen und deren Auswirkungen auf Kurse und Risiken mit mechanischen Regeln adäquat abgebildet werden könnten.[1]

Diese Theorien setzen voraus, dass die Marktteilnehmer und die politischen Entscheidungsträger nie nach wirklich neuen Nutzungsmöglichkeiten für ihre Ressourcen gesucht und ihre Annahmen über die Zukunft nie revidiert haben. Darüber hinaus wird auch unterstellt, dass der gesellschaftliche Kontext, in dem die Individuen ihre Entscheidungen treffen – einschließlich Wirtschaftspolitik, Institutionen und globale wirtschaftliche und politische Entwicklungen – sich in einer Weise entwickle, die adäquat mit vorab dargelegten mechanischen Regeln abgebildet werden könnte.

Seit den letzten vier Jahrzehnten des 20. Jahrhunderts haben fast alle Makroökonomen und Finanztheoretiker ihr Berufsleben damit verbracht, solche vollständig prädeterminierten Modelle zu konstruieren. Man kann sogar sagen, dass diese Modelle zum Eckpfeiler des heutigen Zugangs zur ökonomischen Analyse geworden sind. Da sie davon ausgehen, dass Veränderungen und ihre Konsequenzen vollständig vorhersehbar sind, geben solche Modelle vor, eine übergreifende Erklärung für Kurse und Risiken sowohl in der Vergangenheit als auch in der Gegenwart und in der Zukunft liefern zu können. Im Gegensatz dazu werden alle anderen Arten von Modellen vom akademischen Mainstream inzwischen als unwissenschaftlich und daher der ernsthaften Betrachtung nicht wert erachtet.

---

1 Als bemerkenswerte Ausnahme siehe Akerlof und Shiller (2009). Diese stützten sich auf ein beschreibendes Analyseverfahren und vermeiden so eo ipso die mechanische Formalisierung verhaltensbedingter Erkenntnisse, anders als die weithin genutzten mathematischen behavioristischen Finanzmodelle. Zur weiteren Diskussion siehe Kapitel 2.

Bemerkenswerterweise besteht dieses Vorurteil weiter, obwohl die vollständig prädeterminierten Modelle eine traurige Bilanz bei der Erklärung aufweisen, wie nach Profit strebende Individuen auf den Finanzmärkten ihre Entscheidungen treffen und sich , dementsprechend die Kurse und Risiken über die Zeit entwickeln. Die jüngste Krise ist lediglich ein weiteres krasses Beispiel unter den massiven Belegen für das empirische Versagen solcher Modelle.

In diesem Buch untersuchen wir, wie die Ökonomen zu ihrem Glauben kamen, dass sie eine exakte, umfassende Erklärung für individuelle Entscheidungen und Marktergebnisse liefern könnten. Wir zeigen, wie sie ihre vollständig prädeterminierten Modelle konstruieren, und erklären, warum sie bei ihren Versuchen, das Verhalten rationaler Individuen sowie die Marktergebnisse abzubilden, eine Welt erdenken müssen, in der nicht routinemäßige Veränderungen und unvollkommenes Wissen unwichtig sind. Wir gehen sogar so weit zu behaupten, dass die heutigen makroökonomischen und finanzwissenschaftlichen Modelle durch den Ausschluss von Neuerungen in ihren Annahmen geradezu die Raison d'Être der Finanzmärkte ausblenden – nämlich dazu beizutragen, angesichts von nicht routinemäßigen Veränderungen und unvollkommenem Wissen, das diese in den modernen Wirtschaften erzeugen, für die Allokation des gesellschaftlichen Kapitals zu sorgen.

Unser Ziel ist, kurz gesagt, die Leser davon zu überzeugen, dass die bestehenden ökonomischen Modelle dabei versagen, Schwankungen von Kursen und Risiken zu erklären, weil sie auf einer unwiderruflich fehlerhaften Grundlage fußen. Demzufolge hat auch ihre Verwendung durch Marktteilnehmer (inklusive Investmentbanken und andere Finanzinstitute) zum Einschätzen von Kursen – sei es für durch Grundpfandrechte gedeckte Wertpapiere oder andere Vermögenswerte, neu oder alt – keine wissenschaftliche Grundlage. Die Krise hat ja schmerzlich gezeigt, wie absolut unzutreffend die Schätzungen der mechanischen Finanzmodelle für die Kurse innovativer Finanzprodukte und für die Risiken sind, die ihr Besitz und der Handel mit ihnen mit sich bringen.

Und was am wichtigsten ist: Wir zeigen, dass die heutigen Modelle die wesentliche Rolle verkennen, welche die Schwankungen von Kursen und Risiken in dem Prozess spielen, mit dem die Finanzmärkte zurückliegende Investitionen bewerten und neue Unternehmen und Projekte fördern – dem Schlüssel zur Dynamik der modernen Wirtschaften. Dabei können diese Schwankungen, aufgrund der Unvollkommenheit des Wissens, mitunter sogar exzessiv werden und gewaltige wirtschaftliche und soziale Kosten nach sich ziehen.

Welche Rolle soll dann der Staat auf den Märkten für Vermögenswerte spielen? Die heutige makroökonomische und finanzwissenschaftliche Theorie, die aufgrund ihrer Konstruktion unvollkommenes Wissen aufseiten der politischen Entscheidungsträger und der Marktteilnehmer gar nicht in Betracht zieht, ist beim Nachdenken über diese Frage wenig hilfreich. Dies geht so weit, dass trotz der verbreiteten Enttäuschung über die unbeschränkten Märkte die Debatte über Reformen und die daraus folgenden Vorschläge und Maßnahmen weiterhin die ideologische Überzeugung aus der Zeit vor der Krise widerspiegeln, dass der Staat sich, abgesehen vom Festlegen und Durchsetzen der Spielregeln, auf den Finanzmärkten nicht einmischen sollte. [2]

In der Folge konzentrieren sich die gegenwärtigen Reformen – das Dodd-Frank-Gesetz, Basel III und die Vorschläge der Europäischen Union – weitgehend auf eine Stärkung der Widerstandsfähigkeit des Bank- und Kreditsystems gegen widrige Gesamtentwicklungen. Makroökonomische Vorsorgemaßnahmen wie antizyklische Kapitalpolster, die Volcker-Regel und Transparenz fördernde Regeln werden zwar dazu beitragen, die Entstehung von Risiken im System zu begrenzen. Aber diese Reformen bieten herzlich wenig, wenn es darum geht, zwei der Hauptursachen von Finanzkrisen anzugehen, nämlich exzessive Aufwärtsbewegungen auf den Märkten für entscheidend wichtige Vermögenswerte – zum Beispiel Anteilskapital, Wohnimmobilien und Devisen – und die steilen und lang anhaltenden Abwärtsbewegungen, die solchen Aufwärtsbewegungen immer wieder folgen.

Der in diesem Buch vorgeschlagene Rahmen erklärt die wesentliche Rolle, die Finanzmärkte in den modernen Wirtschaften spielen, und erkennt dem Staat eine Rolle dabei zu, ihre Exzesse zu dämpfen. Wir nutzen

---

2 Politisch tätigen Ökonomen, insbesondere an der Bank für Internationalen Zahlungsausgleich, sowie akademischen Forschern, die sich mit dem Studium der historischen Belege von Finanzkrisen befassen, ist die Verbindung zwischen Schwankungen der Kurse von Vermögenswerten und diesen Krisen durchaus bewusst. Siehe zum Beispiel Borio und Lowe (2002a), Borio (2003) und Reinhart und Rogoff (2009). Borio und Lowe (2002a) betonen, dass eine Betrachtung ausgeprägter Kursschwankungen als Blasen nicht hilfreich sei. Mangels eines adäquaten begrifflichen Rahmens für das Verständnis solcher Schwankungen in kapitalistischen Wirtschaften interpretieren Cecchetti et al. (2000, 2002) sie nichtsdestoweniger als Blasen und schlagen geldpolitische Maßnahmen vor, um sie »zum Platzen zu bringen« – obwohl die meisten Ökonomen, die auf der Grundlage vollständig prädeterminierter Modelle argumentieren, gegen einen derartigen Einsatz der Geldpolitik sind. Siehe zum Beispiel Bernanke und Gertler (2001).

diesen Rahmen, um Verfeinerungen der gegenwärtigen systemischen Reformen vorzuschlagen, insbesondere der Finanzmärkte, die eine viel höhere Priorität auf der Reformagenda zugesprochen bekommen sollten. Wir schlagen neue Denkweisen für solche Reformen vor und erörtern eine Palette von Maßnahmen, die darauf abzielen, Exzesse der Finanzmärkte zu dämpfen, ohne dabei die Fähigkeit der kapitalistischen Wirtschaften zu beeinträchtigen, Innovationen und nachhaltiges Wachstum zu stimulieren.

Unvollkommenes Wissen als Alternative

Unsere Kritik an der heutigen ökonomischen Theorie hat uns dazu veranlasst, einen alternativen Ansatz für die modellhafte Abbildung der Märkte für Vermögensgegenstände zu entwickeln, den wir die Ökonomie des unvollkommenen Wissens (Imperfect Knowledge Economics, IKE) nennen (Frydman und Goldberg, 2007). Im Unterschied zu den heutigen Ansätzen stellt die Ökonomie des unvollkommenen Wissens nicht routinemäßige Veränderungen und unvollkommenes Wissen – also die Bedingungen, unter denen sich die Finanzmärkte entwickelt haben – ins Zentrum der ökonomischen Analyse. Wir zeigen, dass Schwankungen der Kurse für Vermögenswerte und des Risikos dem Prozess inhärent sind, mit dem die Finanzmärkte der Gesellschaft bei der Allokation ihres Kapitals helfen. Damit liefert die Ökonomie des unvollkommenen Wissens einen geeigneten Rahmen für die Bewertung und Verfeinerung der gegenwärtigen Pläne und Vorschläge zu Reformen. Sie schlägt einen neuen Handlungsrahmen für staatliche Regelungen und aktive vorsorgliche Interventionen auf den Finanzmärkten vor.

Die Art der Ökonomie, welche die Ökonomen praktizieren, und die Ideen, von denen diese abhängt, sind von entscheidender Bedeutung für die Öffentlichkeit. Dessen eingedenk untersuchen wir die Ökonomie des unvollkommenen Wissens und die heutigen Ansätze – sowie deren Konsequenzen für das Verständnis der Finanzmärkte und der staatlichen Regelungen – in einer Nichtfachsprache. Unsere Hoffnung ist, dass wir Nichtfachleute damit in die Lage versetzen, eine besser informierte und aktivere Rolle in der öffentlichen Debatte über Finanzreformen nach der Krise einzunehmen – deren Ergebnis wahrscheinlich jedermanns Wohlergehen sowie die Gesundheit der Volkswirtschaften rund um die Welt beeinflussen wird.

Von Fischern und Finanzmärkten

Die Fähigkeit der Institutionen einer Gesellschaft, eine Allokation ihrer Ersparnisse unter alternativen Anlageprojekten vorzunehmen und deren Fortschritte zu überwachen, gehört zu den Hauptdeterminanten für Innovation und Wachstum. Im Prinzip kann kein Mensch die Aussichten dieser Projekte – den Strom der künftigen Erträge – errechnen. Und dennoch tätigen die Finanzmärkte Tag für Tag diese Allokation der gesellschaftlichen Ersparnisse auf alternative Anlageprojekte.

Um die Bedeutung von nicht routinemäßigen Veränderungen und unvollkommenem Wissen für Investitionsentscheidungen zu erfassen und zu verstehen, warum ihr Ignorieren die wesentliche Rolle der Finanzmärkte in den modernen Wirtschaften einfach von vornherein in den Annahmen ausblenden würde, denken Sie doch einmal an einen Fischer, der am Morgen entscheiden muss, ob er den Tag mit dem Fischen nach Flundern oder Schellfisch verbringen soll. An einem typischen Tag hat er für die Einschätzung des voraussichtlichen Fangs und des Preises für jede Art von Fisch eine ganz gute Basis. Wenn er jedoch entscheiden muss, ob er sich ein Boot für den Flunderfang oder ein Boot für den Schellfischfang kaufen soll, dann muss er sich über eine enorme Zahl weiterer Möglichkeiten Gedanken machen: Es könnte jemand eine neue Fischfangtechnik erfinden, der Geschmack der Leute könnte sich ändern, Meeresverschmutzung und andere Umweltfaktoren könnten Flunder und Schellfisch auf unterschiedliche Weise beeinträchtigen, oder der Fischfang könnte auf lange Sicht ganz allgemein nicht die Tätigkeit sein, der er nachgehen sollte.

Ökonomen haben einen Ansatz entwickelt, der behauptet erklären zu können, wie der Fischer seine Investitionsentscheidung treffen wird: Wenn er eigennützig und rational handelt, wird er die Auswirkungen jeder Alternative auf sein Wohlergehen ausrechnen, zusammen mit der Wahrscheinlichkeit ihres Eintretens, und dann diejenige auswählen, von der er annimmt, dass sie die beste für ihn ist. Aber eine Entscheidung einzig auf der Grundlage solcher Berechnungen zu treffen ist nicht nur kompliziert; streng genommen ist es sogar unmöglich, weil bestimmte Resultate inhärent unbestimmt sind. Entweder werden ihre Existenz oder ihre Bedeutung für das anstehende Probleme erst im Lauf der Zeit offenbar, oder aber die mit ihnen verbundene Unsicherheit ist so groß, dass der Fischer der Wahrscheinlichkeit, dass sie eintreten, keine sinnvollen Werte vertrauensvoll zuweisen kann.

Das Problem dieses Fischers steht symbolisch für viele Investitionsentscheidungen in den modernen Wirtschaften. In der überwiegenden Mehrzahl der Fälle ist über die Aussichten von Investitionsprojekten nur unvollkommenes Wissen möglich, was wiederum die wesentliche Rolle der Finanzmärkte auf den Plan treten lässt. Diese Märkte übersetzen die unzähligen Bündel von Wissen und Intuition der einzelnen Personen über die Aussichten von Projekten und Unternehmen in die Kurse (Preise) von Anteilskapital und anderen finanziellen Forderungen. Indem sich die Marktpreise über die Zeit entwickeln, liefern sie eine bessere Einschätzung der sich wandelnden Werte alternativer Investitionsprojekte, als jede Einschätzung dieser Werte, die eine einzelner Person allein bewerkstelligen könnte. Auf diese Weise liefern sie einer Gesellschaft einen besseren Leitfaden für die Suche nach neuen Wegen, wie sie ihre Ersparnisse nutzen kann.

Aber auch wenn die Finanzmärkte die beste vorhandene Institution sind, um einer Gesellschaft bei der Allokation ihrer Ersparnisse zu helfen, so machen doch gerade die Gründe, warum sie für die modernen Wirtschaften wesentlich sind – nicht routinemäßige Veränderungen und stets unvollkommenes Wissen –, auch sie zu unvollkommenen Einschätzern der Werte von Vermögensgegenständen. In der Folge sorgen sie nicht für eine wirklich perfekte Kapitalallokation, nicht einmal im Rahmen ihrer normalen Funktionsweise. Darüber hinaus sind auch die wiederkehrenden exzessiven Schwankungen bei den Kursen von Vermögenswerten – und die hohen Kosten, die diese Schwankungen dem Finanzsystem und der Wirtschaft allgemein letztlich auferlegen – Belege dafür, dass die Finanzmärkte mitunter für eine krasse Fehlallokation von Kapital sorgen.

Das Überleben des Mythos von den rationalen Märkten

Eine ökonomische Theorie, die auf der Annahme beruht, dass nie etwas wirklich Neues passiert, hat sogar eine Krise überlebt, die nur wenige vorhergesagt hatten. Und sie prägt die Debatte über fiskalische Anreize, Finanzreformen und ganz allgemein die Zukunft des Kapitalismus tatsächlich weiterhin – was bedeutet, dass sie weiterhin eine Gefahr für uns alle darstellt. Politische Entscheidungsträger in Zentralbanken und Finanzministerien rund um die Welt analysieren die Optionen makroökonomischer Politik immer noch mithilfe dieser vollständig prädeterminierten Modelle, so als hätten diese eine verlässliche wissenschaftliche Grundlage.[3]

Indem sie zwei extreme und gegensätzliche Ansichten über die jeweiligen Rollen von Markt und Staat aufkommen ließ, hat die heutige ökonomische Theorie faktisch dazu beigetragen, die Analyse politischer Maßnahmen und die öffentliche Debatte zu vernebeln. Eine der fast vier Jahrzehnte vor der Krise herrschenden Ansichten lautet, die Märkte sorgten für eine nahezu perfekte Allokation des Kapitals, weil sie von rationalen Individuen bevölkert seien, die angeblich die tatsächlichen Aussichten von Projekten und Unternehmen einschätzen können. Gemäß dieser Ansicht müsste die Rolle des Staates darauf beschränkt bleiben, den grundsätzlichen Rahmen für die Arbeit wettbewerbsfähiger Finanzmärkte zu liefern.

Unglücklicherweise haben sich weltweit viele Funktionsträger diesem Glauben angeschlossen, was zu der massiven Welle von Deregulierungen geführt hat, die in den 1980er-Jahren aufkam und sich Ende der 1990er- und Anfang der 2000er-Jahre beschleunigte. Der offizielle Glaube an diese Sichtweise veranlasste die Regierungen auch dazu, die Augen vor der dramatischen Aufwärtsbewegung der Preise und Kurse von Wohnimmobilien, Anteilskapital und anderen Vermögenswerten zu verschließen, die sich im Vorfeld der Krise ereignete, was die 2007 ausgebrochene Krise wahrscheinlicher, wenn nicht sogar unausweichlich machte.

Im Gefolge der Krise wurde die Rationalität der Märkte dann jedoch allmählich weithin als »Mythos« bezeichnet. Sowohl in der professionellen als auch in der nichtakademischen Meinung schwang das Pendel vom Glauben, dass unbeschränkte Märkte die magische Fähigkeit besäßen, Preise und Kurse entsprechend den »tatsächlichen« Aussichten von Projekten und Unternehmen bilden zu können, zum anderen Extrem. Nun wurde vielmehr angenommen, dass die Märkte bei der Allokation von Kapital extrem ineffizient seien, was angeblich durch das Auftreten von Marktverzerrun-

---

3 Die vollständig prädeterminierten Erklärungen makroökonomischer Resultate, die häufig die politischen Entscheidungen leiten, sind die dynamisch-stochastischen allgemeinen Gleichgewichtsmodelle. Selbst im Anschluss an die Krise (Mai 2010) bezeichneten Forscher der Europäischen Zentralbank die allgemeinen Gleichgewichtsmodelle der Bank noch als »bestimmt für die Nutzung bei den makroökonomischen Projektionsübungen, die *regelmäßig* vom Stab von EZB/ Eurosystem und zur Maßnahmenanalyse unternommen werden« (Christoffel et al., 2010, S. 5, Hervorhebung hinzugefügt). Für ein Beispiel, wie die makroökonomischen Projektionen des Stabes bei der Kommunikation der Politik der Europäischen Zentralbank genutzt werden siehe Trichet (2010).

gen, wie zum Beispiel Informationsasymmetrien oder große und lang anhaltende, als Blasen charakterisierte Kursschwankungen, bewiesen würde.

Gewiss haben auch eine beklagenswert unzulängliche Transparenz und verzerrte Anreize für die wichtigsten Teilnehmer am Finanzsystem beträchtlich zur Entwicklung der Krise beigetragen. Viele Beobachter betonten die Undurchsichtigkeit der sogenannten strukturierten Vermögenswerte, die engen Beziehungen zwischen Investmentbanken und Kreditratingagenturen sowie den Schwindel erregenden Anstieg des Verschuldungsgrades der Finanzinstitute.

Aber so schädlich solche Verzerrungen auf den Märkten auch sein mögen, sie allein können die Schwankungen der Kurse für Vermögenswerte nicht erklären, die eine zentrale Rolle bei der Auslösung der Krise spielten. Diese Schwankungen als Blasen zu betrachten, die weitgehend keinen Bezug zu den fundamentalen Faktoren haben – wie Wirtschaftspolitik, allgemeines Wachstum, industrielle Trends oder die Aussichten von Projekten und Unternehmen –, sollte der ökonomischen Analyse von individueller Entscheidungsfindung und deren Auswirkungen auf die Märkte eine Dosis behavioristischen Realismus verleihen.

Das Entstehen von Blasen wird darauf zurückgeführt, dass viele Marktteilnehmer, statt auf der Grundlage von Bewegungen bei den fundamentalen Faktoren rational zu handeln, von Wellen der Marktpsychologie mitgerissen werden, sich zu diversen Irrationalitäten verleiten lassen oder sich mit technischem Handel befassen, der auf Diagrammen über Kursbewegungen beruht. Den Blasenmodellen zufolge verhalten sich Märkte wie Casinos und sorgen oft für eine rein zufällige Allokation des gesellschaftlichen Kapitals. Statt zu erkennen, dass Kursschwankungen der Art und Weise inhärent sind, wie Finanzmärkte für die Allokation des gesellschaftlichen Kapitals sorgen, suggerieren Blasenmodelle, dass solche Fluktuationen sozial schädlich seien und unterbunden werden sollten, sobald sie auftreten.

Zwei noch weiter auseinander liegende Ansichten über die Märkte sind kaum vorstellbar. Auf der einen Seite sind die Märkte rational, sorgen für eine nahezu perfekte Kapitalallokation und erfordern nur eine eng umgrenzte Rolle des Staates. Auf der anderen Seite sind Märkte extrem ineffizient, anfällig für Blasen und erfordern zwingend eine starke Einflussnahme des Staates.

Angesichts derart tief greifender Unterschiede ist es bemerkenswert, dass die Extrempositionen beide denselben fatalen Fehler teilen: die Grundüberzeugung, dass nicht routinemäßige Veränderungen und unvollkommenes Wissen für das Verständnis der Marktpreise und Risiken unerheblich seien.

In der Folge versuchen beide Richtungen der heutigen makroökonomischen und finanzwissenschaftlichen Theorie, die Marktergebnisse mit vollständig prädeterminierten Modellen zu erklären, die voraussetzen, dass die Zukunft sich mechanisch aus der Vergangenheit entwickelt.

Paradoxerweise führten die Marktversagens- und Blasenmodelle, die den rationalen Markt als Mythos entlarven sollten, letztlich dazu, dass seine mythische Bedeutung gestärkt wurde. Wenn nur Informationsverzerrungen und Mängel im Marktwettbewerb minimiert, die Psychologie aus der individuellen Entscheidungsfindung herausgehalten und irrationale Spekulanten davon abgehalten würden, Ergebnisse zu beeinflussen, dann könnten die rationalen Teilnehmer angeblich wieder die Oberhand gewinnen, und der »rationale Markt« würde Preise und Kurse wieder nahezu anhand »echter« fundamentaler Werte festlegen.

Der rationale Markt ist in der Tat ein Mythos im wahrsten Sinne des Wortes: Er ist, wie es das *Oxford English Dictionary* ausdrückt, ein »weit verbreiteter, aber falscher Glaube«. Er kann nie verwirklicht werden, auch nicht durch regulatorische Eingriffe, ganz gleich wie klug und effizient diese sein mögen. Der Grund ist auch hier wieder ganz einfach: Die zugrunde liegenden Werte von Vermögensgegenständen entwickeln sich im Lauf der Zeit auf eine Weise, die niemand vollkommen vorhersehen kann. Es kann grundsätzlich keinen tatsächlichen Wert von Vermögensgegenständen geben, der möglicherweise durch einen Wettbewerb unter rationalen Teilnehmern ermittelt werden könnte.

Öffnung der Ökonomie für nicht routinemäßige Veränderungen und unvollkommenes Wissen

Durch ihre Annahme, für die ökonomische Analyse lägen vollständig prädeterminierte Erklärungen der Marktpreise und Risiken im Bereich des Möglichen, ignorieren die zeitgenössischen Ökonomen die tief gehenden Erkenntnisse von John Maynard Keynes (1921, 1936), Frank Knight (1921), Friedrich Hayek (1948) und anderen frühen modernen ökonomischen Denkern. Wie groß deren Unterschiede auch sein mögen, all diese Theoretiker stellten nicht routinemäßige Veränderungen und unvollkommenes Wissen ins Zentrum ihrer Erklärungen der ökonomischen Resultate – und ihres Nachdenkens über die Gründe und Rahmen für politische Maßnahmen.

Gewiss hat die Krise Keynes' Theorie über die zentrale Rolle fiskalischer Stimulierung zur Abwendung von Depressionen wieder in den Vorder-

27

Öffnung der
Ökonomie für nicht
routinemäßige
Veränderungen und
unvollkommenes
Wissen

grund gerückt. Aber auch wenn die Effekte fiskalischer (und monetärer) Politik in die vollständig prädeterminierten Modelle eingebaut wurden, die von Zentralbanken und Finanzministerien zur Analyse ihrer Maßnahmeoptionen genutzt werden, so passte Keynes' Betonung der zentralen Bedeutung des unvollkommenen Wissens für das Verständnis der Finanzmärkte einfach nicht in das heutige Verständnis der ökonomischen Wissenschaft. Gewiss haben viele Beobachter auf die Instabilität dieser Märkte als eine der unmittelbaren Ursachen der Krise verwiesen. Aber mit wenigen bemerkenswerten Ausnahmen (Soros, 2008; Phelps, 2009; Skidelsky, 2009; Kaletsky, 2010; Volcker, 2010) hat die Verbindung zwischen unvollkommenem Wissen und den Bewegungen von Kursen und Risiken keinen markanten Stellenwert bei der Formulierung der vorgeschlagenen Reformen oder der Analyse ihrer Konsequenzen gefunden. Manche haben sogar behauptet, Keynes' diesbezügliche Gedanken seien für das Verständnis der Krisenursachen weitgehend irrelevant (Stiglitz, 2010).

Durch die Aufgabe einer vollständig prädeterminierten Erklärung von Resultaten baut die Ökonomie des unvollkommenen Wissens in ihren mathematischen Modellen auf der zentralen Annahme der frühen modernen Ökonomen auf und integriert sie: Angesichts der Unausweichlichkeit unvollkommenen Wissens – für Marktteilnehmer, politische Einscheidungsträger und die Ökonomen selbst – kann individuelles Verhalten nicht adäquat mit übergreifenden mechanischen Regeln erfasst werden. Wie jede wissenschaftliche Theorie muss zwar auch die Ökonomie des unvollkommenen Wissens annehmen, dass zweckgerichtetes Verhalten Regelmäßigkeiten aufweist, auch wenn diese kontextabhängig sind und ihre Relevanz zu Zeitpunkten erhalten oder verlieren, die im Voraus nicht genau bestimmt werden können. Die Ökonomie des unvollkommenen Wissens erkundet jedoch die Möglichkeit, dass solche kontingenten, also mögliche, aber nicht notwendige Regelmäßigkeiten – die Verfahren, wie Marktteilnehmer ihre Entscheidungen treffen und ändern – durch qualitative Bedingungen formalisiert werden können.

Durch die Bereitstellung dieses alternativen Analyserahmens bietet die Ökonomie des unvollkommenen Wissens Ökonomen und Praktikern eine präzise Möglichkeit, individuelles Verhalten und damit auch Kurse und Risiken zu erklären, ohne dabei anzunehmen, dass irgendjemand vollständig prädeterminieren könnte, wie sich die Zukunft entwickeln wird. Da sie nur auf qualitative Vorhersagen der Marktergebnisse abzielt, bleiben ihre mathematischen Modelle offen für nicht routinemäßige Veränderungen und unvollkommenes Wissen.

Die Ökonomie des unvollkommenen Wissens und ihre Konsequenzen

Um individuelles Verhalten im Modell darzustellen, stützt sich die Ökonomie des unvollkommenen Wissens auf die empirischen Forschungsergebnisse der Verhaltensökonomen zur Frage, wie sich Individuen tatsächlich verhalten. Im Unterschied zu behavioristischen Finanzmodellen, die diese Ergebnisse in mechanischen Regeln formalisieren, formalisiert die Ökonomie des unvollkommenen Wissens sie jedoch als qualitative und kontingente Regelmäßigkeiten. Und während die Verhaltensökonomen die Bedeutung von Psychologie bei der individuellen Entscheidungsfindung als ein Symptom von Irrationalität interpretieren, ermöglicht eine Betonung der Unvollkommenheit des Wissens den Ökonomen, psychologische Faktoren auf eine Weise einzubeziehen, die mit der Rationalität der Marktteilnehmer vereinbar sind.

Angesichts der Tatsache, dass nicht routinemäßige Veränderungen und das stets unvollkommene Wissen Schlüsselmerkmale der Finanzmärkte in der wirklichen Welt sind, können eigennützige und nach Profit strebende Marktteilnehmer (selbst wenn ihre analytischen Fähigkeiten noch so außergewöhnlich sind) es sich wahrhaftig nicht leisten, ihre Einschätzungen der Zukunft und damit ihre Handelsentscheidungen nur auf Berechnungen und fundamentale Erwägungen zu stützen, ganz zu schweigen von umfassenden mechanischen Regeln. Wie Keynes in seiner stark vernachlässigten Diskussion der rationalen Entscheidungsfindung in modernen Wirtschaften hervorgehoben hat:

> Wir erinnern uns lediglich daran, dass menschliche Entscheidungen, die die Zukunft betreffen, seien sie persönlich oder politisch oder wirtschaftlich, nicht allein von strikten mathematischen Erwartungen abhängen können, da für solche Berechnungen die Basis gar nicht existiert; und dass ... wir mit unserem *rationalen Selbst*, so gut wir nur können, unter Alternativen auswählen und dabei zwar, wo wir nur können, Berechnungen anstellen, aber bei unseren Motiven doch oft auch auf Launen oder Gefühle oder Zufälle zurückgreifen. [Keynes, 1936, S. 162–63, Hervorhebung hinzugefügt]

Im Unterschied zu den Verhaltensökonomen, die es als Symptom von Irrationalität interpretieren, wenn sich Individuen bei der Entscheidungsfindung auf psychologische Faktoren stützen, macht Keynes' Beschreibung klar, dass rationale Individuen in der wirklichen Welt zwar Faktenwissen nutzen (»Berechnungen anstellen, wo wir nur können«), aber, weil das Wissen eben unvollkommen ist, ihre Berechnungen zusätzlich mit psychologischen Erwägungen ergänzen müssen. Aber auch wenn solche Erwägungen bei der individuellen Entscheidungsfindung eine Rolle spielen, betonte Keynes (1936, S. 162) doch, »wir sollten daraus *nicht* schließen, dass alles von *Wellen* irrationaler Psychologie abhängt«. Wenn die Fundamentaldaten in die andere Richtung weisen würden, könnten »Wellen irrationaler Psychologie« allein die lang anhaltenden Kursschwankungen, die wir beobachten, nicht aufrechterhalten.

Tatsächlich flankieren fundamentale Faktoren die Veränderungen beim Vertrauen und bei anderen Marktstimmungen, was impliziert, dass sie über die Zeit hinweg eine ausgleichende Wirkung auf den Einfluss psychologischer Faktoren auf Kurse und Risiken haben. Neue empirische Belege, die wir in diesem Buch präsentieren und die auf Bloombergs täglichen »Market-Wrap«-Berichten beruhen, zeigen, dass psychologische Erwägungen oder technischer Handel den Markt praktisch nie ganz allein bewegen. Auch wenn psychologische Faktoren bei Abweichungen von der Routine wichtig sind (wie es die Ökonomie des unvollkommenen Wissens auch voraussagt), verweisen diese und andere, formalere, empirische Belege unzweifelhaft auf die Bedeutung der wirtschaftlichen Fundamentaldaten, wie Unternehmensgewinne oder Zinssätze, wenn Schwankungen der Kurse und Risiken nachhaltig sind.

Wir entwickeln eine IKE-Erklärung, bei der fundamentale Erwägungen als Motor solcher Schwankungen die Schlüsselrolle spielen (siehe Kapitel 7–9). Unsere Erklärung bezieht jedoch auch die psychologischen Forschungsergebnisse der Verhaltensökonomen ein, wenn es darum geht, im Modell abzubilden, wie Marktteilnehmer ihre Ansichten über die Bedeutung von Bewegungen bei den Fundamentaldaten für die Vorhersage von Resultaten revidieren könnten. Wir zeigen, dass solche Meinungsänderungen ganz entscheidend sind, um nachhaltige Umkehrungen einer Auf- oder Abwärtsbewegung zu verstehen (siehe Kapitel 10).

Ein neues Verständnis von Kursschwankungen, Risiken und der Rolle des Staates

Die Erkenntnis, dass Kursschwankungen in großem Maße von Trends bei den fundamentalen Faktoren verursacht werden, legt nahe, dass diese das Herzstück der Fähigkeit von Finanzmärkten darstellen, die Ergebnisse von

Investitionen zu überwachen und neue Projekte und Unternehmen für die Finanzierung auszuwählen. Aus diesem Grunde würden Maßnahmen, die darauf abzielen, Kursschwankungen zu beseitigen, sobald politische Funktionsträger glauben, diese entdeckt zu haben, genau den Prozess untergraben, mit dem die Finanzmärkte die Allokation von Kapital vornehmen.

Die Unvollkommenheit des Wissens bringt jedoch auch mit sich, dass Preisschwankungen mitunter exzessiv werden können. Diese Möglichkeit wird durch ein Phänomen verstärkt, das Georges Soros (1987) »reflexive« Beziehungen genannt hat, also Kanäle, durch die sich Kursschwankungen und fundamentale Trends eine Zeitlang gegenseitig verstärken.

Wie die Booms bei den Preisen von Wohnimmobilien und Anteilskapital in den 2000er-Jahren zeigen, korrigieren die Märkte exzessive Schwankungen letztlich von allein. Allerdings kam diese Selbstkorrektur zu spät, und weder der Bankensektor noch die Finanzmärkte waren ausreichend darauf vorbereitet. Das Ergebnis war, dass der Umschwung schwerwiegende Auswirkungen auf das Finanzsystem und die gesamte wirtschaftliche Aktivität hatte, indem die Investitionsausgaben auf ein historisch niedriges Niveau sanken und die Arbeitslosenquoten auf ein Niveau stiegen, das man seit einem Vierteljahrhundert oder länger nicht mehr gesehen hatte.

Anfang 2000 hatten die Marktteilnehmer bereits begriffen, dass die Preise für Wohnimmobilien und Anteilskapital ein historisch hohes Niveau erreicht hatten. Da die fundamentalen Faktoren jedoch weiter in Richtung eines Bullentrends wiesen, trieben die Marktteilnehmer die Preise weiter in die Höhe. Ihre Sorge galt ihren Profiten, und daher berücksichtigten sie bei ihrem Handel nicht die wirtschaftlichen und sozialen Kosten, die mit solchen Exzessen verbunden sind. Diese externen Effekte begründen nun auf den Märkten eine Rolle für den Staat, die über das Festlegen der Spielregeln hinausgeht. Die Gesellschaft hat ein Interesse daran, dass ein Politikrahmen eingerichtet wird, der exzessive Schwankungen auf den Finanzmärkten dämpft und den Grad regelt, bis zu dem Finanzinstitute Risiken ausgesetzt sind, bevor diese ein Krisenniveau erreichen. Unsere IKE-Begründung für Kursschwankungen und Risiken bietet eine neue Möglichkeit, diese beiden Ziele anzugehen.

Da Standardmodelle das finanzielle Risiko nur über den Zeitraum eines Monats oder eines Quartals in Beziehung zur Volatilität der Kurse setzen, verschleiern sie die inhärente Verbindung zu langfristigen Kursschwankungen – also wie weit sich die Kurse in die eine oder die andere Richtung bewegt haben. Unser IKE-Modell setzt das Risiko dagegen in Beziehung zur Wahrnehmung der Teilnehmer, wie groß der Abstand zwischen dem Kurs eines Vermögenswerts und der Spannweite des Niveaus seiner historischen Vergleichspunkte ist: Wenn die Kurse von Vermögenswerten sich weit über oder weit unter das Niveau bewegen, das die meisten Teilnehmer als angemessen wahrnehmen, dann empfinden diejenigen, die weiter auf eine Bewegung weg von dieser Bezugsgröße setzen, dabei ein erhöhtes Risiko. Wir bauen diese Erkenntnis aus, die auf Keynes zurückgeführt werden kann, und formalisieren sie als qualitative Regelmäßigkeit.

Unsere IKE-Erklärung von Risiko auf den Finanzmärkten weist darauf hin, dass exzessive allgemeine Kursschwankungen auf den Märkten für Anteilskapital und Wohnimmobilien sowie auf Schlüsselsektoren, denen die Kreditportefeuilles der Banken oder die Handelsbücher der Börsen stark ausgesetzt sind, zusätzliche Risikoindikatoren sowohl für einzelne Banken als auch für das System im Ganzen liefern. Eine dynamische Verbindung zwischen dem Eigenkapitalpolster von Banken und diesen Indikatoren gibt Aufsichtsorganen ein zusätzliches Werkzeug an die Hand, mit dem sie systemische Risiken managen können. Wir argumentieren allerdings, dass die Banken – und die Wirtschaft im Ganzen – vor den Konsequenzen starker Kursumschwünge dann am besten geschützt werden, wenn die Regelungen solche exzessiven Kursschwankungen ganz direkt angehen.

Der Politikrahmen, der von der Ökonomie des unvollkommenen Wissens vorgeschlagen wird, zielt darauf ab, die Anreize für Marktteilnehmer zu schwächen und Kursschwankungen über das Niveau hinaus zu verlängern, das mit ihrer *eigenen* Einschätzung der längerfristigen Aussichten von Projekten und Unternehmen übereinstimmt. Die inhärente Verbindung zwischen Kursschwankungen und dem Prozess, mit dem die Finanzmärkte die Allokation von Kapital tätigen, weist allerdings darauf hin, dass vorausschauende Marktinterventionen nicht darauf abzielen sollten, deren Instabilität zu minimieren. Kursschwankungen zu früh zu beschneiden würde wahrscheinlich zu einer Hemmung von Innovationen führen und damit Dynamik und Wachstumspotenzial einer Gesellschaft reduzieren.

Nach dem von uns vorgeschlagenen Plan, bleiben Eingriffe des Staates, solange die Kursschwankungen sich innerhalb vernünftiger Grenzen bewegen, darauf beschränkt, die Spielregeln festzulegen: Transparenz und angemessenen Wettbewerb sicherzustellen und sonstige Marktverzerrungen (wie diejenigen, die die jüngste Krise offenbart hat) zu beseitigen. Aber die Funktionsträger sollten auch Leitmarken für die Kurse von Vermögenswerten entwickeln. Dabei sollten sie sich allerdings nicht ausschließlich auf historisch begründete Bewertungen stützen, weil diese nicht routinemäßige Veränderungen ignorieren, und daher als Wegweiser zu den wahrscheinlichen Schwellen unzuverlässig sind, ab denen bei Kursschwankungen der Exzess beginnt. Sobald die Kurse sich über Leitlinien hinausbewegen, die die Grenzen der Routine kennzeichnen, sollten die politischen Entscheidungsträger nach dem Vorschlag der Ökonomie des unvollkommenen Wissens vorsichtig und schrittweise dämpfende Maßnahmen ergreifen sowie von den Banken verlangen, dass sie sich auf die spätere Trendwende durch eine Erhöhung ihrer Kreditausfallvorsorge vorbereiten.

Der von uns vorgeschlagene Regelungsrahmen erkennt die Tatsache an, dass auch politische Entscheidungsträger wie jeder andere stets mit unvollkommenem Wissen zurechtkommen müssen. Trotzdem liefert die Ökonomie des unvollkommenen Wissens eine Begründung für aktive, vorausschauende Interventionen, die, wie wir hoffen, auch dazu beitragen kann, der öffentlichen Debatte wieder zu ihrem dringend benötigten Gleichgewicht in der Frage zu verhelfen, was dem Markt überlassen werden sollte und was nur der Staat und gemeinschaftliches Handeln leisten können.

TEIL I
Die Kritik

Der zentrale Punkt war tatsächlich bereits von jenen bemerkenswerten Vorläufern der modernen Ökonomie erkannt worden, den spanischen Scholastikern des 16. Jahrhunderts, die betonten, dass, was sie den mathematischen Preis nannten, von so vielen besonderen Umständen abhänge, dass die Menschen ihn niemals kennen könnten, sondern er einzig Gott bekannt sei.

Friedrich A. Hayek, »Die Anmaßung von Wissen«, Ansprache nach Verleihung des Nobelpreises

1.
Die Erfindung mechanischer Märkte

Obwohl es zur Raison d'Être der Finanzmärkte gehört, dass sie die Werte von Vermögensgegenständen nicht perfekt einschätzen können, haben die Ökonomen in den letzten vier Jahrzehnten des 20. Jahrhunderts einen makroökonomischen und finanzwissenschaftlichen Ansatz entwickelt, der beinhaltet, dass die Finanzmärkte eine fast perfekte Allokation des Kapitals einer Gesellschaft vornähmen. Um zu diesem Schluss zu gelangen, haben die Ökonomen Wahrscheinlichkeitsmodelle konstruiert, die eine imaginäre Welt darstellen, in der nicht routinemäßige Veränderungen nicht mehr wichtig sind; sie werden geradezu irrelevant.

Eine ökonomische Theorie über die Welt, die von der Prämisse ausgeht, dass niemals etwas wirklich Neues passiert, hat eine besonders einfache – und daher attraktive – mathematische Struktur: Ihre Modelle bestehen aus vollständig spezifizierten mechanischen Regeln, die individuelle Entscheidungsfindung sowie Marktergebnisse zu jeder beliebigen Zeit erfassen sollen: Vergangenheit, Gegenwart und Zukunft. Wie es einer der Pioniere der heutigen Makroökonomie ausdrückte: »Ich verwende den Ausdruck ›Theorie‹ ... lieber [für] etwas, das in einen Computer eingegeben werden und ... die Konstruktion einer mechanischen künstlichen Welt durchführen kann, die von interagierenden Robotern bevölkert ist, wie sie die Ökonomie typischerweise studiert« (Lucas, 2001, S. 21).

Um Individuen als Roboter und Märkte als Maschinen darzustellen, müssen die heutigen Ökonomen eine umfassende Regel wählen, die eine Verbindung zwischen den Kursen und Risiken einerseits und einem Bündel fundamentaler Faktoren andererseits herstellt, wie etwa Unternehmensgewinne, Zinssätze und gesamtwirtschaftliche Aktivität, und dies in allen Zeitabschnitten. Nur dann kann der Entscheidungsfindungsprozess der Teilnehmer »in einen Computer eingegeben und durchgeführt werden«. Aber diese Darstellung verzerrt unser Verständnis der Finanzmärkte aufs Gröbste. Schließlich bestimmen die Vorhersagen der Teilnehmer die Bewegungen der Kurse und des Risikos auf diesen Märkten, und die Marktteilnehmer revidieren ihre Voraussagestrategien von Zeit zu Zeit und auf eine Weise, die sie selbst nicht im Voraus bestimmen können.

Gewiss könnte ein vollständig prädeterminiertes Modell bei verständiger Auswahl der kausalen Variablen und mit ein wenig Glück – anhand von statistischen oder anderen, weniger stringenten Kriterien – für die Vergangenheit eine Beziehung zwischen den kausalen Variablen und den aggregierten Resultaten einer ausgewählten historischen Periode adäquat beschreiben. Im Lauf der Zeit revidieren die Marktteilnehmer jedoch ihre Vorhersagestrategien schließlich, und der soziale Kontext verändert sich in einer Weise, die von niemandem vollständig vorhergesehen werden kann. Der Zusammenbruch des Hedgefonds Long Term Capital Management 1998 und die Unfähigkeit der Ratingagenturen, im Vorfeld der 2007 ausgebrochenen Finanzkrise adäquate Risikoeinschätzungen zu liefern, zeigt, dass Modelle, die davon ausgehen, die Zukunft folge mechanisch aus der Vergangenheit, letztendlich inadäquat werden. Der Handel auf Finanzmärkten kann am Ende nicht auf reine Finanztechnik reduziert werden.

Rationalität, wie Ökonomen sie sehen, oder Märkte?

Die heutige makroökonomische und finanzwissenschaftliche Theorie ignorierte solche Überlegungen und entwickelte Modelle für Kurse und Risiken so, als ob die Märkte für Vermögenswerte und die Wirtschaft im Ganzen adäquat als vollständig prädeterminiertes mechanisches System dargestellt werden könnten. Und da sie erkannten, dass eine Reduzierung von Wirtschaft und Finanzen auf reine Technik eine gewisse Rechtfertigung verlangte, entwickelten die heutigen Ökonomen einen mechanistischen Begriff von Rationalität, von dem sie anschließend behaupteten, er liefere plausible individuelle Grundlagen für ihre mechanischen Modelle.

Lucas stellte die Hypothese auf, dass die Prognosen für die Marktergebnisse, die das vollständig prädeterminierte Modell eines Ökonomen liefere, die Vorhersagen rationaler Marktteilnehmer adäquat charakterisierten. Das normative Etikett der Rationalität hat, unter Ökonomen ebenso wie unter Nichtökonomen, den Glauben gefördert, diese sogenannte Hypothese rationaler Erwartungen (Rational Expectations Hypothesis, REH) erfasse tatsächlich die Art und Weise, wie vernünftige Menschen über die Zukunft denken.

Die Hypothese, ein vollständig prädeterminiertes Modell könne die vernünftige Entscheidungsfindung auf Märkten adäquat charakterisieren, ist natürlich im Grunde völlig aus der Luft gegriffen. Wenn man per Annahme

Die Erfindung
mechanischer
Märkte

einfach alle nicht routinemäßigen Veränderungen ausschließt, dann kann dies deren Bedeutung für die Märkte der wirklichen Welt nicht wie durch Zauberhand beseitigen. Teilnehmer, die nach Profit streben, können es sich schlicht nicht leisten, solche Veränderungen zu ignorieren und unbeirrt bei irgendeiner umfassenden Vorhersagestrategie zu bleiben, selbst wenn Ökonomen dies als »rational« bezeichnen.[1]

Das sowjetische Experiment mit zentraler Planung zeigt klar, dass selbst die weitreichende und brutale Gewalt eines Staates die Geschichte nicht zwingen kann, einem vollständig prädeterminierten Verlauf zu folgen.[2] Veränderungen, die nicht vollständig vorhergesehen werden können, seien sie politisch, ökonomisch, institutionell oder kulturell, sind die Essenz der historischen Entwicklung jeder Gesellschaft.[3]

Solche Argumente wurden jedoch völlig ignoriert. Sobald ein Ökonom einmal die Hypothese aufgestellt hat, sein Modell liefere eine exakte Erklärung, in welcher Beziehung die Aussichten eines Vermögenswertes zu den verfügbaren Informationen über die fundamentalen Faktoren stehen, und er die Hypothese rationaler Erwartungen als Grundlage »rationaler« Handelsentscheidungen anwendet, ist es nur noch ein kleiner Schritt hin zu einem Modell des »rationalen Marktes«.

Ein solches Modell impliziert, dass die Kurse die »tatsächlichen« Aussichten des betreffenden Vermögenswertes nahezu perfekt widerspiegeln. Ein Ökonom muss dann nur noch annehmen, dass der Markt ausschließlich von rationalen Individuen seiner Machart bevölkert sei, die alle den gleichen Zugang zu Informationen haben, wenn sie ihre Handelsentscheidungen treffen. »Wettbewerb ... unter den vielen [rationalen] intelligenten Teilnehmern« würde im Kontext eines solches Modells »zu einem jederzeit effizienten Markt« führen. Auf einem solchen Markt »wird der tatsächliche Kurs

---

1 Für eine präzise Demonstration dieser Behauptung siehe Frydman (1982). Für weitere frühe Argumente dafür, dass die Hypothese rationaler Erwartungen von Grund auf fehlerhaft ist, siehe Frydman und Phelps (1983). Für eine aktuelle Diskussion und analytische Ergebnisse siehe Frydman und Goldberg (2007, 2010a). Zur weiteren Diskussion siehe Kapitel 3.

2 Frydman (1983) formalisierte die Argumente Hayeks (1948), dass zentrale Planung vom Prinzip her unmöglich sei, und zeigte, dass diese Argumente die

fundamentalen Fehler von Modellen rationaler Erwartungen für Marktergebnisse bei dezentraler Information wie in Lucas (1973) andeuten.

3 Für entscheidende Argumente siehe Popper (1946, 1957). Aufbauend auf Frydman (1982, 1983) und Frydman und Rapaczynski (1993, 1994) diskutieren wir in Kapitel 2 und 3 die Parallelen zwischen dem heutigen makroökonomischen und finanzwissenschaftlichen Ansatz, einer REH-basierten Rationalität, und der Theorie und Praxis zentraler Planung.

eines Wertpapiers eine gute Schätzung für seinen ... [›wahren‹] Wert darstellen« (Fama, 1965, S. 56).

Ökonomen und viele andere dachten, die Theorie der rationalen Märkte liefere die wissenschaftliche Untermauerung für ihren Glauben, Märkte, die von rationalen Individuen bevölkert seien, bestimmten im Durchschnitt korrekte Kurse für Vermögenswerte. In Wirklichkeit ist diese Theorie ein sprichwörtliches Luftschloss: Sie beruht auf den nachweislich falschen Annahmen, dass die Zukunft sich mechanisch aus der Vergangenheit entwickle und dass die Marktteilnehmer das auch glaubten.

War Milton Friedman wirklich gleichgültig gegenüber Annahmen?

Vollständig prädeterminierte Modelle nehmen an, nicht routinemäßige Veränderungen könnten bei der Suche nach adäquaten Erklärungen für die Resultate komplett ignoriert werden. Diese Modelle bieten eine extreme Antwort auf die Respekt einflößende Herausforderung, vor die solche Veränderungen die ökonomische Analyse stellen. Im Unterschied dazu stützten sich Hayek, Knight, Keynes und ihre Zeitgenossen auf eine weitgehend beschreibende Analyse und konzentrierten sich auf die unauflösliche Verbindung zwischen nicht routinemäßigen Veränderungen, unvollkommenem Wissen und dem Profitstreben in kapitalistischen Wirtschaften.

So erkenntnisreich diese beschreibenden Erklärungen auch waren, die meisten heutigen Ökonomen waren wahrscheinlich der Ansicht, ihre Aufgabe zugunsten der Klarheit und transparenten Logik mathematischer Modelle sei ein Schritt in die richtige Richtung. Schließlich muss jede Erklärung der wirklichen Welt, erst recht der höchst komplexen Interdependenz zwischen Individuen und Markt, notwendigerweise radikal von ihren zahlreichen Charakteristika abstrahieren. Selbst die detaillierten beschreibenden Erklärungen Hayeks, Keynes' und Knights haben ja viele Merkmale dieser Interdependenz außer Betracht gelassen.

Aber die Ökonomen anzuweisen, dass sie sich Modelle zueigen machen sollten, die sich darauf beschränken, kapitalistische Wirtschaften als eine Welt darzustellen, die von interagierenden Robotern bevölkert ist, hieß nicht nur, nach mehr Klarheit und transparenter Logik bei der ökonomischem Analyse zu rufen. Die Ökonomen wurden dadurch vielmehr aufgefordert, einen Ansatz zu akzeptieren, der über nützliche Abstraktion weit hinausging, denn was er unberücksichtigt ließ, war in Wirklichkeit das wesentliche Merkmal der kapitalistischen Wirtschaften.

Natürlich würden die meisten Ökonomen bereitwillig zustimmen, dass es nicht realistisch ist, die Bedeutung von nicht routinemäßigen Veränderungen in den Annahmen auszuschließen. Nichtsdestoweniger halten sie an dieser Kernannahme fest, im Glauben, sie verwandle die Ökonomie in eine exakte Wissenschaft. Ebenso würden sie zustimmen, dass die Hypothese rationaler Erwartungen nicht realistisch ist, und beschreiben sie oft als eine praktische Annahme.[4] Wenn sie mit der Kritik konfrontiert werden, ihre Annahmen seien unrealistisch, dann weisen die heutigen Ökonomen dies gern unter Berufung auf einen von Milton Friedman (1953, S. 23) getätigten Ausspruch zurück, den er in seinem bekannten Essay über ökonomische Methodologie vorbrachte: »Theorien können nicht anhand des ›Realismus‹ ihrer Annahmen überprüft werden.«

Unsere Kritik lautet jedoch nicht, dass die Kernannahmen des heutigen Ansatzes unrealistisch seien. Nützliche wissenschaftliche Modelle zeichnen sich immer dadurch aus, dass sie von Merkmalen der Wirklichkeit abstrahieren. Die Hoffnung ist dabei jedoch stets, dass die außer Acht gelassenen Erwägungen tatsächlich relativ unwichtig für das Verständnis des Phänomens sind. Der fatale Fehler der heutigen ökonomischen Modelle besteht jedoch darin, dass sie Erwägungen außer Acht lassen, die eine ganz wesentliche Rolle beim Hervorbringen der Resultate spielen, die sie zu erklären versuchen.

In Wirklichkeit schlägt Friedman auch nirgendwo vor, dass Ökonomen gleichgültig gegenüber der fehlenden Eignung ihrer Modellannahmen sein sollten.[5] Zu der Zeit, als er seinen Essay schrieb, war die Untersuchung von Annahmen tatsächlich gerade ein wichtiger Aspekt des Diskurses unter Ökonomen. Friedman (1953, S. 23) sprach von einer »starken Tendenz, dass wir alle über die Annahmen einer Theorie sprechen und die Annahmen alternativer Theorien vergleichen müssen. Das ist zu viel Rauch dafür, dass es überhaupt kein Feuer gibt.«

---

4   Selbst die prominentesten Kritiker der orthodoxen Theorie effizienter Märkte verwenden die Hypothese rationaler Erwartungen aus Gründen des »Pragmatismus«. Siehe zum Beispiel Stiglitz (2010) und unsere Diskussion unten.

5   Natürlich beinhaltet auch aus strikt logischen Gründen Friedmans Konzentration auf die Überprüfung der Vorhersagekraft einer Theorie nicht, dass er dafür plädiert hätte, Ökonomen sollten gleichgültig gegenüber ihren Modellannahmen sein.

In der Folge widmete Friedman wesentliche Teile seines Essays dem Bemühen, die »starke Tendenz« unter den Ökonomen seiner Zeit, über Annahmen zu diskutieren, mit seiner Hauptfolgerung in Einklang zu bringen, dass eine Theorie nicht anhand des Realismus ihrer Annahmen überprüft werden könne. Unter Verwendung einer Vielzahl von Argumenten und Beispielen wiederholte er den wesentlichen Punkt: Der Erfolg des von einem Ökonomen ersonnenen Modells, mit Wahrscheinlichkeit vernünftige Vorhersagen zu liefern, hängt ganz entscheidend von den Annahmen ab, die für seine Konstruktion gewählt werden. Wie es Friedman (1953, S. 26) ausdrückte: »Die jeweiligen Annahmen, die als ›entscheidend‹ bezeichnet werden, werden [zumindest teilweise] hinsichtlich ... ihrer intuitiven Plausibilität oder ihrer, und sei es auch nur impliziten, Fähigkeit ausgewählt, einige der Erwägungen nahezulegen, die für eine Beurteilung oder Anwendung des Modells relevant sind «

Die Notwendigkeit, viele potenziell relevante Erwägungen auszuschließen, ist besonders gravierend, wenn man darauf aus ist, die Ergebnisse mit mathematischen Modellen zu erklären, die eo ipso mit wenigen Annahmen ein komplexes Phänomen erklären wollen. Je kühner also die angestrebte Abstraktion, desto wichtiger eine genaue Prüfung der gewählten Annahmen »hinsichtlich ... ihrer intuitiven Plausibilität«.

Noch nachdrücklicher betont Friedman, wie wichtig es ist zu verstehen, wann die Theorie anwendbar ist und wann nicht. Wie er in seinem gesamten Essay betont, sollten die Ökonomen genau prüfen, ob die Annahmen, die sie auswählen, für die Beurteilung oder Anwendung des Modells relevant sind.

Aus dieser Perspektive betrachtet, scheinen die Kernannahmen des heutigen Ansatzes – nicht routinemäßige Veränderungen und unvollkommenes Wissen aufseiten der Marktteilnehmer und Ökonomen seien unwichtig für das Verständnis der Resultate – sehr stark »nahezulegen, und sei es auch nur implizit«, dass Modelle, die auf ihnen beruhen, Kurse und Risiken nicht adäquat erklären können. Wie wir gesehen haben, implizieren diese Annahmen, dass Finanzmärkte in den kapitalistischen Wirtschaften keine wesentliche Rolle spielten. Wenn man sich auf vollständig prädeterminierte Modelle und die Hypothese rationaler Erwartungen stützt, um die Entscheidungsfindung zu spezifizieren, geht man überdies davon aus, dass auf den Märkten der wirklichen Welt offensichtlich irrationales Verhalten herrsche (siehe Kapitel 3 und 4). Annahmen, die zu solchen Implikationen führen, würde Friedman mit Sicherheit als ungeeignet zur entscheidenden Fundierung einer Theorie erachten, die behauptet, erklären zu können, wie nach Profit strebende Individuen ihre Entscheidungen treffen und wie die modernen Finanzmärkte die Kurse von Vermögenswerten bilden und die Allokation von Kapital vornehmen.[6]

Wenn man Friedmans Essay noch einmal liest, wird klar, warum er die Ökonomen vor der Gefahr warnen wollte, seine methodologische Haltung als Gleichgültigkeit gegenüber den Annahmen zu interpretieren, die ökonomischen Modellen zugrunde liegen. Als herausragendem empirischem Ökonomen war Friedman klar, dass eine Konstruktion ökonomischer Modelle, so abstrakt sie auch sein mögen, auf der Grundlage falscher Prämissen ein sicheres Rezept dafür ist, dass sie mit ihren Vorhersagen scheitern werden.

Aus verschiedenen Gründe erwähnen die heutigen Ökonomen typischerweise die Teile von Friedmans Essay nicht, in denen er würdigt, dass die sorgfältige Auswahl und genaue Prüfung der Annahmen bei der Konstruktion erfolgreicher wissenschaftlicher Modelle das Entscheidende ist. Stattdessen berufen sie sich auf eine selektive Lektüre seines Essays, um zu rechtfertigen, warum sie sich so hartnäckig weigern, in Betracht zu ziehen, dass die Kernannahmen, die ihrem Ansatz zugrunde liegen, unwiderruflich fehlerhaft sein könnten.

Es ist keine Überraschung, dass, entsprechend Friedmans Warnung, Modelle, die im Kern auf solchen Annahmen aufgebaut sind, wiederholt an dem scheiterten, was er als den ultimativen Test einer guten Theorie ansah: ihre Fähigkeit, adäquate Prognosen zu liefern. Nirgendwo ist dieses Scheitern offensichtlicher als auf den Märkten für Vermögenswerte. Nach Begutachtung vieler empirischer Studien kamen Maurice Obstfeld und Kenneth Rogoff (1996, S. 625) in ihrem richtungweisenden Buch über internationale Makroökonomie tatsächlich zu folgendem Schluss: »Die unbestreitbaren Schwierigkeiten, auf die internationale Ökonomen bei der empirischen Erklärung nominaler Wechselkursbewegungen stoßen, sind eine Peinlichkeit,

---

6 Friedmans Ansichten über die Beziehungen zwischen Markt und Staat gehen von denen Hayeks aus, und daher nahm er in Bezug auf die Hypothese rationaler Erwartungen und ihre Implikationen eine ambivalente Haltung ein. Wer Friedman kannte, dem war klar, dass er einerseits nicht bereit war, diese Hypothese zu kritisieren. Sie lieferte schließlich den »wissenschaftlichen Beweis«, dass die Märkte perfekt und staatliche Interventionen unerwünscht und ineffizient seien. Andererseits verstand Friedman (1961, S. 447), dass vollständig prädeterminierte Modelle und die Hypothese rationaler Erwartungen nicht mit seinem Argument vereinbar waren, dass der Staat deshalb nicht aktiv intervenieren solle, weil die Wirkungen solcher Handlungen höchst unsicher seien und »die wirtschaftlichen Bedingungen nach einer Zeitverzögerung beeinflussen, die lang und variabel ist«. In einem Interview mit John Cassidy (2010a) berichtet James Heckman, Friedmans Kollege an der University of Chicago zur Zeit des Aufkommens der Hypothese rationaler Erwartungen, von Friedmans Ambivalenz.

allerdings eine, die sie mit praktisch jedem anderen Feld teilen, das eine Erklärung der Kursdaten von Vermögenswerten versucht.«

Interessanterweise haben diese nüchterne Einschätzung – und die Hunderte von Studien, die ihr zugrunde lagen – den Glauben der Ökonomen an die grundlegenden Prinzipien der heutigen Makroökonomie und Finanzwissenschaft nicht erschüttert. Ihrer kläglichen Vorhersageleistung zum Trotz (ja, der globalen Finanzkrise zum Trotz) werden vollständig prädeterminierte Erklärungen ökonomischer Resultate immer noch als die einzig wissenschaftlichen hochgehalten, und die Hypothese rationaler Erwartungen bleibt die einzige weithin akzeptierte Methode zur Darstellung, wie rationale Individuen diese Resultate vorhersähen.[7]

Das Leben interagierender Roboter nach der Krise

Man hätte meinen können, dass die 2007 ausgebrochene Krise ein Auslöser dafür würde, die Grundannahmen unseres heutigen ökonomischen Analyseansatzes auf breiter Front zu hinterfragen. Doch ganz im Gegenteil: Fast alle Argumente zu den Ursachen der Krise und zu den Reformen, die notwendig wären, um die Wiederholung einer solchen Katastrophe zu vermeiden, nehmen die Auffassung von Lucas, dass die Makroökonomie eine Wissenschaft von interagierenden Robotern sei, deren Rationalität auf der Hypothese rationaler Erwartungen beruht, als selbstverständlich hin.

Unvollkommen informierte Roboter

Klar ist, dass ein Beharren auf vollständig prädeterminierten Modellen und die Verwendung der Hypothese rationaler Erwartungen nicht notwen-

---

7   In einem Interview, das kürzlich von der Federal Reserve Bank of Minneapolis veröffentlicht wurde, argumentierte Sargent (2010) ziemlich unmissverständlich, dass nicht einmal die Krise den breiten Konsens unter den Markoökonomen untergraben habe, was den Nutzen vollständig prädeterminierter Modelle auf REH-Basis betrifft. Im Bericht über seinen Besuch am wirtschaftswissenschaftlichen Institut in Princeton im Frühjahr 2009 erinnerte sich Sargent (2010, S. 1): »Es gab interessante Diskussionen über viele Aspekte der Finanzkrise. Aber eindeutig *nicht* in dem Sinne, dass die moderne Makroökonomie einer Neuausrichtung bedürfe. Ganz im Gegenteil waren die Seminarteilnehmer damit beschäftigt, die Werkzeuge der modernen Makroökonomie, besonders *ein Theoretisieren über rationale Erwartungen*, zu verwenden, um Licht in die Finanzkrise zu bringen.« Siehe auch Sims (2010).

digerweise implizieren, dass der Markt die Kurse von Vermögenswerten gemäß ihrem angeblich tatsächlichen Wert bildet – die entscheidende Behauptung hinter der sogenannten »Hypothese effizienter Märkte«.[8] Diese Implikation der Hypothese rationaler Erwartungen gilt nur unter der Annahme, dass alle Marktteilnehmer geeignete Anreize haben, um nach den relevanten Informationen zu suchen, und ihnen der Zugang dazu nicht auf irgendeine Art verwehrt wird. Um bei »rationalen Erwartungen« bleiben zu können und dennoch zu dem Schluss zu kommen, dass die Hypothese effizienter Märkte falsch ist, benutzten die Ökonomen die grundlegende Unterscheidung zwischen Informationen über fundamentale Variablen, die als Input für den Vorhersageprozess dienen, und dem formellen und informellen Wissen, auf das sich die Teilnehmer zur Interpretation dieser Informationen und zum Ermitteln ihrer Vorhersagen stützen.

In einem bedeutenden Beitrag zum Ansatz rationaler Erwartungen bei der Analyse von Märkten mit unvollkommener Information zeigen Grossman und Stiglitz (1980), dass in einem Fall, in dem alle Teilnehmer den angeblich wahren Prozess verstehen, der die Kurse der Vermögenswerte bestimmt, sie die erforderlichen Ressourcen gar nicht aufwenden würden, um Informationen über die Aussichten der betreffenden Vermögenswerte zu sammeln.[9] Vollkommen effiziente Märkte (die gemäß der Hypothese effizienter Märkte alle verfügbaren Informationen in die Kurse einfließen lassen) sind somit unmöglich.

Überdies können die Teilnehmer aus verschiedenen Gründen ungleichen Zugang zu den Informationen haben, die für ihre Entscheidungsfindung relevant sind. Die Formalisierung dieses Gedankens in Modellen rationaler Erwartungen mit sogenannter »asymmetrischer Information« ergibt Marktkurse, die von den angeblich »wahren« Werten substanziell abweichen, die von ihren Gegenstücken mit vollkommener Information erzeugt werden.[10]

8 Streng genommen ist diese Behauptung eine Implikation der Hypothese effizienter Märkte, die postuliert, dass die Kurse von Vermögenswerten alle verfügbaren Informationen widerspiegeln. Siehe Kapitel 5.

9 Die Argumentation verläuft grob gesagt wie folgt: Sollten einige Marktteilnehmer die erforderlichen Ressourcen tatsächlich aufwenden, dann könnten andere, von denen die Hypothese rationaler Erwartungen ja annimmt, dass sie den tatsächlichen Prozess verstehen, durch diese Informationen in die Kurse einfließen, den Ertrag dieser kostspieligen Information einfach dadurch erzielen, dass sie sich die Kurse anschauen. Dieses Trittbrettfahrerproblem würde von vornherein einen stark negativen Anreiz für das Sammeln von Informationen schaffen.

10 Für einen Überblick über bedeutende Beiträge zum Ansatz rationaler Erwartungen bei der Analyse von Märkten mit asymmetrischer Information siehe Akerlof (2001), Spence (2001) und Stiglitz (2001).

Das Leben
interagierender
Roboter nach
der Krise

Diese Schlussfolgerungen wurden allgemein als die benötigte wissenschaftliche Untermauerung dafür verstanden, dass die Krise von verzerrter und asymmetrischer Information sowie von inadäquaten Anreizen und unvollkommenem Marktwettbewerb herrührte.

Dies hilft zu erklären, warum Modelle rationaler Erwartungen mit asymmetrischer Information in der öffentlichen Debatte über die 2007 ausgebrochene Krise so großen Anklang gefunden haben. Schließlich haben ja tatsächlich ein beklagenswerter Mangel an Transparenz, eklatante Informations-Asymmetrien und verzerrte Anreize für entscheidend wichtige Marktteilnehmer eine bedeutende Rolle dabei gespielt, das Finanzsystem an den Rand des Zusammenbruchs zu bringen.

Zweifellos erreichten die Modelle rationaler Erwartungen mit asymmetrischer Information »ihr Ziel [zu zeigen], dass das Standard-Paradigma [›rationale Erwartungen‹, ›vollkommene Information‹] nicht länger galt, wenn es auch nur diese scheinbar kleine und offensichtlich vernünftige Änderung in den Annahmen gab« (Stiglitz, 2010, S. 17). Die Demonstration der krassen Informationsineffizienz von Märkten durch solche Modelle bleibt eine profunde Schlussfolgerung – nicht etwa, weil sie eine Feststellung über die wirkliche Welt wäre, sondern weil sie zeigt, dass die Behauptung der Hypothese effizienter Märkte, die Märkte seien nahezu vollkommen, nicht einmal unter der Annahme rationaler Erwartungen aufrechtzuerhalten ist.

Von Modellen rationaler Erwartungen mit asymmetrischer Information wurde weithin angenommen, dass sie eine wissenschaftliche Erklärung für die ernsten Informationsprobleme liefern könnten, die von der 2007 ausgebrochenen Krise aufgedeckt wurden. Die Behauptung, die Schlussfolgerungen dieser Modelle seien für das Verständnis der Märkte in der wirklichen Welt während der Krise relevant, ist allerdings nicht weniger problematisch als die Behauptung der Hypothese effizienter Märkte – die auf Modellen rationaler Erwartungen beruht, die Informationsprobleme einfach in ihren Annahmen ausblenden –, dass unbeschränkte Märkte für eine perfekte Kapitalallokation sorgen.

Ungeachtet ihrer Annahmen über die Informationen blenden Modelle rationaler Erwartungen die Bedeutung von nicht routinemäßigen Veränderungen und das unvollkommene Wissen, das diese hervorrufen, in ihren Annahmen einfach aus. Sofern Regelungen und andere Maßnahmen die Marktverzerrungen beseitigen könnten, würden die Handelsentscheidungen der rationalen Teilnehmer demnach dazu führen, dass die Kurse von Vermögenswerten um ihren »wahren« zugrunde liegenden Wert schwanken, wobei die Wahrheit dadurch definiert wird, wie das jeweilige Modell rationaler Erwartungen eines Ökonomen den Prozess charakterisiert, der die Kurse bestimmt. Diese Illusion von Stabilität teilen die Modelle rationaler Erwartungen mit asymmetrischer Information mit ihren orthodoxen Gegenstücken mit vollkommener Information – und auch mit behavioristischen Finanzmodellen.

Kursschwankungen gleich Blasen?

Über kolossales Marktversagen hinaus offenbarte die 2007 ausgebrochene Krise auch noch einen weiteren Fehler der Hypothese effizienter Märkte: Entsprechend den orthodoxen Modellen »rationaler Märkte« dürften exzessive Höhenflüge der Kurse, wie sie sich im Vorfeld der Krise auf den Märkten für Wohnimmobilien und Anteilskapital ereigneten, eigentlich gar nicht auftreten.[11] Es gab zwar offensichtliche Informationsschwierigkeiten und andere Verzerrungen auf den Kreditmärkten, als die Kursschwankungen im Vorfeld der Krise eine Eigendynamik entwickelten. Aber nur wenige würden behaupten, dass Marktverzerrungen allein die langen Schwingungen auf den Märkten für Devisen und Anteilskapital und auf anderen großen Finanzmärkten rund um die Welt in Gang bringen könnten. Im Gegenteil, diese großen, organisierten Börsen sind ja in fast jeder Hinsicht Prototypen der Märkte, für die die makroökonomische und finanzwissenschaftliche Standardtheorie bestimmt war. Sie sind charakterisiert durch eine große Zahl von Käufern und Verkäufern, geringe bis gar keine Zugangs- und Ausstiegsbarrieren, keine Hindernisse für Kursanpassungen und eine Fülle verfügbarer Informationen, die sich schnell um die Welt verbreiten. Und dennoch erfahren die Kurse auf diesen Märkten oft lange und weite Schwankungen, die sich um das Niveau historischer Bezugspunkte bewegen.

Verbindungen zwischen Marktpsychologie und Fundamentaldaten

Die Unfähigkeit der Modelle rationaler Erwartungen, lange Schwingungsbewegungen bei den Kursen und Risiken zu erklären, tat dem Glauben keinen Abbruch, das Modell rationaler Erwartungen eines Ökonomen bilde

---

11 Die Versuche von Finanzökonomen, die Hypothese effizienter Märkte mit Anhalten und Ausmaß der beobachteten langen Schwankungen in Einklang zu bringen, hatten keinen Erfolg. Siehe Kapitel 5.

den Mechanismus adäquat ab, der den wahren Wert jedes Vermögensgegenstandes bestimmt. Dieser Glaube hat die Ökonomen veranlasst, lange Preisschwingungen auf den Finanzmärkten als Abweichungen von deren angeblich »wahrem« REH-basierten Wert modellhaft nachzubilden. In Einklang mit dem heutigen Ansatz stellten sie diese sogenannten »Blasen« mit mechanischen Regeln dar und nahmen an, wenn nur psychologische Erwägungen und andere Irrationalitäten beseitigt werden könnten, dann würde der Markt zu seinem »normalen« Zustand zurückkehren. Die Handelsentscheidungen der rationalen Teilnehmer würden dann zu Kursen führen, die die angeblich tatsächlichen Aussichten der Projekte und Unternehmen widerspiegelten.[12]

Die Art Spekulationsfieber, die eine Betrachtung der Kursschwankungen bei Vermögenswerten als Blasen vor Augen hat – bei denen Käufe von Vermögenswerten lediglich Gefühle der Individuen und deren Zuversicht widerspiegeln, ihre Kapitalanlage auf die Schnelle beim nächstbesten Käufer zu einem höheren Preis wieder loswerden zu können –, kann auf manchen Märkten zu manchen Zeiten eine Rolle spielen.[13] Belege für solches Verhalten können zum Beispiel auf den Immobilienmärkten mehrerer Großstadtregionen der USA gefunden werden, wie Phoenix und Miami in der ersten Hälfte der 2000er-Jahre. Wie Abbildung 1.1 zeigt, sind die Preise für Wohnimmobilien in 20 Großstadtregionen der USA von Ende der 1990er-Jahre bis 2006 dramatisch gestiegen. Erklärungen für diese Episode betonen typischerweise nichtfundamentale Faktoren, wie Gefühle, Pläne schnell reich zu werden, psychologische Vorurteile (Überzuversicht) und Hausweiterverkäufe, die einzelne Personen dazu gebracht hätten, die Preise für Häuser in die Höhe zu treiben (siehe z.B. Shiller, 2000; Cassidy, 2009). Die lange Aufwärtsbewegung in Abbildung 1.1 wird tatsächlich weithin als »Wohnimmobilienblase« bezeichnet.

Viele nichtakademische Kommentatoren interpretieren solche Beobachtungen als lebhafte Unterstützung der Ansicht, dass Kursschwankungen bei Vermögenswerten weitgehend ohne Bezug zu ökonomischen Fundamental-

---

12 In einem Buch mit dem Titel *The Myth of the Rational Market* verbreitete Justin Fox (2009) den Gedanken, die Krise hätte den Mythos vom rationalen Markt beendet. Aber wie wir in der Einleitung festgestellt haben, führen die heutigen Marktversagens- und Blasenmodelle in Wirklichkeit den Glauben fort, vollkommene Märkte seien möglich.

13 Die Ökonomen konstruieren viele Typen von Blasenmodellen, darunter auch solche, die auf dem sogenannten »momentum trading« beruhen (Handel, der versucht, den »Schwung« des Markts auszunutzen). Siehe Kapitel 6.

Die Erfindung
mechanischer
Märkte

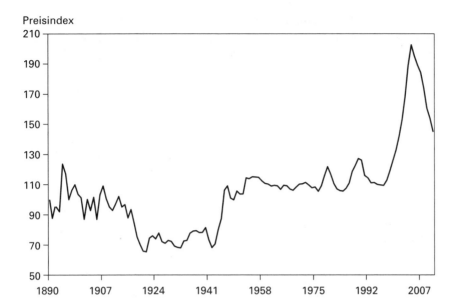

Preisindex

Abb. 1.1 Realer Wohnimmobilienpreisindex USA
1890–2009
Quelle: Daten freundlicherweise zur Verfügung gestellt
von Robert Shiller.
Anmerkung: Die Abbildung verwendet den Case-Shiller
-Index, der auf den Preisindices für Einfamilienhäuser in
den neun US-Zensus-Bereichen basiert.

daten erfolgen. Blasenmodelle werden weithin als wissenschaftliche Untermauerung dieser Ansicht betrachtet. Und dennoch übersehen diese Modelle das Entscheidende: Fundamentale Faktoren spielen sehr wohl eine wichtige und klare Rolle beim Verursachen der Kursschwankungen, ihr Einfluss
kann jedoch nicht mit mechanischen Regeln erfasst werden.[14]

14 Gewiss ziehen einige behavioristische
Finanzmodelle einen Einfluss fundamentaler Erwägungen auf die Kurse in
Betracht. Siehe Shleifer (2000). Aber
auch wenn diese Modelle behaupten,
psychologische Erwägungen zu erfassen,
so tun sie dies doch mit vollständig prädeterminierten REH-basierten Regeln.
Ergänzend zu der Merkwürdigkeit, Psychologie mit mechanischen Regeln darzustellen, nehmen diese Modelle auch
noch an – so wie alle behavioristischen
Finanzmodelle –, dass die Psychologie
die Marktteilnehmer dazu verleite, permanent auf offensichtliche Profitmöglichkeiten zu verzichten. Siehe Kapitel 6
und 7 für eine ausführliche Diskussion
von Blasenmodellen sowie der jeweiligen Rolle von fundamentalen und psychologischen Faktoren beim Verursachen von Kursschwankungen.

Fundamentale Erwägungen sind in zweierlei Hinsicht von Bedeutung: Sie haben direkten Einfluss auf die Vorhersagen und Handelsentscheidungen der Individuen, und indirekt beeinflussen und verfestigen sie die Marktpsychologie. Implizit ist die Schlüsselrolle der Fundamentaldaten tatsächlich in einem großen Teil der Diskussion über die Aufwärtsbewegung der Immobilienpreise im Vorfeld der 2007 ausgebrochenen Krise enthalten. Auch wenn diese Aufwärtsbewegung gewöhnlich als »Blase« bezeichnet und vielfach mit rein psychologischen Ausdrücken interpretiert wird, haben doch einige Beobachter auch darauf hingewiesen, dass erleichterte Kreditbedingungen, fallende Hypothekenzinsen und steigendes Einkommensniveau in den 1990er- und 2000er-Jahren direkte Auswirkungen auf die Kaufentscheidungen der meisten Individuen hatten und zu einem nachhaltigen Wachstum der Marktnachfrage führten.

Verhaltensökonomen konzentrieren sich bei ihren Versuchen zur Erklärung, warum ihre »irrationalen« Individuen die Fundamentaldaten ignorieren, auf psychologische Faktoren. Aber diese Konzentration übersieht die wichtige Rolle, die fundamentale Erwägungen dabei spielen, Optimismus und Zuversicht der Marktteilnehmer während der Aufwärtsbewegung aufrechtzuerhalten.[15] Wenn schließlich die Trends bei den Fundamentaldaten im Jahrzehnt vor 2007 in die entgegengesetzte Richtung gegangen wären, dann hätte die Schwankungsbewegung weg von den historischen Preisbereichen, die in Abbildung 1.1 gezeigt wird, höchstwahrscheinlich nicht eingesetzt, geschweige denn so lange angehalten.

Der Gedanke, fundamentale Faktoren könnten durch ihren Einfluss auf psychologische Faktoren einen indirekten Einfluss auf die Preisbewegungen haben, wurde kürzlich in einer Studie des US-Wohnimmobilienmarkts durch Forscher James Kahn von der Federal Reserve Bank of New York hervorgehoben. Er argumentierte, dass »das Mitte der 1990er-Jahre begonnene Wiederaufleben der Produktivität zu einem optimistischen Gefühl im Hinblick auf künftige Einkommen beitrug, das wahrscheinlich viele Verbraucher ermutigte, hohe Preise für Wohnimmobilien zu bezahlen« (Kahn, 2009, S. 1).

---

15 Shiller (2000) und Akerlof und Shiller (2009) interpretieren psychologische Faktoren, besonders Lebensmut, um nahezulegen, die Marktteilnehmer seien irrational. In ihrer beschreibenden Analyse von Blasen sprechen sie jedoch oft davon, dass Veränderungen bei den Fundamentaldaten Veränderungen beim Lebensmut auslösen.

Gewiss erreichte die Aufwärtsbewegung bei den Preisen für Wohnimmobilien auf vielen Märkten des Landes in der 2000er-Jahren tatsächlich ein, wie uns die Geschichte sowie die anschließende lange Abwärtsbewegung lehren, exzessives Niveau. Aber wie wir in Teil II zeigen werden, sollten solche exzessiven Schwankungen nicht dahingehend interpretiert werden, dass Kursschwankungen bei Vermögenswerten ohne Bezug zu fundamentalen Faktoren erfolgten.

Selbst wenn ein Individuum nur an kurzfristigen Erträgen interessiert ist – ein Merkmal vieler Handelsvorgänge auf vielen Märkten –, ist die Nutzung von Daten über fundamentale Faktoren tatsächlich äußerst wertvoll, um diese Erträge vorherzusagen. Und die Belege dafür, dass Nachrichten über ein weites Spektrum von Fundamentaldaten eine Schlüsselrolle bei Kursschwankungen von Vermögenswerten spielen, sind überwältigend.[16]

Die ökonomische Debatte geht an der Sache vorbei

Die Ökonomen kamen zu dem Schluss, Fundamentaldaten hätten für die Bewegungen der Kurse keine Bedeutung, weil sie keine einzige übergreifende Beziehung finden konnten, die lange Kursschwingungen erklären konnte. Die Beschränkung, dass Ökonomen nur vollständig prädeterminierte Erklärungen von Resultaten in Betracht ziehen sollten, hat viele zu der Annahme verleitet, manche oder alle Teilnehmer seien irrational, in dem Sinne, dass sie Fundamentaldaten komplett ignorierten. Es wird angenommen, dass ihre Entscheidungen allein von psychologischen Erwägungen angetrieben seien.

Der Glaube an die wissenschaftliche Geltung vollständig prädeterminierter Modelle und an die Eignung der Hypothese rationaler Erwartungen zur Darstellung, wie rationale Individuen über die Zukunft denken, erstreckt sich weit über die Märkte für Vermögenswerte hinaus. Manche Ökonomen gehen so weit zu argumentieren, die logische Konsistenz, die vorherrscht, wenn diese Hypothese in vollständig prädeterminierten Modellen eingesetzt wird, sei eine Vorbedingung für die Fähigkeit der ökonomischen Analyse, Rationalität und Wahrheit abzubilden.

In einem bekannten Artikel, der im September 2009 in *The New York Times Magazine* veröffentlicht wurde, argumentierte Paul Krugman (2009,

---

16 Siehe Kapitel 7–9 für eine ausführliche Diskussion der
  Rolle von Fundamentaldaten bei Kursschwankungen auf
  den Märkten für Vermögenswerte und ihrer Interaktion
  mit psychologischen Faktoren.

51

Die ökonomische
Debatte geht an
der Sache vorbei

S. 36) zum Beispiel, die Theoretiker der Chicagoer Schule des freien Marktes »verwechselten Schönheit ... mit Wahrheit«. Einer der führenden Chicagoer Ökonomen, John Cochrane (2009, S. 4), antwortete darauf:»Logische Konsistenz und plausible Grundlagen sind in der Tat ›schön‹, aber für mich sind sie auch die Grundvoraussetzungen für ›Wahrheit‹«. Was Cochrane mit plausiblen Grundlagen meinte, waren natürlich vollständig prädeterminierte Modelle rationaler Erwartungen. Aber angesichts der fundamentalen Fehler vollständig prädeterminierter Modelle kann eine Konzentration auf deren logische Konsistenz oder Inkonsistenz, ganz zu schweigen von der Hypothese rationaler Erwartungen selbst, kaum als relevant für eine Diskussion der Grundvoraussetzungen von Wahrheit in der ökonomischen Analyse betrachtet werden, was immer »Wahrheit« auch bedeuten möge.

Die Debatte zwischen Krugman und Cochrane weist eine gewisse Ironie auf. Denn obwohl die neukeynesianischen und behavioristischen Modelle, die Krugman favorisiert,[17] sich in ihren spezifischen Annahmen von denen der »strenggläubigen« Chicagoer Schule unterscheiden, sind sie doch genauso mechanisch wie diese. Überdies nehmen diese Ansätze an, die Hypothese rationaler Erwartungen liefere den Maßstab, nach dem Rationalität und Irrationalität zu definieren seien.[18]

17 Zum Beispiel unterstützt Krugman bei der Diskussion, welche Bedeutung die Verbindung zwischen Finanzsystem und Gesamtwirtschaft für das Verständnis der Krise und das Nachdenken über Reformen habe, den Ansatz, den Bernanke und Gertler wählen. (Für einen Überblick über diese Modelle siehe Bernanke et al., 1999.) So bahnbrechend diese Modelle durch die Integration des Finanzsektors in die Makroökonomie jedoch auch sind, so sie sind doch vollständig prädeterminiert und beruhen auf der Hypothese rationaler Erwartungen. Und als solche leiden sie unter denselben fundamentalen Fehlern, die auch die anderen heutigen Modelle belasten. Wenn sie für eine Analyse der politischen Optionen verwendet werden, nehmen diese Modelle nicht nur an, dass die Wirkungen der betrachteten Maßnahmen von einem politischen Entscheidungsträger vollständig im Voraus spezifiziert werden könnten, sondern auch, dass auch sonst niemals etwas wirklich Neues passieren wird. Angeblich reagieren die Marktteilnehmer auf veränderte politische Maßnahmen entsprechend den REH-basierten Vorhersageregeln. Siehe Fußnote 3 in der Einleitung und Kapitel 2 zur weiteren Diskussion.

18 Die Konvergenz in der heutigen Makroökonomie ist so auffällig geworden, dass inzwischen die führenden Befürworter sowohl des neuklassischen »Süßwasser«-Ansatzes als auch die des neukeynesianischen »Salzwasser«-Ansatzes, ungeachtet ihrer sonstigen Unterschiede, die Vorzüge der Verwendung der Hypothese rationaler Erwartungen bei der Konstruktion der heutigen Modelle preisen. Siehe Prescott (2006) und Blanchard (2009). Es wird außerdem weithin geglaubt, dass ihr Vertrauen auf die Hypothese rationaler Erwartungen die neukeynesianischen Modelle besonders nützlich für die politische Analyse durch Zentralbanken mache. Siehe Fußnote 10 in diesem Kapitel und Sims (2010). Zur weiteren Diskussion siehe Frydman und Goldberg (2008).

Die Verhaltensökonomie liefert ein treffendes Beispiel. Nach der Entdeckung massiver Belege, dass es dem Maßstab, den die heutige Ökonomie für Rationalität anlegt, nicht gelingt, adäquat zu erfassen, wie die Individuen tatsächlich ihre Entscheidungen treffen, wäre die einzig vernünftige Schlussfolgerung gewesen, diesen Maßstab als von Grund auf verkehrt zu betrachten. Stattdessen folgerten die Verhaltensökonomen in Abwandlung eines Brecht-Zitats, dass die Individuen eben irrational seien.[19]

Zur Rechtfertigung dieser Schlussfolgerung argumentierten Ökonomen und nichtakademische Kommentatoren, der auf der Hypothese rationaler Erwartungen beruhende Maßstab für Rationalität funktioniere zwar durchaus – aber eben nur für wirklich intelligente Anleger. Den meisten Individuen fehlten aber die notwendigen Fähigkeiten, um die Zukunft zu verstehen und die Konsequenzen ihrer Entscheidungen korrekt zu berechnen.[20]

In Wirklichkeit bedarf die Hypothese rationaler Erwartungen aber gar keiner irgendwie gearteten Annahmen über die Intelligenz der Marktteilnehmer (zur weiteren Diskussion siehe Kapitel 3 und 4). Denn statt den Individuen übermenschliche kognitive und rechnerische Fähigkeiten zu unterstellen, nimmt die Hypothese ja genau das Gegenteil an: Die Marktteilnehmer verzichten auf die Nutzung aller kognitiven Fähigkeiten, die sie haben. Die Hypothese rationaler Erwartungen geht davon aus, dass die Individuen sich nicht aktiv und kreativ damit befassen, ihre Überlegungen im Hinblick auf die Zukunft zu überdenken. Stattdessen wird angenommen, sie blieben jederzeit und unter allen Umständen unerschütterlich bei einer einzigen mechanischen Vorhersagestrategie. Daher hat, entgegen der weit verbreiteten Ansicht, auch die Hypothese rationaler Erwartungen keinerlei Bezug dazu, wie auch nur minimal vernünftige, nach Profit strebende Individuen auf den Märkten der wirklichen Welt die Zukunft prognostizieren. Wenn neue Verhältnisse beginnen, die Kurse von Vermögenswerten zu bewegen, schauen sie angeblich in die andere Richtung und schwören damit entweder einem nach Profit strebenden Verhalten völlig ab oder verzichten auf Profitmöglichkeiten, die offen vor ihnen liegen.

19 Nach der brutalen Niederschlagung eines Arbeiteraufstands durch die ostdeutsche Regierung im Jahr 1953 machte Bertolt Brecht die berühmte Bemerkung: »Wäre es da nicht doch einfacher, die Regierung löste das Volk auf und wählte ein anderes?«

20 Sogar Simon (1971), ein eindringlicher früher Kritiker der Auffassung der Ökonomen von Rationalität, betrachtete diese als geeigneten Maßstab zur Entscheidungsfindung, auch wenn er glaubte, dass er für die meisten Menschen aus diversen kognitiven und sonstigen Gründen unerreichbar sei. Um diese Ansicht zu unterstreichen, prägte er den Ausdruck »begrenzte Rationalität«, um Abweichungen von der normativen angeblichen Bezugsgröße zu bezeichnen.

53

Die ökonomische
Debatte geht an
der Sache vorbei

Die verzerrte Sprache des ökonomischen Diskurses

Es wird oft bemerkt, das Problem der Ökonomie sei ihr Vertrauen auf den mathematischen Apparat. Unsere Kritik richtet sich jedoch nicht gegen die Verwendung der Mathematik durch Ökonomen. Wir kritisieren vielmehr die heutige Darstellung der Marktwirtschaft als mechanisches System. Die Vorspiegelung von Wissenschaftlichkeit und die Behauptung, die Folgerungen wären eine Sache der unmittelbaren Logik, haben eine fundierte öffentliche Diskussion über die verschiedenen Optionen politischer Maßnahmen beinahe unmöglich gemacht. Zweifler werden oft als genauso unvernünftig hingestellt, als ob sie die Theorie der Evolution oder die Tatsache leugneten, dass die Erde rund ist.

Die öffentliche Debatte wird sogar noch weiter dadurch verzerrt, dass die Ökonomen Begriffe wie »Rationalität« und »rationale Märkte« auf eine Weise formalisieren, die wenig oder gar keinen Bezug dazu hat, wie Nichtökonomen diese Ausdrücke verstehen. Wenn Ökonomen sich auf Rationalität berufen, während sie ihre Empfehlungen für politische Maßnahmen präsentieren oder rechtfertigen, dann interpretieren Nichtökonomen solche Äußerungen so, als ob sie das vernünftige Verhalten echter Menschen implizierten. In Wirklichkeit aber, wie wir in diesem Buch ausführlich diskutieren, stellt die Formalisierung der Rationalität, wie sie die Ökonomen vornehmen, im Kontext der Märkte der wirklichen Welt ein offensichtlich irrationales Verhalten dar.

Ein solches Verdrehen von Bedeutungen hatte auch auf die Entwicklung der Ökonomie selbst tief greifende Auswirkungen. So machten sich zum Beispiel Verhaltensökonomen, nachdem sie die vollständig prädeterminierte Auffassung von Rationalität aufgegriffen hatten, daran, nach Gründen zu suchen, größtenteils durch psychologische Forschung und Gehirnstudien, warum das individuelle Verhalten wohl so krass inkonsistent mit dieser Auffassung ist – einer Auffassung, die von Anfang an keinerlei Bezug zum vernünftigen Verhalten in der wirklichen Welt hatte. Überdies geht, wie wir sehen werden, der Gedanke, dass die Ökonomen eine umfassende Erklärung von Märkten liefern könnten, der dann zu einer vollständig prädeterminierte Rationalität führte, völlig daran vorbei, was die Märkte wirklich tun.

2.
Der Unfug vollständig prädeterminierter Geschichte

In den modernen Wirtschaften befassen sich Individuen und Unternehmen mit innovativen Aktivitäten und entdecken dabei neue Möglichkeiten zur Nutzung des bestehenden Sach- und Humankapitals sowie neue Techniken, in die sie investieren können. Auch der institutionelle und gesamtgesellschaftliche Kontext, in dem diese unternehmerische Betätigung stattfindet, verändert sich auf immer neue Art. Und die Innovationen selbst beeinflussen die künftigen Erträge der wirtschaftlichen Aktivität auf eine Weise, die niemand vollständig vorhersehen kann. Mithin weichen Veränderungen in kapitalistischen Wirtschaften in bedeutendem Maße von der Routine ab, denn sie können nicht mit mechanischen Regeln und Verfahren adäquat im Voraus erfasst werden.

Da Aktivitäten, die von Routine abweichen, ein wichtiger Bestandteil der Veränderungen sind, weichen die Investitionsentscheidungen in modernen Wirtschaften selbst von Natur aus von der Routine ab. In der überwiegenden Mehrzahl der Fälle können die Aussichten von Investitionsprojekten – der Strom ihrer künftigen Erträge – nicht mit standardisierten Wahrscheinlichkeitsausdrücken erfasst werden.[1] Es ist unmöglich, alle potenziellen Resultate zu kennen, geschweige denn die Wahrscheinlichkeit, mit der sie auftreten könnten.

Ganz offensichtlich trifft dies auf Investitionen in innovative Produkte und Verfahren zu, bei denen die Ertragsschätzungen nicht ausschließlich auf den historischen Profiten bestehender Produkte und Verfahren aufbauen können. Aber selbst wenn, wie in unserem Beispiel (in der Einleitung) der Wechsel des Fischers zu einer wohlbekannten Technik, eine Investitionsentscheidung eine weit einfachere Wahl beinhaltet, können bei einer

---

1 Frydman und Goldberg (2007, Kapitel 3) schlagen eine Möglichkeit vor, wie Wahrscheinlichkeitsbeschreibungen im Zusammenhang mit mathematischen Modellen verwendet werden können, die in ihren Annahmen nicht einfach nicht routinemäßige Veränderungen ausblenden.

Vielzahl von Faktoren zukünftige Veränderungen, die nicht vollständig vorherzusehen sind, bedeutenden Einfluss auf den Ertrag haben. Eine Beschreibung der Konsequenzen von nicht routinemäßigen Aktivitäten durch eine einzige Wahrscheinlichkeitsregel ignoriert die Tatsache, dass nicht routinemäßige Veränderungen naturgemäß auch den Bereich der möglichen künftigen Resultate und die ihnen zugeordneten Wahrscheinlichkeiten verändern.

Die Schlüsselinstitutionen der kapitalistischen Wirtschaften – insbesondere Privateigentum an Kapital sowie Finanzmärkte, die für die Allokation der Ansprüche darauf sorgen – versetzen diese in die Lage, innovative Aktivitäten zu stimulieren und zu fördern sowie mit nicht routinemäßigen Veränderungen fertig zu werden. Auch wenn Karl Marx anerkannte, dass Privateigentum und Finanzmärkte für die Stimulierung der inhärenten Dynamik des Kapitalismus eine Schlüsselrolle spielen, betrachtete er sie letztlich doch als Quelle der krassen sozialen und wirtschaftlichen Probleme des Systems.[2] Das Privateigentum schüre grobe Ungerechtigkeit, einschließlich Ausbeutung und Entfremdung der Arbeitskräfte, während die endemische und unvermeidliche Instabilität des Finanzsystems einer der Hauptgründe für wiederkehrende Wirtschaftskrisen sei.[3] Diese Argumente legten die Grundlage für die Überzeugung, dass eine staatliche Kontrolle und Allokation des gesellschaftlichen Kapitals nötig sei, um Krisen zu vermeiden und soziale Gerechtigkeit zu erreichen.

Dieses ökonomische Modell wurde 1917 in der Sowjetunion mit Gewalt installiert und nach dem Zweiten Weltkrieg von sowjetischen »Befreiern« nach Osteuropa exportiert. Die Ergebnisse blieben weit hinter der Vision zurück: Das sowjetische Experiment endete 1989 mit der Wiedereinführung grundlegender kapitalistischer Institutionen, nachdem es weder zu gut funktionierenden Wirtschaften noch zu verbesserter sozialer Gerechtigkeit geführt hatte.

---

2 Für ökonometrische Belege für die zentrale Bedeutung des Privateigentums für die wirtschaftliche Leistung im Zusammenhang mit den postkommunistischen Übergangswirtschaften siehe Frydman et al. (1999).

3 Siehe Marx (1981). Für einen Überblick über die Marx'sche Analyse des Zusammenhangs zwischen Finanzsystem und Gesamtwirtschaft siehe Crotty (1986) und die Quellenhinweise dort. Für einflussreiche nichtmarxistische Argumente, dass die Finanzmärkte für eine Fehlallokation von Kapital sorgen und anfällig für Instabilität seien, siehe Keynes (1936) und Minsky (2008). Wir betrachten Keynes' Argumente in Kapitel 7 und 8 noch einmal im Licht der 2007 ausgebrochenen Finanzkrise.

Der Unfug
vollständig
prädeterminierter
Geschichte

Die Kommandowirtschaften sowjetischen Stils versuchten durch zentral kontrollierte Kapitalallokation nachzuahmen, was kapitalistische Finanzmärkte tun. Während dieses Experiment unaufhaltsam auf seinen Niedergang zusteuerte, griff ironischerweise die große Mehrheit der westlichen Makro- und Finanzökonomen einen Ansatz auf, der frappierende Ähnlichkeit mit den vergeblichen Bestrebungen dieser Planer trug.

Wiedersehen mit der fatalen Illusion

Die sowjetische Blaupause für kommunistische Gesellschaften sollte Privateigentum und Märkte durch ein umfassendes System zentraler Planung ersetzen.[4] In der Theorie sollten zentral durchgeführte Berechnungen das gesamte Spektrum der End- und Zwischenprodukte innerhalb des Planungshorizonts bestimmen. Die Planer entschieden auch, wie die gesellschaftliche Produktion zwischen Konsum und Investitionen aufgeteilt und wie die Allokation von Investitionen erfolgen sollte, damit die Produktionsziele erreicht werden.

In der Praxis wurden Fünfjahrespläne auf Grundlage einer Wunschliste und der berüchtigten Input-Output-Tabellen erstellt (verwendet zur Berechnung der Materialbilanzen, die für die Produktion der geplanten Mengen benötigt wurden). Konfrontiert mit der Realität, mussten die Pläne dann jedes Jahr angepasst werden, um neue Tatsachen sowie politische Abmachungen zwischen Partei und Staatsunternehmen widerzuspiegeln.[5] Wie einer der bestinformierten Beobachter des Sowjetsystems festhielt: »Angesichts der veränderlichen und oft kurzlebigen Natur der Pläne ... ist die Existenz ... eines nationalen Planes, kohärent und perfekt, auf alle Ebenen aufgeteilt und dort angewandt, nur ein *Mythos*« (Zaleski, 1980, S. 484, Hervorhebung im Original).

Das sowjetische System scheiterte nicht nur daran, für die Entscheidungsträger auf niedrigeren Ebenen Anreize dafür zu schaffen, den Planern relevante Vor-Ort-Informationen zu übermitteln; es schuf im Gegenteil starke Anreize, potenziell nützliche Informationen zu verfälschen und zurück-

4 Dieser Abschnitt stützt sich auf Frydman und Rapaczynski (1993).

5 Die Input-Output-Tabellen waren zentrale Indikatoren, die für jedes Endprodukt die Anteile von Rohmaterialien und Zwischenprodukten spezifizierten (siehe Hare, 1981a). Für Analysen der Investitionsprozesse in der Tschechoslowakei, Ungarn und Polen während der Zeit nach dem Zweiten Weltkrieg und für weitere Quellenangaben siehe Montias (1962), Hare (1981b) und Vajna (1982).

zuhalten. Solche Informationsverzerrungen erleichterten Korruption und andere Aktivitäten, die Ressourcen vom Staat zu privaten Zwecken umlenkten.

Der letztendliche Grund, warum zentrale Planung unmöglich war, ist aber die Annahme, eine Gruppe von Individuen – die Planer – könnte die Zukunft voraussagen und formen. In dem Maße, in dem diese Planung eine Vorhersage der zukünftigen Aussichten alternativer Investitionen des gesellschaftlichen Kapitals und der wirtschaftsweiten Konsequenzen erfordert hätte, konnten die Planer prinzipiell nicht nachbilden, wie Finanzmärkte in den kapitalistischen Wirtschaften für eine Allokation der gesellschaftlichen Ersparnisse sorgen.

In den modernen kapitalistischen Wirtschaften erfordert die Allokation des knappen Kapitals die Entscheidungen vieler Marktteilnehmer, die dazu eine breite Vielzahl informeller und formeller Verfahren nutzen. Die Art, wie die Finanzmärkte diese Entscheidungen aggregieren, um eine Allokation der gesellschaftlichen Ersparnisse auf alternative Investitionsprojekte vorzunehmen, unterscheidet sich fundamental von den Versuchen, die ein einzelnes Individuum unternimmt, wenn es sein Wohlergehen maximieren will:

> Das ökonomische Problem der Gesellschaft ist ... nicht nur ein Problem der Allokation »gegebener« Ressourcen – wenn »gegeben« heißen soll, einem einzigen Verstand gegeben, der das Problem [der Ressourcen-Allokation] willkürlich löst. ... Es ist vielmehr das Problem, wie die beste Verwendung der Ressourcen vorgenommen werden soll, die einem beliebigen Mitglied der Gesellschaft bekannt ist, zu Zwecken, deren jeweilige Bedeutung nur diese Individuen kennen. Oder, um es kurz zu fassen, es ist das Problem der Verwendung von Wissen, das *in seiner Gesamtheit niemandem gegeben ist.* [Hayek, 1945, S. 519–20, Hervorhebung hinzugefügt]

Dieses Problem des naturgemäß unvollkommenen Wissens war für die Kommandowirtschaften sowjetischen Stils besonders belastend, wenn es um Investitionsentscheidungen ging, die in Ermangelung von Finanzmärkten weitgehend staatlich kontrolliert waren. So behielt sich der Staat beispielsweise selbst in Ungarn, das sich nach 1956 sehr weit in Richtung Dezentralisierung und sozialistische Marktreformen bewegt hatte, die entscheidende Kontrolle über Investitionen auf neuen Gebieten und die Gründung neuer Unternehmen vor.

Der Unfug
vollständig
prädeterminierter
Geschichte

Angesichts der Probleme, die nicht routinemäßige Veränderungen für die Einschätzung der Erträge und die Konsequenzen für alternative Investitionsprojekte aufwarfen, bestand einer der Lösungsversuche der zentralen Planer darin, Innovationen zu verhindern. Sie wurden sogar dann verhindert, wenn Innovationen im Prinzip wünschenswert waren und selbst wenn sie auf relativ simplen Ideen beruhten. Wurde zum Beispiel ein Verfahren gefunden, wie Bussitze unter Verwendung weniger kostspieliger Materialien hergestellt werden konnten, dann entstand ein Konflikt mit den geplanten Investitionen und Produktionszielen. Eine Beschaffung der neuen Materialien, eine Erhöhung ihrer Produktion oder ein Abzug von anderen Verwendungen hätte derartige Probleme verursacht, dass die Innovation diese Mühe nicht wert war.

Selbst nach einer Reihe von Reformwellen wiesen die kommunistischen Wirtschaften eine sehr niedrige Innovationsrate auf, arbeiteten mit einem weitgehend veralteten Kapitalstock und produzierten ein kleines Sortiment minderwertiger Produkte. Soweit Veränderungen größeren Ausmaßes eingeführt wurden, beruhten sie zum größten Teil auf bereits existierenden Techniken, die aus den kapitalistischen Ländern importiert wurden. Aber auch dann konnten die sozialistischen Wirtschaften keine Ersatzteile produzieren.[6] Das auf Routineprozesse konzentrierte Wirtschaftssystem konnte die neue Technik einfach nicht bewältigen.[7]

---

[6] So importierte zum Beispiel Polen in den 1970er-Jahren in großem Maßstab bestehende Techniken wie Autos. Aber als zum Ende des Jahrzehnts die Petrodollarfinanzierung auslief, musste Polen seine eigenen Ersatzteile produzieren. Da es selbst mit importierter Technik nicht in der Lage war, ein kapitalistisches Auto herzustellen, konnte Polen die Schulden nicht zurückzahlen. Ja, es musste sich sogar noch mehr leihen, um Ersatzteile zu importieren. Gut möglich, dass die erdrückende Last der Schulden Polens, die in seiner Unfähigkeit zu Innovationen wurzelte, den Zusammenbruch des kommunistischen Systems beschleunigte.

[7] Die Auswirkungen der Konzentration des kommunistischen Systems auf Routineprozesse überdauerten seinen Zusammenbruch im Jahr 1989. Um in dem neuen Umfeld kapitalistischen Wettbewerbs zu überleben, mussten die staatseigenen Unternehmen Kostensenkungen oder Innovationen vornehmen. Beim stärker routinemäßigen Vorgang des Kostensenkens waren ihre Leistungen ebenso gut wie die der privatisierten Unternehmen. Wenn es aber um Innovationen ging, lag die Leistung der staatseigenen Unternehmen weit unter der von neuen privaten Eignern betriebenen. Für Analysen und empirische Belege siehe Frydman et al. (1999, 2000, 2006).

Wiedersehen
mit der fatalen
Illusion

Die Anmaßung exakten Wissens

Kapitalistische Wirtschaften sind weit davon entfernt, nicht routinemäßige Aktivitäten zu minimieren, im Gegenteil: Sie florieren geradezu durch solche Aktivitäten. Und doch schienen sich westliche Ökonomen durch das Scheitern der zentralen Planer nicht davon abschrecken zu lassen, die Zukunft so zu begreifen und zu formen, als ob sich Geschichte gemäß vollständig prädeterminierten mechanischen Regeln entwickelte. Sie begaben sich daran, mathematische Modelle zu konstruieren, die akkurat erfassen sollten, wie die Finanzmärkte die Aussichten alternativer Investitionsprojekte und Unternehmen einschätzen, und das nicht nur für heute, sondern obendrein für alle vergangenen und zukünftigen Zeiträume. Solche vollständig prädeterminierten Modelle und die präzisen Voraussagen, die sie hervorbringen, sind das Kennzeichen des heutigen makroökonomischen und finanzwissenschaftlichen Ansatzes.

Individuen als Roboter, Märkte als Maschinen

Um Marktergebnisse zu erklären, zum Beispiel die Kurse von Vermögenswerten, setzen die Ökonomen sie in Beziehung zu den Entscheidungen der individuellen Marktteilnehmer.[8] Es gibt bei der modellhaften Nachbildung individueller Entscheidungen zwei Hauptansätze. Fast alle Ökonomen berufen sich auf einen Satz von A-priori-Annahmen, mit denen sie charakterisieren, wie rationale Individuen in sämtlichen Zusammenhängen und Zeiträumen handeln sollten.[9]

Im Unterschied dazu berufen sich die Verhaltensökonomen auf beachtliche, von ihnen selbst entdeckte Belege, die darauf hinweisen, dass die Individuen ihre Entscheidungen in einer Weise treffen, die mit dem konventionellen Maßstab für Rationalität nicht vereinbar ist. Ihre Forschungen waren von fundamentaler Bedeutung für die Öffnung der Ökonomie für alternative Erklärungen der individuellen Entscheidungsfindung und der Marktergebnisse. Sie führten zu neuen Modellen, in denen einige oder alle A-priori-Annahmen durch die Formalisierung empirischer Befunde ersetzt wurden.

8 Dieser Abschnitt stützt sich auf Frydman und Goldberg (2007, 2010a), die den heutigen Ansatz zur modellhaften Darstellung individueller Entscheidungsfindung und der Marktergebnisse im Zusammenhang mit einem einfachen algebraischen Modell vorstellen.

9 Für eine Darlegung dieser Annahmen siehe Gollier (2001) und Sargent (1987).

Der Unfug
vollständig
prädeterminierter
Geschichte

Aber so verschieden ihre Erklärungen auch sind, die Verhaltensökonomen, besonders diejenigen, die sich mit der Nachbildung der Finanzmärkte durch mathematische Modelle befassen, folgten ihren konventionellen Kollegen doch in dem Glauben, die Modelle müssten präzise Vorhersagen erzeugen, um sich wissenschaftlich nennen zu dürfen.[10] Folglich formalisieren auch die behavioristischen Finanzmodellkonstrukteure individuelle Entscheidungsfindung und Marktergebnisse mit mechanischen Regeln, die sie im Voraus spezifizieren. Ob also auf dem konventionellen Maßstab für Rationalität oder auf behavioristischen Erwägungen begründet, der heutige Ansatz bei der Modellbildung in Makroökonomie und Finanzen ähnelt sehr stark der Konstruktion von Bewegungen »interagierender Roboter«.

Aber wenn sich die Individuen tatsächlich verhielten wie Roboter, dann wäre die Aufgabe, künftige Marktergebnisse vorherzusagen, relativ einfach. Dazu würde es dann nur noch reiner Routineberechnungen bedürfen, die auf den mechanischen Regeln beruhen, die diese Entscheidungen bestimmen. In einer solchen Welt würden sich Institutionen und Wirtschaftspolitik auf vollständig vorhersehbare Weise entfalten. Neue Informationen über Variablen, die für eine Vorhersage als relevant erachtet werden, wären keine echten Neuigkeiten mehr. Die Ökonomen würden vielmehr schon für jeden Zeitpunkt der Zukunft alle möglichen Stellenwerte kennen, die solche Neuigkeiten einnehmen können, und ebenso die korrekte Wahrscheinlichkeit für das Auftreten eines jeden dieser Stellenwerte. Sie wüssten auch, wann und wie ihre Roboter ihre Vorhersagestrategien revidieren könnten. In der Folge könnten die Ökonomen jeden möglichen künftigen Preis und Kurs und die zugeordnete Wahrscheinlichkeit berechnen. Diese gewählten, von aktueller Information abhängigen Wahrscheinlichkeiten, stellen ihre angeblich präzisen Vorhersagen von Marktergebnissen dar.

Der Ökonom als Ingenieur

Wenn ein heutiger Ökonom einem Forschungsprogramm folgt, das kapitalistische Wirtschaften als »eine mechanische künstliche Welt, bevölkert von interagierenden Robotern«, betrachtet (Lucas, 2001, S. 21), dann sucht er nach Möglichkeiten, wie er jeden Bestandteil seines Finanzmarktmodells mit mechanischen Regeln darstellen kann. Wenn wir skizzieren, wie er

---

10 Siehe Rabin (2002) und Barberis und Thaler (2003). Wir kommen auf diesen Punkt in Kapitel 6 zurück.

dabei vorgeht, können wir erkennen, warum dieser Ansatz bei der Suche nach adäquaten Erklärungen für Kursbewegungen wahrscheinlich immer genauso nutzlos ist, wie es die zentrale Planung bei dem Versuch war, auf den Markt gänzlich zu verzichten.

Wenn ein Ökonom die Entscheidungsfindung eines Individuums modellhaft nachbildet, macht er Annahmen darüber, welche Faktoren dessen Wohlergehen beeinflussen. Zum Beispiel wird oft angenommen, dass es Individuen wichtig sei, welche Erträge beim Kauf, sagen wir einer bestimmten Kombination von Aktien, zu erwarten sind, und wie es um das Risiko steht, dass die tatsächlichen Erträge von diesen Erwartungen abweichen könnten. Unterschiedliche Kombinationen führen zu unterschiedlichen Erwartungen bezüglich der Erträge und Risiken. Wenn die Ökonomen die Präferenzen eines Einzelnen für alternative Portfolios charakterisieren, nehmen sie für gewöhnlich an, dass sein Wohlergehen (oder Nutzen) mit den zu erwartenden Erträgen steigt und mit dem Risiko sinkt. Außerdem schreiben sie ihm eine Entscheidungsregel zu, nach der er das beste Portfolio auswählen wird, das er mit seinen verfügbaren Mitteln kaufen kann.

Um aber bestimmen zu können, welches Portfolio dies sein könnte, muss der Ökonom charakterisieren, wie ein Individuum die künftigen Erträge und Risiken der alternativen Portfolios vorhersagt. Daher schreibt er ihm eine Vorhersagestrategie zu, die die künftigen Erträge und Risiken mit einem Satz kausaler Variablen verbindet, zum Beispiel aktuelle und ehemalige Unternehmensgewinne und Inflationsraten.

Auf den Märkten der wirklichen Welt jedoch differieren die Präferenzen der Individuen hinsichtlich der zu erwartenden Erträge und Risiken; zum Beispiel sind einige Anleger weniger risikobereit als andere. Zudem entwerfen die Individuen ihre Prognosen auf Grundlage unterschiedlicher Strategien, die ihr jeweiliges Verständnis der Prozesse widerspiegeln, welche die Kurse der Vermögenswerte bestimmen.

Mitunter erkennen Ökonomen die Bedeutung dieser Unterschiedlichkeit und schreiben verschiedenen Gruppen von Marktteilnehmern unterschiedliche Präferenzen, Entscheidungsregeln und Vorhersagestrategien zu. Um den Kurs eines Vermögenswertes zu einem gewissen Zeitpunkt zu bestimmen, zählt der Ökonom dann die individuellen Kauf- und Verkaufsentscheidungen in seinem Modell zusammen und nimmt an, dass der Gleichgewichtspreis – der Wert, bei dem Gesamtnachfrage gleich Gesamtangebot ist – schnell erreicht würde. Da diese Kauf- und Verkaufsentscheidungen von kausalen Variablen abhängen, impliziert das Modell eine Beziehung zwischen diesen Variablen und dem Kurs. Auf diese Weise liefern die Modelle der Ökonomen eine Erklärung für den kausalen Prozess, der den Kursen von Vermögenswerten zugrunde liegt.

Das Problem dieser Modelle ist, dass die Individuen mit der Zeit die Art und Weise ändern, wie sie ihre Entscheidungen treffen. Es mag zwar vernünftig sein anzunehmen, dass Präferenzen und Entscheidungsregeln für einen längeren Zeitraum relativ stabil sind. Aber es ist einfach zu weit hergeholt anzunehmen, dass die Teilnehmer an den Märkten für Vermögenswerte ihre Prognosestrategien niemals ändern würden.

Es gibt viele Gründe, warum Marktteilnehmer ihre Strategien nicht nur revidieren, sondern dies sogar oft in einer Weise tun, die nicht einmal sie selbst, geschweige denn die Ökonomen, im Voraus adäquat mit mechanischen Regeln erfassen können. Wirtschaftspolitik, Technik und andere Aspekte des sozialen Kontexts verändern sich auf neuartige Weise und verändern die Art, wie sich die kausalen Variablen über die Zeit entwickeln und dabei beeinflussen, wie Individuen künftige Erträge und Risiken vorhersagen. Und selbst wenn es nicht zu neuartigen Veränderungen im sozialen Kontext kommt, macht der Prozess selbst, mit dem die Finanzmärkte die Allokation des gesellschaftlichen Kapitals vornehmen, eine Prognose der Resultate zu einer Aktivität, die vom Wesen her von der Routine abweicht.

Die Finanzmärkte übersetzen die Kauf- und Verkaufsentscheidungen der Teilnehmer in Kursveränderungen. Dieser Prozess führt zu unterschiedlichen Kapitalallokationen, die die Aussichten der betreffenden Projekte und Unternehmen verändern. Beim Versuch, diese ständig sich verändernden Aussichten vorherzusehen, suchen die Finanzmarktteilnehmer nach neuen Möglichkeiten für die Verwendung dieser kausalen Variablen oder nach potenziell relevanteren Variablen, auf die sie ihre Strategien gründen können. Sollten zum Beispiel viele (oder große) Marktteilnehmer beschließen, das staatliche Haushaltsdefizit der USA sei für die Prognosen wichtig, dann würde sich der Satz der kausalen Variablen selbst verändern.

Solche Veränderungen beim kausalen Prozess, der die Kurse von Vermögenswerten bestimmt, können niemals vollständig vorhergesehen werden. Selbst wenn ein Ökonom versuchen sollte, die Zukunft mit Wahrscheinlichkeitsausdrücken zu beschreiben, würden Veränderungen der Gesamtwirtschaft doch den Satz der Kurse und Wahrscheinlichkeiten verändern, der für die Charakterisierung der Resultate zu jedem künftigen Zeitpunkt relevant sein könnte. Um ihre angeblich präzisen Vorhersagen zu erzeugen – einen einzigen Satz von Kursen und Wahrscheinlichkeiten für jeden zukünftigen Zeitpunkt –, müssen die heutigen makroökonomischen Modelle daher alle denkbaren Veränderungen in der Wirtschaft vollständig im Voraus spezifizieren.

Bemerkenswerterweise konstruieren fast alle Ökonomen Modelle, die absolut keine Veränderungen in dem Prozess zulassen, der die wirtschaftlichen Resultate erbringt. Diese Modelle stellen Individuen nicht nur als Roboter dar, sondern sogar als Roboter, die nur einem einzigen Satz vorab spezifizierter Regeln gehorchen, die zu jedem Zeitpunkt gültig sind. Sie nehmen außerdem an, die Tendenz politischer Variablen, wie zum Beispiel Zinssätze und Geldangebot, bestimmte Werte anzunehmen, ändere sich nie. Werden solche Nachrichten verfügbar, dann aktualisieren die Marktteilnehmer ihre Prognosen für die künftigen Erträge angeblich jederzeit auf genau die gleiche Weise. Ebenso wird von ihren Präferenzen und Entscheidungsregeln angenommen, dass sie für alle Zeiten konstant blieben. Die Märkte funktionieren wie Maschinen; das routinemäßige Auftauchen neuer Nachrichten verursacht mechanische Preisanpassungen in einer Weise, die im Voraus spezifiziert werden kann.

Mitunter erkennen die heutigen Ökonomen auch, dass sich sozialer Kontext und individuelle Entscheidungsfindung verändern. Und dennoch beharren sie darauf, Modelle zu konstruieren, die präzise Vorhersagen erzeugen, nehmen mithin an, dass Ökonomen könnten, was die Marktteilnehmer selbst nicht können: im Voraus exakt spezifizieren, wie sich der soziale Kontext verändern wird und wie die Individuen ihr Verständnis der Märkte sowie ihr Prognoseverhalten ändern werden.[11] Auch diese Modelle können in einen Computer eingegeben und durchgeführt werden, weil sie Individuen als Roboter und Märkte als Maschinen betrachten.

Kurs halten wider jede Vernunft

Es würde hier zu weit führen, einen Vergleich vorzunehmen zwischen dem »freiwilligen« sozialen Prozess, durch den die westlichen Ökonomen den Glauben an ihre Kernannahmen erlangt und aufrecht erhalten haben, und der zwingenden Organisation einer Gesellschaft gemäß der übergrei-

---

11 Mitunter stellen Ökonomen solche Veränderungen in Modellen probabilistisch dar. Dabei nehmen sie einen Satz potenzieller Veränderungen an und versehen diese möglichen Veränderungen mit einem Satz Wahrscheinlichkeiten. Für weitere Anmerkungen und Quellenangaben zu diesem Punkt siehe Kapitel 3, Fußnote 1.

Der Unfug
vollständig
prädeterminierter
Geschichte

fenden Idee, der Staat könne unvollkommenes Wissen ignorieren und nicht routinemäßige Veränderungen unterdrücken. Ein besonderer Punkt verdient dennoch Aufmerksamkeit: Obwohl es zweifellos viele grundlegende Unterschiede zwischen diesen Glaubenssystemen gibt, ziehen doch beide die standhafte Weigerung nach sich, die eigene Auffassung von wirtschaftlichen und sozialen Entwicklungen angesichts ihrer offensichtlichen erkenntnistheoretischen Fehler und ihres empirischen Versagens zu überdenken. In dieser Hinsicht weisen die Forschungen der heutigen Ökonomen auffallende Ähnlichkeit mit den Versuchen der sowjetischen und osteuropäischen Herrscher auf, ihre scheiternden Volkswirtschaften zu reformieren, die irreparabel fehlerhaften Fundamente des Systems dabei jedoch zu bewahren.[12]

Neudefinition von empirischem Erfolg

Nichts kann die Weigerung der heutigen Ökonomen, die Relevanz vollständig prädeterminierter Modelle zu überdenken, lebhafter illustrieren, als die Tatsache, dass sie weiterhin auf die Hypothese rationaler Erwartungen als Methode zur modellhaften Abbildung rationaler Prognosen vertrauen, trotz ihres wiederholten empirischen Scheiterns. Schon vor der 2007 ausgebrochenen Krise haben sich die präzisen Vorhersagen der Modelle rationaler Erwartungen immer wieder als krass unvereinbar mit den tatsächlichen Bewegungen der Kurse und Risiken herausgestellt. Frydman und Goldberg (2007, Kapitel 7 und 8) geben einen Überblick über Dutzende von Studien – viele davon von REH-Ökonomen durchgeführt –, die das empirische Scheitern allein schon auf den Devisenmärkten dokumentieren. Studien über andere Märkte, zum Beispiel für Anteilskapital, haben ebenfalls gravierendes empirisches Versagen aufgedeckt.[13]

---

12 Unsere Argumente in diesem Abschnitt gründen sich auf Popper (1946, 1992), der eine Analyse der Ähnlichkeiten zwischen den Gefahren vornahm, die die Begrenzungen des kritischen Diskurses in der Wissenschaft mit sich bringen, und den verheerenden Auswirkungen der Versuche, einer Gesellschaft übergreifende ideologische Projekte aufzuzwingen wie das Sowjetsystem oder zentrale Planung.

13 In einem bahnbrechenden Papier zeigte Shiller (1981), dass konventionelle Aktienkursmodelle krass unvereinbar sind mit den tatsächlichen Bewegungen. Mehra und Prescott (1985) lieferten eine bedeutende Analyse des Versagens konventioneller Modelle bei der Erklärung von Risikoaufschlägen bei Anteilskapital.

Angesichts des Versagens der Modelle rationaler Erwartungen reagieren die Ökonomen typischerweise auf zweierlei Art. Nahezu alle haben sich auf die intensive Suche nach vollständig prädeterminierten Modellen begeben, die zwar die Hypothese rationaler Erwartungen zur Erfassung des Prognoseverhaltens der Marktteilnehmer aufrechterhalten, sich dabei aber auf modifizierte Annahmen über Präferenzen, Wirtschaftspolitik und andere Aspekte des sozialen Kontexts stützen, um das empirische Versagen zu beheben.

Ein wichtiger Bestandteil der Bemühungen, die Hypothese rationaler Erwartungen zu retten, beinhaltete aber auch, den Begriff empirisches Scheitern selbst neu zu definieren. Vor dem Aufstieg des konventionellen Ansatzes hatten sich die Ökonomen wie alle anderen Wissenschaftler in erster Linie auf Standardmethoden des statistischen Folgerns gestützt, wenn sie ihre Modelle mit empirischen Daten konfrontieren wollten. Im Unterschied dazu beschlossen die Befürworter der rationalen Erwartungen jetzt, dass diese Methoden zu stringent seien, um die Eignung ihrer Modelle zu beurteilen. Wie Thomas J. Sargent, einer der führenden Befürworter der Hypothese rationaler Erwartungen, berichtete: »Ich erinnere mich, wie nach etwa fünf Jahren [statistischer Standardtests] für die Modelle rationaler Erwartungen sowohl Bob Lucas als auch Ed Prescott mir erzählten, dass diese Teste *zu viele gute Modelle* zurückwiesen (Evans und Honkapohja, 2005, S. 568, Hervorhebung hinzugefügt).

Da sie nun aber nicht wollten, dass »zu viele gute« Modelle rationaler Erwartungen zurückgewiesen wurden, verwarfen die konventionellen Ökonomen die statistischen Standardtests und entwickelten eine alternative Methode, die auf Versuche verzichtete, die tatsächlichen Zeitverläufe wirtschaftlicher Ergebnisse zu erklären.[14] Wie beabsichtigt, verschleierte diese Senkung der Maßstäbe für adäquate Modelle viele Unvereinbarkeiten zwischen den Modellen rationaler Erwartungen und den empirischen Daten und erhöhte damit unweigerlich die Zahl der Modelle, die angeblich adäquat waren (zur weiteren Diskussion siehe Frydman und Goldberg, 2007, Kapitel 2).

14 Diese alternative Methode wurde »Kalibrierung« genannt, ein Ausdruck, der eher an die Feinjustierung einer Maschine denken lässt als an das Testen ökonomischer Modelle. Für einen Überblick und scharfe Kritik siehe Kydland und Prescott (1996) beziehungsweise Sims (1996).

Der Unfug
vollständig
prädeterminierter
Geschichte

Fehlinterpretation von empirischem Scheitern

Die Verhaltensökonomen ihrerseits zeigten eine noch radikalere Reaktion auf das Scheitern der konventionellen Modelle. Sie hoben hervor, dass es der konventionellen Formalisierung der Präferenzen und Prognosestrategien an psychologischem Realismus fehle: Die Individuen handelten auf eine Weise, die mit den Annahmen dieser Modelle krass unvereinbar sei.

Viele Ökonomen fanden die behavioristischen Einsichten überzeugend, und der relativ rasche Erfolg der Verhaltensökonomen bei der Aushöhlung des Beinahemonopols des konventionellen Ansatzes ist bemerkenswert. Schließlich konzentrierte sich die behavioristische Kritik auf den Realismus der Annahmen, die den konventionellen Modellen zugrunde liegen, einen Aspekt der Modellkonstruktion, dem Makroökonomen und Finanztheoretiker traditionell sehr wenig Aufmerksamkeit geschenkt hatten.

Der wichtigste Aspekt des behavioristischen Ansatzes – und einer, der den relativ moderaten Widerstand vieler Ökonomen dagegen erklären kann – ist jedoch wohl, dass seine Theoretiker betonen, ihre mathematischen Modelle bewahrten die Kernannahmen des heutigen Ansatzes (Camerer et al., 2004, S. 3). Mithin formalisieren die behavioristischen Finanzökonomen empirische Befunde darüber, wie sich die Individuen verhalten, mit mechanischen Regeln, und bekennen sich auch weiterhin zu dem Glauben, die Hypothese rationaler Erwartungen liefere ein adäquates Modell des rationalen Prognoseverhaltens.[15]

Freilich haben nicht alle Verhaltensökonomen die vollständig prädeterminierten Modelle aufgegriffen. Ja, einige der führenden behavioristischen Finanzwissenschaftler und Makroökonomen stützen sich weiter auf eine weitgehend beschreibende Analysemethode, die eine detailreichere Beschreibung der Fluktuationen und des Risikos auf den Märkten für Vermögenswerte möglich macht, als die vollständig prädeterminierten Modelle rationalen oder irrationalen Verhaltens sie liefern könnten.[16] Aber auch sie lesen Irrationalität in ihre Forschungsergebnisse hinein: Individuen in der wirk-

---

15 Wie bei den konventionellen Modellen werden die potenziellen empirischen Schwierigkeiten der vollständig prädeterminierten Erklärungen irrationaler Entscheidungsfindung durch das Aufgeben der statistischen Standardmethoden beim Testen der behavioristischen Finanzmodelle verschleiert. Für einen Überblick über behavioristische Finanz-

modelle siehe Shleifer (2000) und Barberis und Thaler (2003).

16 Shillers (2000) Buch über irrationalen Überschwang bei Aktienkursen ist zum Klassiker in dieser Richtung geworden. Für eine jüngere Darstellung der Verhaltensmakroökonomie siehe Akerlof und Shiller (2009).

Kurs halten
wider jede
Vernunft

lichen Welt handelten auf eine Weise, die unvereinbar mit dem konventionellen Maßstab für Rationalität sei.

Es gibt natürlich noch eine alternative Interpretation, warum der konventionelle Maßstab für Rationalität beim Erklären der wirschaftlichen Resultate versagt hat: Die zielgerichtete Entscheidungsfindung in den kapitalistischen Wirschaften kann mit den vollständig vorab spezifizierten mechanischen Regeln eines Ökonomen einfach nicht adäquat dargestellt werden. Die Geschichte der Volkswirtschaften im sowjetischen Block entwickelte sich nicht mechanisch aus der Vergangenheit. Und selbst ihr Zusammenbruch, obwohl von Denkern wie Friedrich Hayek vorausgesagt, erfolgte weitgehend unerwartet. Und dieselbe grundlegende Unvorhersagbarkeit gilt für die Historie mit Sicherheit auch in den modernen kapitalistischen Volkswirtschaften.

Der Glaube, diese grundlegende Tatsache könnte gefahrlos ignoriert werden, ist nicht nur unwissenschaftlich, sondern wird wahrscheinlich auch weiterhin die Bemühungen der Ökonomen scheitern lassen, die Märkte der wirklichen Welt zu verstehen und nützliche Leitlinien für Politik und öffentliche Debatte zu liefern. Die Versuche der heutigen Ökonomen, die Grundlagen ihrer vollständig prädeterminierten Modelle mit dem Argument zu rechtfertigen, sie erfassten adäquat, wie rationale Individuen über die Zukunft denken und Entscheidungen treffen, stellt den Begriff selbst auf den Kopf, den die meisten Menschen in der wirklichen Welt von einem auch nur minimal vernünftigen Verhalten haben.

3.
Die Orwell'sche Welt der
›rationalen Erwartungen‹

Tatsächlich gab es die Suche nach vollständig prädeterminierten Erklärungen für die individuelle Entscheidungsfindung und die Marktergebnisse schon, bevor die Ökonomen damit begannen, die Hypothese rationaler Erwartungen aufzugreifen, um rationales Prognoseverhalten zu charakterisieren. Vor der Zeit dieser Hypothese bildeten die Ökonomen die Prognosestrategien der Marktteilnehmer mit mechanischen Regeln ab, die keinen expliziten Bezug dazu herstellten, was diese über die Funktionsweise der Wirtschaft dachten oder wie sich der kausale Prozess hinter den Ergebnissen im Lauf der Zeit verändern könnte. John Muth schlug die Hypothese rationaler Erwartungen dann als eine Möglichkeit vor, um solche Erwägungen in die Prognosemodelle zu integrieren. In seiner Kritik der Prognoseregeln der Vor-REH-Zeit argumentierte er:

> Der Charakter dynamischer Prozesse reagiert typischerweise sehr empfindlich darauf, wie die Erwartungen durch den tatsächlichen Verlauf der Ereignisse beeinflusst werden. Außerdem ist es oft notwendig, vernünftige Vorhersagen über die Art zu machen, wie sich die Erwartungen verändern, wenn entweder die Menge der verfügbaren Informationen oder die Struktur des Systems verändert werden. [Muth, 1961, S. 315–16]

Muths Idee war, dass eine Verbindung zwischen den Prognosestrategien der Teilnehmer und einem ökonomischen Modell, das mutmaßlich die Struktur der Wirtschaft erfasst, Ökonomen in die Lage versetzen könnte, solche vernünftigen Vorhersagen für den Zeitverlauf zu machen. Darauf aufbauend formulierte er als Hypothese rationaler Erwartungen die Hypothese, die Prognosen der Marktteilnehmer seien »im Wesentlichen dieselben wie die Vorhersagen der relevanten ökonomischen Theorie« (Muth, 1961, S. 316).

Muth war sich sehr wohl bewusst, dass der Ausdruck »rationale Erwartungen« einen Begriff von Rationalität nahelegt. Er erkannte sogar aus-

69

drücklich die Möglichkeit, dass der Name, den er für seine Hypothese wählte, Verwirrung stiften könnte. Er warnte, die Hypothese rationaler Erwartungen dürfe nicht als normative Hypothese verstanden werden, wie rationale Individuen die Zukunft vorhersagen sollten. Wie er es ausdrückte: »Auf die Gefahr hin, dass diese *rein deskriptive* Hypothese mit einer Aussage darüber verwechselt wird, was Firmen *tun sollten,* nennen wir solche Erwartungen ›rational‹« (Muth, 1961, S. 316, Hervorhebung hinzugefügt).

Aber auch wenn sie als rein deskriptive Hypothese betrachtet wird, ist alles andere als klar, wie die Hypothese rationaler Erwartungen zur Beschreibung von Prognosestrategien verwendet werden sollte. Um sie einzusetzen, müssten die Ökonomen Stellung beziehen zur Frage der relevanten ökonomischen Theorie, auf die sich die Hypothese bezieht.

Die Schwierigkeiten, die es mit sich bringt, die relevante Theorie auszuwählen, die für den Einsatz der Hypothese rationaler Erwartungen verwendet werden soll, diskutierte Muth nicht. Dass er seine Hypothese in ein einfaches Modell des Agrarmarkts mit Produktionsverzögerung einbettete, war eine schicksalhafte Entscheidung, die etwa ein Jahrzehnt später die Revolution rationaler Erwartungen in Makroökonomie und Finanzwissenschaften auslöste. Das Modell stellte den Preis der Erzeugnisse zu jedem beliebigen Zeitpunkt (t) als abhängig von den Erwartungen der Bauern dar, die diese zu einem früheren Zeitpunkt ($t - 1$) gebildet hatten, als sie entscheiden mussten, welche Größe sie für ihre Ernte anstreben sollten. Die Hypothese rationaler Erwartungen wird in diesem Modell besonders direkt integriert: Die Erwartungen der Bauern bezüglich des Marktpreises zum Zeitpunkt t werden gleichgesetzt mit der Vorhersage dieses Preises zum Zeitpunkt $t - 1$, die im Modell eines Ökonomen impliziert ist.

Indem er sein eigenes Modell als relevante ökonomische Theorie verwendete, ignorierte Muth im Endeffekt viele andere potenziell relevante Theorien, die zur Verfügung standen. So haben ja in Wirklichkeit nicht nur die Marktteilnehmer unterschiedliche Ansichten, sondern auch die Ökonomen selbst sind für ihre Uneinigkeit darüber berüchtigt, was die Ergebnisse beeinflusst, besonders auf den Finanzmärkten und in der Makroökonomie. Selbst wenn die relevante Theorie also ein Modell ist, das auf der Wirtschaftstheorie beruht – wie Ökonomen die Hypothese rationaler Erwartungen interpretiert haben –, so steht im Prinzip doch jedes ihrer vielen existierenden Modelle, und ebenso jede beliebige Kombination davon, den Individuen zur Verfügung, die Prognosen über die Zukunft bilden. Überdies entdecken nach Profit strebende Individuen und karrierebewusste Ökonomen im Lauf der Zeit auch noch Unstimmigkeiten in den alten Modellen und versuchen, neue zu formulieren, wodurch sie das Spektrum der relevanten Theorien noch erweitern oder verringern, das die Marktteilnehmer verwenden können, wenn sie die Zukunft prognostizieren.

Muths Idee, dass Marktteilnehmer auf Veränderungen in der Struktur der Wirtschaft achten, wenn sie ihre Prognosen bilden, ist zwingend. Die Hypothese, dass die relevante Theorie, die erfasst, wie sie diese Informationen nutzen, um über die Zukunft nachzudenken, das Modell eines bestimmten Ökonomen sei, ist jedoch weit hergeholt. Trotzdem haben die Ökonomen die Hypothese rationaler Erwartungen auf genau dieselbe Weise verwendet wie Muth: Wenn ein Ökonom ein Modell ersinnt, das die Marktergebnisse in Bezug zu den Prognosen der Teilnehmer für diese Ergebnisse setzt, dann integriert er diese Hypothese so, dass er die Prognosen mit den Vorhersagen gleichsetzt, die sein eigenes Modell erzeugt.

Wenn man die Hypothese rationaler Erwartungen als eine Beschreibung ansieht, wie Marktteilnehmer ihre Prognosen bilden, dann ist die Vernachlässigung der Vielzahl existierender ökonomischer Modelle und Prognosestrategien nicht der einzige ernsthafte Mangel. Ein noch fundamentaleres Problem ist, dass für die heutigen Ökonomen die relevante Theorie immer ein vollständig prädeterminiertes Modell ist. Das Agrarmarktmodell, das Muth für die Einführung der Hypothese rationaler Erwartungen verwendete, ist tatsächlich vollständig prädeterminiert. Somit schließt die Hypothese genau wie die Vor-REH-Prognoseregeln konstruktionsbedingt die Möglichkeit aus, dass Individuen ihre Prognosestrategien auf nicht routinemäßige Weise revidieren könnten. Weil ein vollständig prädeterminiertes Modell eine umfassende Prognosestrategie beinhaltet, kommt die Hypothese rationaler Erwartungen der Annahme gleich, eine im Voraus spezifizierte Strategie charakterisiere adäquat, wie Marktteilnehmer zu jedem Zeitpunkt über die Zukunft denken werden.[1]

Indem er der heutigen Praxis folgte, die Ergebnisse mit vollständig prädeterminierten Modellen nachzubilden, untergrub Muth seine eigene Erkenntnis. Seine Idee, dass Veränderungen in der Struktur der Wirtschaft generell die Marktprognosestrategien ändern, verwandelte sich lediglich in

---

1 Ökonomen bilden diese Strategie im Modell mit einer einzigen Wahrscheinlichkeitsverteilung nach. Frydman und Goldberg (2007, Kapitel 6) zeigen präzise, dass, selbst wenn ein Ökonom Veränderungen bei den Prognosestrategien zulässt, wie es Hamilton (1988) tut, er solche Revisionen dann doch immer noch im Voraus spezifiziert und das Prognostizieren im Endeffekt mithin mit einer einzigen umfassenden Strategie darstellt – einer einzigen Wahrscheinlichkeitsverteilung –, die das Prognostizieren für alle Zeiträume charakterisiert: Vergangenheit, Gegenwart und Zukunft.

eine weitere mechanische Regel, die davon ausgig, dass die Teilnehmer ihre Prognosestrategien nie in einer Weise revidierten, die sie oder das Modell rationaler Erwartungen eines Ökonomen nicht vorhergesehen hätten.[2]

Frühe Kritik an der Hypothese rationaler Erwartungen konzentrierte sich auf ihre erkenntnistheoretischen Fehler als Modell des rationalen Prognostizierens. Dabei hoben die Kritiker auch ihre behavioristische Implausibilität als rein deskriptive Hypothese hervor, die Muth sich vorgestellt hatte. Der springende Punkt wurde in Frydman (1982) gezeigt: Es besteht ein inhärenter Konflikt zwischen seiner Annahme, die Überzeugungen der Menschen könnten adäquat als Resultat des Theoretisierens eines Ökonomen dargestellt werden, und der Prämisse, die Marktteilnehmer seien durch ihr Eigeninteresse motiviert. Einfach ausgedrückt: Nach Profit strebende Individuen werden im Allgemeinen nicht einer einzigen Prognosestrategie anhängen.

Thomas Sargent, einer der stärksten frühen Befürworter der Hypothese rationaler Erwartungen, erkannte diese kritischen Argumente an und räumte ein, dass es irreführend ist, die Hypothese als (plausible) Beschreibung anzusehen, wie Marktteilnehmer die Zukunft prognostizieren:

> Die Idee der rationalen Erwartungen wird informell mitunter so erklärt, dass man sagt, sie spiegele einen Prozess wider, bei dem die Individuen ihre Prognoseaufzeichnungen inspizierten und änderten. ... Es wird mitunter auch gesagt, [die Hypothese rationaler Erwartungen verkörpere] die Idee, dass die Ökonomen und die Handlungsträger, die sie modellhaft abbilden, auf die gleiche Basis gestellt werden sollten: Die Handlungsträger im Modell sollten in der Lage sein, genauso gut zu prognostizieren sowie Profite und Nutzen zu maximieren wie ... der Ökonometriker, der das Modell konstruiert hat.
>
> [D]iese Erklärungsmethoden sind *anschaulich, aber irreführend*, weil sie [die Hypothese rationaler Erwartungen] weniger restriktiv und stärker behavioristisch klingen lassen, als sie in Wirklichkeit ist. [Sargent, 1993, S. 21, Hervorhebung hinzugefügt]

---

2 Für eine alternative Möglichkeit, die Idee zu formalisieren, dass Modelle von Ökonomen dabei helfen könnten, Marktprognosen modellhaft nachzubilden, siehe die Hypothese theorienkonsistenter Erwartungen in Frydman und Phelps (1990). Frydman und Goldberg (2007, Kapitel 10 und 15) zeigen, wie diese Hypothese dazu verwendet werden kann, die Bewegungen von Wechselkursen empirisch zu untersuchen, indem Modelle genutzt werden, die unvollkommenes Wissen ins Zentrum der Analyse rücken.

Die Orwell'sche Welt
der »rationalen
Erwartungen«

Die Implausibilität der Hypothese rationaler Erwartungen als deskriptive Hypothese untergräbt Muths Hoffnung, sie könnte die Ökonomen in die Lage versetzen, vernünftige Vorhersagen zu machen, wie sich die Erwartungen als Reaktion auf Veränderungen in der Politik oder auf jede andere Veränderung in ihrem Umfeld verändern.[3] Leicht paradoxerweise ist die Implausibilität dieser Hypothese bei der Beschreibung des Prognostizierens auf den Märkten der wirklichen Welt jedoch völlig konsistent mit seiner Warnung, dass sie nicht als Hypothese darüber angesehen werden sollte, was Firmen tun sollten.

Muths ignorierte Warnung

Da den Makroökonomen für die Verwendung der Hypothese rationaler Erwartungen zur Darstellung des individuellen Prognoseverhaltens eine normative oder sonstige Rechtfertigung fehlte, wurde sie von ihnen in den 1960er-Jahren bei der modellhaften Nachbildung des Prognoseverhaltens weitgehend ignoriert. Ja, als Edmund Phelps im Jahr 1969 eine richtungweisende Konferenz zur Rolle von Erwartungen bei der modellhaften Darstellung der Mikrofundierung makroökonomischer Theorien organisierte, machten die Beiträge im Sammelband zur Konferenz (Phelps et al., 1970) keinerlei Gebrauch von dieser Hypothese, nicht einmal im Register war sie aufgeführt.

Lucas setzte sich zum Ziel, die Verwendung der Hypothese rationaler Erwartungen als *die* Art zu rechtfertigen, wie rationales Prognoseverhalten abgebildet werden könnte.[4] Seine Rechtfertigung beruhte auf der Kernüberzeugung, die dem heutigen makroökonomischen und finanzwissenschaftlichen Ansatz zugrunde liegt: Vollständig prädeterminierte Modelle könnten adäquate Erklärungen für die Marktergebnisse liefern.

---

3 Angespornt von der verbreiteten Akzeptanz von Lucas' (1976) Argumenten, Modelle rationaler Erwartungen böten, anders als die traditionellen keynesianischen ökonometrischen Vor-REH-Modelle, die Möglichkeit, die Auswirkungen von Veränderungen in der Wirtschaftspolitik auf Marktprognosestrategien zu untersuchen, griffen Zentralbanken rund um die Welt die Idee auf, die Modelle rationaler Erwartungen lieferten eine adä-quate Beschreibung des Prognoseverhaltens. Siehe Frydman und Goldberg (2008) für eine Diskussion dieses Meilensteins der makroökonomischen Politikanalyse.

4 Lucas (1995, 2001) liefert einen faszinierenden Bericht, wie er zu dieser Rechtfertigung gelangte, und über die Bedeutung für die nachfolgenden Entwicklungen in Makroökonomie und Politikgestaltung.

Lucas beobachtete, dass ein Ökonom bei der Formulierung einer theoretischen Erklärung von Marktpreisen wie jeder Wissenschaftler von der Hypothese ausgeht, dass seine Erklärung adäquat darstelle, wie sich diese Resultate über die Zeit entwickeln. Würde ein Ökonom einem repräsentativen Handlungsträger Prognosen unterstellen, die von den Vorhersagen seines eigenen vollständig prädeterminierten Modells abwichen, dann nähme er im Endeffekt ja an, der Handlungsträger wäre offensichtlich irrational: Er hielte dann unerschütterlich an einer Prognoseregel fest, welche Prognosen liefert, die systematisch von den hypothetischen Marktpreisen des Modells abweichen.

Da Lucas die Annahme für gesichert hielt, ein vollständig prädeterminiertes Modell könne eine adäquate Erklärung dafür liefern, wie sich die tatsächlichen Preise im Zeitablauf entwickeln, nahm er an, die vorgeblich leicht zu entdeckenden Prognosefehler, die ein entsprechendes Modell mit einer Nicht-REH-Darstellung des Prognostizierens enthielt, verwiesen auf offensichtliche, wenn auch nicht genutzte Profitmöglichkeiten auf den Märkten der wirklichen Welt. Wie er es später emphatisch ausdrückte: »Wenn Ihre Theorie Profitmöglichkeiten enthüllt, dann haben Sie die falsche Theorie« (Lucas, 2001, S. 13) über »die tatsächlichen Preise«.

Mit einem Sinneswandel, der Makroökonomie und Finanzwissenschaften auf Generationen hinaus verändern sollte, wischte Lucas Muths Warnung beiseite[5] und nahm an, die »richtige Theorie« sei ein vollständig prädeterminiertes Modell, in dem die Hypothese rationaler Erwartungen zur Charakterisierung verwendet wird, wie Individuen künftige Marktergebnisse vorhersagen. Lucas' seltsame Behauptung erlangte unter Makroökonomen und Finanztheoretikern große Akzeptanz. Die Hypothese wurde von Ökonomen aufgegriffen, angefangen bei der Chicagoer Schule des freien Marktes bis hin zu den Neukeynesianern am Massachusetts Institute of Technology (MIT). Bemerkenswerterweise gelangte die große Mehrheit der Ökonomen zu der Überzeugung, die Hypothese rationaler Erwartungen könnte Makroökonomie und Finanzwissenschaften endlich in eine exakte Wissenschaft verwandeln.

---

5 Für eine ausführliche Diskussion und formale Darstellung der Gründe hinter Lucas' normativer Interpretation der Hypothese rationaler Erwartungen sowie des bemerkenswerten Unterschieds zwischen seiner Position und Muths (1961, S. 316) Warnung, sie dürfe nicht verwechselt werden mit »einer Aussage, was Firmen tun sollten«, siehe Frydman und Goldberg (2010a).

Die Orwell'sche Welt
der »rationalen
Erwartungen«

Die Revolution der rationalen Erwartungen: Modellkonsistenz als Standard für Rationalität

Die von der Hypothese rationaler Erwartungen gestellte Bedingung einer exakten Konsistenz zwischen den Vorhersagen der Marktergebnisse, die das vollständig prädeterminierte Modell eines Ökonomen impliziert, und den Prognosestrategien der Individuen, entwickelte sich rasch zur Standardmethode um darzustellen, wie rationale Individuen über die Zukunft denken.

Da der REH-basierte Standard in jedem vollständig prädeterminierten Modell anwendbar war, empfahl er sich denjenigen Ökonomen, die daran glauben, vollständig prädeterminierte Erklärungen der Marktergebnisse seien für die ökonomische Analyse erreichbar. Der Glaube an eine göttliche Verklärung der ökonomischen Theorie verleitete die Ökonomen zu der Annahme, dass jedes Mal, wenn einer von ihnen sein vollständig prädeterminiertes Modell formuliert hatte, er eine Erklärung der Marktergebnisse entdeckt hätte. Sobald ein Ökonom einmal eine solche aus der Luft gegriffene Hypothese vertrat, schien es vernünftig anzunehmen, das Profitstreben würde die Marktteilnehmer zur Suche nach einem solchen Modell veranlassen, das zu entdecken sie ja in der Lage sein müssten, da dies einem Ökonomen schließlich bereits gelungen war.

Das Ammenmärchen von den rationalen Erwartungen

In ihrem Bemühen, die Hypothese rationaler Erwartungen als Charakterisierung dafür zu rechtfertigen, wie nach Profit strebende Marktteilnehmer die Zukunft prognostizieren, nahmen die Ökonomen die Existenz einer aus der Luft gegriffenen Welt rationaler Erwartungen an. In dieser Welt wird angenommen, dass rationale Individuen zu jedem Zeitpunkt glauben, eine wahre Erklärung dafür gefunden zu haben, wie sich die Marktergebnisse auf unbestimmte Zeit hinaus in die Zukunft entwickeln werden.

Aber nicht routinemäßige Veränderungen und unvollkommenes Wissen sind nicht die einzigen Probleme, die alle Versuche belasten, die Hypothese rationaler Erwartungen als Maßstab für ein rationales Prognostizieren zu rechtfertigen. In Zusammenhängen, wie die Finanzmärkte sie darstellen, besteht Interdependenz in zwei Richtungen: dazwischen, wie sich die Ergebnisse über die Zeit entwickeln und wie die Marktteilnehmer sie in ihrer Gesamtheit prognostizieren. Folglich macht es für rationale Individuen

Sinn, wenn sie in ihre Prognosestrategien auch die Sichtweise integrieren, mit der andere prognostizieren.

Zusatzannahmen zur Untermauerung der Welt rationaler Erwartungen stellen jedoch sicher, dass sich ein rationales Individuum keine Sorgen über die Prognosen anderer Teilnehmer machen muss. Es wird angenommen, jedes rationale Individuum glaube, dass auch alle anderen rationalen Individuen, die diese Welt der rationalen Erwartungen bevölkern, denselben wahren Prozess entdeckt hätten, der die Marktergebnisse über die Zeit hinweg bestimmt.[6] Und da ein Ökonom sein Modell rationaler Erwartungen jedem rationalen Individuum unterstellt, nimmt er auch an, sein Modell erfasse adäquat die Wahrheit, die alle entdeckt haben. Wenn eine Welt rationaler Erwartungen auf der Prämisse konstruiert wird, wenn andere Teilnehmer rational seien, dann wären ihre Prognosestrategien auch identisch mit der eigenen, ist dies ein eklatantes Beispiel dafür, wie weit die Forschung von einer Logik irregeleitet werden kann, die auf völlig aus der Luft gegriffenen Annahmen beruht.

In einer Welt rationaler Erwartungen stellt der Maßstab für rationales Prognostizieren, der von der Hypothese rationaler Erwartungen vorgeblich geliefert wird, den Begriff der Rationalität selbst auf den Kopf. Was Ökonomen sich in dieser Welt als rationales Prognostizieren vorstellen, würde in der wirklichen Welt von jedem, der auch nur minimal rational ist, als eklatant irrational betrachtet werden. Ein rationales, nach Profit strebendes Individuum versteht schließlich, dass sich die Welt in Richtungen verändern wird, die von der Routine abweichen. Es kann sich schlicht nicht leisten zu glauben, dass es – im Widerspruch zu seinen Erfahrungen – eine wahre allumfassende Prognosestrategie gefunden hätte, ganz davon zu schweigen, dass die anderen genau dieselbe gefunden hätten. Stattdessen wird das rationale Individuum neue Prognoseverfahren suchen, die nicht vollständig vorhergesehen werden können.

---

6 Mitunter konstruieren Ökonomen auch Modelle rationaler Erwartungen, die nicht diese Annahme eines sogenannten »gemeinsamen Wissens« machen. Wenn man diese Annahme allerdings fallen lässt, bleibt unerklärt, selbst im Kontext einer aus der Luft gegriffenen Welt rationaler Erwartungen, warum das Modell eines Ökonomen charakterisieren sollte, wie nach Profit strebende Individuen die Zukunft vorhersagen.

Eine Welt des Stillstands und der gedanklichen Uniformität

Wie sähe eine Welt aus, in der Ökonomen, politische Entscheidungsträger und Sozialplaner (ganz zu schweigen von den nach Profit strebenden Marktteilnehmern) einfach alle nicht routinemäßigen Veränderungen, die Unvollkommenheit des Wissens und die Unterschiedlichkeit der Ansichten ignorieren könnten?[7] Betrachten wir beispielsweise einmal den Markt für Anteilskapital. Wie alle Kurse von Vermögenswerten hängen auch die Kurse für Anteilskapital in der wirklichen Welt von den Marktprognosen ab, die ihrerseits auf den Prognosestrategien der Marktteilnehmer beruhen sowie auf kausalen Variablen – wie Zinssätzen, Inflationsraten und Wachstumsraten des Bruttoinlandsprodukts –, die ihrer Überzeugung nach relevant sind. Überdies können einige oder alle kausalen Variablen die Kurse auch direkt beeinflussen, das heißt unabhängig davon, wie sie die Prognosen der Individuen beeinflussen.

Die meisten Ökonomen, die sich auf die Hypothese rationaler Erwartungen stützen, gehen von der Annahme aus, dass sowohl der Einfluss der Marktprognosen auf die Kurse als auch die direkten Auswirkungen der kausalen Variablen keinerlei Veränderungen unterlägen.[8] Außerdem nehmen sie an, der soziale Kontext, inklusive Technik, Managementpraktiken, Institutionen und Wirtschaftspolitik, bleibe statisch. In dieser Welt sind die Prozesse, die die kausalen Variablen beherrschen, im Zeitablauf konstant, und die Nachrichten darüber entwickeln sich strikt routinemäßig.

Aber auch bei dieser unterstellten Struktur unwiderruflich fixierter Märkte und Wirtschaften würde der Prozess, der die Kurse von Anteilskapital mit einem Satz kausaler Variablen verbindet, im Allgemeinen doch immer noch Veränderungen durchlaufen. Jedes Mal, wenn eine signifikante Zahl von Teilnehmern ihre Prognosestrategien änderte, würde sich auch der kausale Prozess verändern, der die Kursbewegungen bestimmt. Um nicht routinemäßige Veränderungen außen vor zu halten, müsste man also eine Welt konstruieren, in der nicht nur der soziale Kontext unwiderruflich fixiert ist, sondern auch die nach Profit strebenden Teilnehmer für alle Zeit einer einzigen Prognosestrategie anhängen.

---

7 Dieser Abschnitt und der folgende beruhen auf Argumenten aus Frydman (1982, 1983).

8 Einige Theoretiker der rationalen Erwartungen untersuchen eine Welt, in der solche Veränderungen zwar vorkommen, aber ebenfalls wieder nur strikt mechanisch sind. Aus diesem Grund wäre die Hauptstoßrichtung unseres Arguments nicht betroffen, wenn wir diese etwas kompliziertere Konstruktion betrachten würden.

Ein eigennütziges, rationales Individuum würde einer einzigen Prognosestrategie nur dann treu bleiben, wenn es glaubte, eine bessere Strategie käme niemals in seine Reichweite. Ein rationales Individuum könnte das glauben, wenn es überzeugt wäre, ein Modell entdeckt zu haben, das die wahre unveränderliche Struktur der Wirtschaft akkurat erfasst. Aber selbst wenn es das glaubte, wäre immer noch möglich, dass es nicht bei einer einzigen Strategie bleibt, denn bei Kursen zählt nicht die Prognose eines bestimmten Individuums, sondern die Prognose des Marktes.

Zur Quadratur dieses Kreises muss jeder Marktteilnehmer in der Welt rationaler Erwartungen nicht nur glauben, dass er die wahre Grundstruktur der Wirtschaft kennt; er muss außerdem wissen, dass auch jeder andere dieses Wissen besitzt.[9] Überdies muss jeder Teilnehmer daran glauben, dass alle anderen ihre Prognosen auf diesem Wissen aufbauen. Nur wenn ein Individuum glaubt, dass es in einer Welt lebt, die von anderen bevölkert ist, die über den Marktkurse und Risiko bestimmenden Prozess ganz genauso denken wie es selbst – und diese Ergebnisse dann auch entsprechend diesem Wissen prognostizieren –, wäre es für dieses Individuum rational, eine fixierte Prognosestrategie zu verwenden, die auf seinem Wissen beruht.[10]

Mithin bringt die Hypothese rationaler Erwartungen Ökonomen dazu, sich eine Welt des vollkommenen Wissens und der universellen gedanklichen Uniformität vorzustellen. In einer Welt rationaler Erwartungen sind die Individuen in der Lage, die künftigen Aussichten aller Unternehmen und Investitionsprojekte perfekt vorherzusagen, abgesehen von zufälligen Prognosefehlern, die sich mit der Zeit jedoch gegenseitig aufheben. Und

9 Aus strikt logischen Gründen würde es auch ausreichen, einem Individuum in der Welt rationaler Erwartungen den Glauben zuzuschreiben, die Prognosestrategien der anderen Teilnehmer seien nur im Durchschnitt, nicht unbedingt auch insgesamt, konsistent mit dem angeblich wahren Prozess, der die Ergebnisse bestimmt. Wie wir in Kapitel 4 zeigen, erfordert diese scheinbar schwächere Annahme allerdings einen Ökonomen, der bei der Definition der Welt rationaler Erwartungen noch weit stärkere Restriktionen durchsetzt: starre, vollständig prädeterminierte Verbindungen zwischen den Prognosen der anderen Teilnehmer.

10 Ihren empirischen Forschungsergebnissen zum Trotz verwenden einige bedeutende behavioristische Modelle bei der modellhaften Abbildung des Prognoseverhaltens weiter die Hypothese rationaler Erwartungen (DeLong et al., 1990a, 1990b). In diesen Modellen gibt es eine Untergruppe von Marktteilnehmern, die uninformiert sind und ihre Prognosen auf irrigen Erwägungen aufbauen. Von den »cleveren« oder rationalen Individuen wird angenommen, dass sie vollständig verstehen, wie diese uninformierten Teilnehmer prognostizieren. Wie wir in Kapitel 6 diskutieren, ist diese Mischung aus rationalen und irrationalen Teilnehmern sogar noch inkohärenter als eine Welt rationaler Erwartungen.

Die Orwell'sche Welt der »rationalen Erwartungen«

weil alle rationalen Individuen ihre Prognosen für Kurse und Risiken auf diesen Vorhersagen aufbauen und in gleicher Weise denken, ist die Marktprognose auch allwissend. In einer Welt rationaler Erwartungen ist überdies auch der Markt selbst nahezu vollkommen: Er bildet seine Preise nach dem wahren diskontierten Wert der Aussichten der betreffenden Vermögensgegenstände, abgesehen von Zufallsfehlern, die im Schnitt Null betragen.[11]

Durch die Einbildung einer Welt der gedanklichen Uniformität und Allwissenheit entfernt sich der Ökonom von der wirklichen Welt. Aber sie sagt ihm immer noch nicht, wie ein Individuum prognostizieren würde. Er muss erst noch einen weiteren Ozean voller erkenntnistheoretischer Turbulenzen durchqueren, ehe er die ruhigen Gestade der Welt rationaler Erwartungen erreicht. Er muss dabei den mangelnden Konsens der Ökonomen hinsichtlich der jeweiligen Gültigkeit ihrer bestehenden Theorien außer Acht lassen und annehmen, sein eigenes Modell rationaler Erwartungen, von dem er annimmt, dass es wahr ist, sei tatsächlich das Modell, von dem auch alle anderen glauben, dass es wahr ist. Genau wie die rationalen Individuen in seiner eingebildeten Welt glaubt der Ökonom, dass auch er sein »›wissenschaftliches Problem‹ gelöst« habe (Sargent, 1993, S. 23): Er hat das Modell gefunden, das alle möglichen künftigen Eventualitäten und die ihnen zugeordneten Wahrscheinlichkeiten präzise vorhersagt. Der Ökonom nimmt an, sein Modell sage die wahren fundamentalen Werte und auch die Preise bzw. Kurse und Risiken zu jedem Zeitpunkt in der Zukunft korrekt voraus.

Dieser Ansatz zur modellhaften Darstellung individuellen Prognoseverhaltens geht von Annahmen aus, die jeder Marktteilnehmer in der wirklichen Welt schlicht als unvernünftig ansehen würde. Niemand, der seine fünf Sinne beisammen hat, würde denken, er hätte den wahren kausalen Prozess hinter den Markt- und Wirtschaftsergebnissen entdeckt und jeder andere denke genauso wie er selbst.[12] Wenn gedankliche Uniformität und Allwissenheit vorherrschten, dann gäbe es keinen Bedarf dafür, dass Märkte

---

11 In einer Welt der rationalen Erwartungen können die Teilnehmer zum Opfer sich selbst erfüllender Preisbewegungen werden, die sich von dem entfernen, was nach ihrem Wissen die wahren fundamentalen Werte sind. Wir kommen auf diese Möglichkeit in Kapitel 6 zurück.

12 Selbst in einer statischen Welt gibt es potenziell viele kausale Variablen, die für die Erklärung der Ergebnisse relevant sein könnten. Aber eine Konvergenz der Lernprozesse der Marktteilnehmer hin zu einem »wahren« Satz solcher Variablen erforderte sogar noch striktere Annahmen über die gedankliche Uniformität als diejenigen, die eine Welt der rationalen Erwartungen definieren.
Siehe Frydman (1982), Frydman und Phelps (1983), Phelps (1983) sowie Frydman und Goldberg (2010a).

Preise bilden und die Aussichten von Unternehmen und Projekten einschätzen. Jeder Ökonom und jeder rationale Marktteilnehmer wäre in der Lage, diese Leistung ganz allein zu vollbringen.

Die Rationalität von Ökonomen und sozialistische Planung

Die Ökonomen glaubten, ihre Annahme gedanklicher Uniformität in einer Welt rationaler Erwartungen könnte sie in die Lage versetzen, Marktergebnisse, die sich aus den Entscheidungen vieler Individuen ergeben, modellhaft nachzubilden, indem sie die Entscheidungen eines repräsentativen Bürgers studierten. Und nachdem man diese Welt mit der wirklichen Welt verwechselte, war es für die Ökonomen nur noch ein kleiner Schritt hin zur Annahme, die Ziele ihres fiktiven Bürgers – Eigeninteresse oder Wohlstandsmaximierung – könnten dem Markt und der Gesellschaft als Ganzes zugeschrieben werden. Indem er alle nicht routinemäßigen Veränderungen aus seinem Modell verbannte, konnte ein Ökonom alle Veränderungen einfach im Voraus spezifizieren und der Gesellschaft sein eigenes fixiertes Verständnis der Zukunft zuschreiben. Er musste dafür nur das Maximierungsproblem des repräsentativen Individuums lösen, dessen Präferenzen und Prognosestrategien rationaler Erwartungen dann zu denen aller würden.

Wie ein sozialistischer Planer glaubt mithin auch ein Ökonom, er könne große Taten vollbringen, weil er annimmt, er habe endlich den vollständig prädeterminierten Mechanismus entdeckt, der die Marktergebnisse bestimmt, und sein Modell erfasse adäquat, wie Marktteilnehmer über die Zukunft denken. Er glaubt im Allgemeinen, seine Theorie befähige ihn festzustellen, ob staatliche Interventionen gerechtfertigt sind, um, sagen wir, Marktversagen zu korrigieren oder mit Kursschwankungen umzugehen. Er verwendet seine Theorie auch, um vorzuschreiben, wie Regierungen makroökonomische Politik betreiben sollten, und um die Auswirkungen dieser Politik auf das Wohlergehen der Gesellschaft zu untersuchen.

Das Problem, das die Hypothese rationaler Erwartungen belastet, ist dasselbe, das die sozialistische Planung zum Scheitern verurteilte: Es ist prinzipiell unmöglich, einen vollständig prädeterminierten Mechanismus zu entdecken, der die Marktergebnisse bestimmt. Die Erklärung von Marktergebnissen auf der Entscheidungsfindung eines Individuums zu fundieren, das seine Prognosen entsprechend dem Modell rationaler Erwartungen eines Ökonomen bildet, ignoriert die Verteilung des Wissens, die, wie Hayek (1945) zeigte, genau das ist, was die Ressourcenallokation durch dezentrali sierte Märkte vom sogenannten »optimalen« Ressourceneinsatz durch ein einzelnes Individuum unterscheidet.[13] Lucas' (1995, 2001) Erklärung, wie die Hypothese rationaler Erwartungen ihn dazu veranlasste, das Konstrukt eines repräsentativen Handlungsträgers aufzugreifen, steht in der Tat in krassem Gegensatz zu Hayeks Position.

Bei einer Diskussion der Marktergebnisse einer im Wettbewerb stehenden Branche argumentiert Lucas (2001, S. 13): »Es lässt sich zeigen, dass eine Branche über die Zeit hinweg so operieren wird, dass ein diskontiertes Konsumentenrente-Integral maximiert wird – ein Problem, das mathematisch nicht schwieriger ist als das gegenwärtige Wertmaximierungsproblem, vor dem eine einzelne Firma steht.« Dann fragt er: »[W]er genau löst dieses Planungsproblem?« Wie Hayek erkennt er: Die Antwort ist »natürlich Adam Smiths ›unsichtbare Hand‹, *nicht irgendeine wirkliche Person*« (Lucas, 2001, S. 13, Hervorhebung hinzugefügt). Aber dann behauptet Lucas trotzdem in einem bemerkenswerten Gedankensprung, ein Ökonom – das heißt eine wirkliche Person – könne adäquat darstellen, was die unsichtbare Hand des Marktes tut, indem er das Wertmaximierungsproblem löse, vor dem eine einzelne Firma steht.

Für Hayek (1945, S. 520) war die Verteilung des »Wissens, das in seiner Gesamtheit niemandem gegeben ist«, der Schlüssel zu seinem Argument, dass zentrale Planer Märkte prinzipiell nicht ersetzen können. Im Gegensatz dazu glaubt Lucas, dass die Modelle rationaler Erwartungen, weil sie nicht routinemäßige Veränderungen und die Verteilung des Wissens ausschließen, Ökonomen in die Lage versetzten, Optimierungsverfahren für einzelne Handlungsträger zu verwenden, und mithin die richtigen Werkzeuge seien, um Marktergebnisse zu verstehen: »[D]ie Mathematik für Planungsprobleme stellte sich als genau das *richtige Rüstzeug* heraus, um die dezentralisierten Interaktionen einer großen Zahl von Produzenten zu verstehen« (Lucas, 2001, S. 14, Hervorhebung hinzugefügt).

Im Endeffekt postuliert Lucas, Smiths unsichtbare Hand könne doch sichtbar und verständlich gemacht werden. Um die Märkte zu verstehen brauchten Ökonomen nur zu lernen, wie die Probleme optimaler Allokation zu lösen sind, vor denen ein fiktiver zentraler Planer steht, die wirkliche Pla-

---

13 Dieser Abschnitt basiert auf Frydman (1983), der zeigt, dass sie direkt auf eine große Gruppe von Modellen rationaler Erwartungen mit dezentraler Information anwendbar sind, wie sie von Lucas (1973) entwickelt wurden und die aus denselben Gründen fundamental fehlerhaft sind, die Hayek anführte um zu zeigen, dass sozialistische Planung prinzipiell unmöglich ist.

ner aber niemals lösen können. Ja, Studenten der Wirtschaftswissenschaften wird beigebracht, den Großteil ihrer Zeit darauf zu verwenden, genau solche Probleme zu lösen.

Lucas ist natürlich nicht der erste Ökonom, der Hayeks Argument ignoriert, es sei nicht »das richtige Rüstzeug« für die Analyse von Marktergebnissen, wenn man sich das Problem der gesellschaftlichen Ressourcenallokation als Maximierung durch ein einzelnes Individuum – Ökonom, Planer oder politischer Handlungsträger – vorstelle. Oskar Lange betrachtete Märkte als schlecht geeignet, um das Problem der Ressourcenallokation zu lösen, und befürwortete daher sozialistische Planung (und verließ schließlich die University of Chicago, um führender Beamter der kommunistischen Regierung Polens zu werden). Nachdem er sich auf das Ungenügen der Marktpreise bei langfristigen Entscheidungen konzentriert hatte, argumentierte Lange auf eine Weise, die an die Theoretiker der rationalen Erwartungen erinnert, dass die mathematischen Modelle von Planern sowie Computer bei der Kapitalallokation auf längerfristige Projekte bessere Dienste leisten könnten:

> Nachdem eine objektive Funktion ... und bestimmte Nebenbedingungen aufgestellt sind, können zukünftige ... Preise berechnet werden. Diese ... Preise dienen als Instrument der ökonomischen Rechnungslegung bei langfristigen Entwicklungsplänen. Tatsächliche Marktgleichgewichtspreise genügen hier nicht, es werden Kenntnisse über vorprogrammierte zukünftige ... Preise benötigt. ... Mathematisches Programmieren stellt sich als wesentliches Instrument *optimaler* ökonomischer Planung heraus. Hier ersetzt der elektronische Computer nicht den Markt. Er erfüllt eine Funktion, die der Markt *nie in der Lage war* zu leisten. [Lange, 1967, S. 161, Hervorhebungen im Original]

Wie wir gesehen haben, nehmen Modelle rationaler Erwartungen ganz ähnlich an, dass Märkte bei der Allokation der gesellschaftlichen Ressourcen keine wesentliche Rolle spielten. Mithin ist logisch, dass Lange dachte, Planer könnten verwenden, was später zur Einzelindividuen-Mathematik in den Marktmodellen rationaler Erwartungen wurde, um die Märkte abzuschaffen und die Zukunft vollständig zu prädeterminieren.

4.
Das Hirngespinst vom ›rationalen Markt‹

Als Muth die Hypothese rationaler Erwartungen vorlegte, hatte er dabei keine normative Hypothese im Sinn, nach der die Individuen allwissend seien oder alle Individuen gleich dächten. Genauso wenig behauptete er, dass die Hypothese voraussetze, alle Marktteilnehmer müssten ihre Prognosen auf der Grundlage der relevanten ökonomischen Theorie aufstellen: Die Hypothese rationaler Erwartungen »behauptet nicht, die Konzeptarbeit der Unternehmer ähnele in irgendeiner Weise dem Gleichungssystem [im Modell eines Ökonomen]« (Muth, 1961, S. 317). Überdies beinhalte sie ebenfalls nicht, »dass die Vorhersagen von [Individuen] perfekt seien oder ihre Erwartungen alle gleich« (Muth, 1961, S. 317).

Allerdings gab Muth das Versprechen, die Ökonomen würden eines Tages ein vollständig prädeterminiertes Modell formulieren, das adäquat darstelle, wie der Markt – dessen Teilnehmer im Aggregat – die Zukunft vorhersagt. In der Tat betrachtete er die Hypothese rationaler Erwartungen so, als ob das vollständig prädeterminierte Modell eines Ökonomen eine adäquate Darstellung sowohl der Prognosestrategie des Marktes als auch des Prozesses liefern könnte, der die Marktergebnisse bestimmt. Die Hypothese rationaler Erwartungen nimmt an, beide seien »im Wesentlichen gleich«:[1]

> Die Hypothese kann wie folgt noch ein wenig präziser gefasst werden: ... die Erwartungen der [Teilnehmer] (oder allgemeiner ausgedrückt die subjektive Wahrscheinlichkeitsverteilung der Ergebnisse) neigen bei einem identischen Satz an Informationen dazu, um die Vorhersage der Theorie (oder die »objektive« Wahrscheinlichkeitsverteilung der Ergebnisse) herum verteilt zu sein. [Muth, 1961, S. 316]

---

[1] Mit »im Wesentlichen gleich« meint Muth, dass ein Ökonom, wenn er in seinem vollständig prädeterminierten Modell die Hypothese rationaler Erwartungen einsetzt, von der Hypothese ausgeht, die kausalen Faktoren und Gewichtungen, die er wählt, erfassten adäquat eine Kombination von Prognosestrategien der Marktteilnehmer – von denen jede potenziell unterschiedliche kausale Faktoren und unterschiedliche zugeordnete Gewichtungen aufweist.

Muth beschwor den Begriff der objektiven Verteilung, um klarzustellen, was mit der »relevanten ökonomischen Theorie« gemeint sein könnte. Darüber hinaus bringt diese Neuformulierung der Hypothese rationaler Erwartungen ihre Schlüsselannahme zum Ausdruck: Es sei vernünftig, von der Hypothese auszugehen, das vollständig prädeterminierte Modell eines bestimmten Ökonomen sei die relevante Theorie und liefere die einzig objektive (angeblich wahre) Wahrscheinlichkeitsverteilung für Marktpreise und Risiken: den Satz aller möglichen künftigen Ergebnisse sowie ihre Wahrscheinlichkeit. Tatsächlich ist dies die Art, wie viele, wenn nicht die meisten, Makroökonomen und Finanztheoretiker die Hypothese rationaler Erwartungen interpretieren: Nur der Markt, nicht ein individueller Teilnehmer, sei allwissend und bekomme die Preise richtig hin.

Jedoch ist die Hypothese, ein vollständig prädeterminiertes Modell sei adäquat, nichts weniger als die Annahme, das Preisbildungsverfahren der Märkte könne so verstanden werden, als ob nie etwas wirklich Neues passiere, sei es auf der individuellen oder der aggregierten Ebene. Muths Version der Hypothese rationaler Erwartungen mit ihrer Annahme, ein vollständig prädeterminiertes Modell könne darstellen, wie der Markt die Zukunft prognostiziert, ist einfach genauso falsch wie die Annahme, ein solches Modell könnte adäquat darstellen, wie jeder der nach Profit strebenden Teilnehmer die Zukunft prognostiziert.

Im Diskurs der Ökonomen ist »der Markt« eine Metapher, die das Verhalten aller Teilnehmer zusammenfasst. Als solche geht der Begriff »rationaler Markt« von einem etwas anderen fiktiven Ort aus, als es eine Welt rationaler Erwartungen wäre.[2] Aber die Verwendung von Modellen rationaler Erwartungen zur Analyse von Marktergebnissen in der wirklichen Welt oder für den Entwurf von Regierungspolitik beinhaltet sprichwörtlich den Bau von Luftschlössern. Das Fundament des »rationalen Marktes« ist der substanzlose Glaube daran, ein Ökonom habe jedes Mal, wenn er ein Modell rationaler Erwartungen entwirft, entdeckt, wie, in exakter Wiedergabe, erfasst werden kann, was Hayek (1945) als die Verwendung des Wissens in der Gesellschaft und ihre Verteilung im Zeitablauf bezeichnete.

---

2 In Kapitel 5 diskutieren wir die Markt-Metapher ausführlich, ebenso die Frage, wie Ökonomen sie in Modellresultaten formalisieren.

Pseudo-Vielfalt auf dem ›rationalen Markt‹

Auf den Märkten der wirklichen Welt müssen sich die Teilnehmer auf ihr eigenes unvollkommenes Verständnis davon stützen, welche Variablen für Prognosen wichtig sein könnten und wie diese Variablen wohl mit den künftigen Ergebnissen in Verbindung stehen. Kein Teilnehmer und erst recht kein Ökonom weiß schon im Voraus, wie er oder sie ihre Prognosestrategien revidieren wird oder wie sich der soziale Kontext im Verlauf der Zukunft verändert. Unzählige mögliche Veränderungen können bei einem Vermögenswert zu einem Steigen oder Sinken des Kurses führen. Zu jedem Zeitpunkt ist es für einige Teilnehmer plausibel zu erwarten, dass der Kurs steigen, für andere, dass er fallen wird. Für manche Individuen kann es sogar plausibel sein, konsequent optimistisch oder pessimistisch zu bleiben, obwohl sich über einen Zeitraum hinweg die Kurse konstant entgegengesetzt entwickeln. Ja, ein Individuum kann sich aus Vernunftgründen auch dazu entschließen, den Umfang seiner Baisse- oder Hausse-Position genau deshalb noch zu erhöhen, weil sich der Kurs noch weiter vom persönlich erwarteten Niveau entfernt hat.

Muth umging diese Vielfalt und formulierte die Hypothese rationaler Erwartungen als eine Hypothese über die Prognosestrategie des Marktes.[3] Er glaubte allerdings, seine Hypothese sei damit kompatibel. Dieser Glaube scheint weithin geteilt zu werden. Viele Ökonomen betrachten die Hypothese rationaler Erwartungen als eine Annäherung, die es ihnen ermöglicht,

---

[3] Da Modelle rationaler Erwartungen eine einzelne umfassende Prognosestrategie erzeugen, können sie die Vielfalt dieser Strategien auf den Märkten der wirklichen Welt konstruktionsbedingt nicht repräsentieren. Dennoch sind solche Modelle genutzt worden, um die Heterogenität der Prognosen von Marktteilnehmern modellhaft abzubilden. Solche Darstellungen gehen von der Annahme aus, jeder Teilnehmer prognostiziere gemäß der Hypothese rationaler Erwartungen und Unterschiede in den Prognosen entstünden einzig durch den Zugang der Teilnehmer zu Informationen oder aufgrund ihrer Entscheidung, unterschiedlichen Informationen zu vertrauen. Zu solchen Formulierungen zählen auch Lucas' (1973) Modell mit dezentralisierter Information sowie Stiglitz' (2001) Modelle mit asymmetrischer Information. Wie Frydman (1982, 1983) präzise zeigte und wir in Kapitel 1 diskutieren, gilt unsere Kritik an den Standardmodellen rationaler Erwartungen, die dezentralisierte Informationen ignorieren, auch für Modelle, die bei der Erstellung der Prognosen Heterogenität bei den genutzten Informationen der Marktteilnehmer zulassen.

diese Vielfalt sowie die Revisionen der Prognosestrategien durch die Marktteilnehmer spärlich zu erfassen.[4]

Was Muth und die anderen dabei jedoch übersehen ist, dass die Hypothese rationaler Erwartungen erfordert, dass sich diese Vielfalt auf der Mikroebene – die Anteile der Teilnehmer, die ihre ganz besonderen Ansichten über die Zukunft und ihre Prognosestrategien haben – im Zeitablauf auf vollständig prädeterminierte Weise entfalten muss.[5] Es wird angenommen, dass zu jeder Zeit dieselben mechanischen Regeln diese Pseudo-Vielfalt der Prognosestrategien der Teilnehmer charakterisierten. Tatsächlich müssten alle Veränderungen beim Anteil von Bullen und Bären auf dem Markt oder bei der Revision ihrer Ansichten mechanisch miteinander verbunden sein, damit sichergestellt ist, dass die Erwartungen der Marktteilnehmer im Aggregat im Wesentlichen dieselben bleiben wie die Vorhersagen des vollständig prädeterminierten Modells eines Ökonomen.

Damit Sie diese REH-Luftschlösser besser erkennen können, betrachten wir einmal ein einfaches Beispiel für Vielfalt auf dem sogenannten »rationalen Markt«: zwei Gruppen von Teilnehmern – sagen wir Bullen und Bären auf einem Markt für Anteilskapital –, deren Prognosestrategien entsprechend dem heutigen Ansatz durch zwei unterschiedliche, vollständig prädeterminierte Prognoseregeln gekennzeichnet sind. Ein Ökonom nimmt typischerweise an, ein Aggregat von Bullen- und Bärenprognosen für die künftigen Resultate bestimme die Aktienkurse und Risiken zu jedem Zeitpunkt, t, auf vollständig prädeterminierte Weise.[6] Überdies nimmt er an, sein Modell rationaler Erwartungen beschreibe das Aggregat dieser Prognosestrategien.

Nehmen wir weiterhin an, dass einige Individuen ihre Prognosestrategien zu einem bestimmten Zeitpunkt revidieren und vom Bullen zum Bären werden oder umgekehrt. Auf den Märkten der wirklichen Welt ereignen

4 Trotz der Bedeutung, die Makroökonomen bei der Erklärung von Marktergebnissen einer Fundierung auf individueller Grundlage zuschreiben, und der zentralen Rolle, die die Hypothese rationaler Erwartungen bei der modellhaften Abbildung dieser Mikrofundierung spielt, gab es in der Makroökonomie überraschend wenig Diskussion darüber, dass diese Hypothese als allein auf den Markt anwendbar betrachtet wird. Siehe Frydman und Goldberg (2007, Kapitel 3; 2010a) für eine präzise Analyse des inhärenten

Konflikts zwischen dem Programm der heutigen Ökonomen, die Marktergebnisse in Bezug zu einer individuellen Fundierung zu setzen, und ihrem Beharren darauf, diese Fundierung auf vollständig prädeterminierte Weise modellhaft darzustellen.

5 Für eine präzise Demonstration der in diesem Abschnitt aufgestellten Behauptungen siehe Frydman und Goldberg (2010a).

6 In Kapitel 5 diskutieren wir die typische Formulierung eines solchen Modells.

sich solche Revisionen zu Zeitpunkten, die prinzipiell keiner der Teilnehmer und erst recht kein Ökonom vollständig vorhersehen kann. Überdies kann keiner der Teilnehmer die unzähligen alternativen Strategien vorhersehen, auf die sie umschwenken werden. Damit die sich ergebende Vielfalt nun mit der Hypothese rationaler Erwartungen kompatibel ist, müsste sie sich auf eine vollständig prädeterminierte, mechanische Weise entwickeln, die keinerlei Ähnlichkeit, nicht einmal im abstraktesten, rudimentärsten Sinne, mit der Art hat, wie sich Vielfalt auf den Märkten der wirklichen Welt entwickelt.

Um diesen Punkt zu illustrieren, vereinfachen wir die Sache und nehmen an, die Bullen folgten einer gemeinsamen Prognosestrategie, ebenso die Bären. Betrachten wir eine Situation, in der einige Bullen zur Meinung gelangen, die Bärenstrategie sei besser geeignet, und beschließen, stattdessen Bären zu werden. Da sich die Prognosestrategien von Bären und Bullen in keiner Weise ändern, würde der vergrößerte Bärenanteil jetzt natürlich die aggregierte (d.h. Markt-)Prognose beeinflussen. Aber ein Modell rationaler Erwartungen schreibt dem Markt zu jedem Zeitpunkt dieselbe vollständig prädeterminierte Prognosestrategie zu. Um die Marktprognose daher in jedem Moment adäquat zu beschreiben, müssten die Verschiebungen des Anteilsverhältnisses zwischen Bullen und Bären im Modell von bestimmten Revisionen begleitet sein, sagen wir, der Prognosestrategie der Bären. Die Hypothese rationaler Erwartungen bestimmt diese Revisionen mechanisch: Angesichts des größeren Anteils von Bären auf dem Markt und der Art, wie die andere Gruppe (die Bullen) die Zukunft prognostiziert, müssen diejenigen, die vom Bullen zum Bären werden, und ebenso diejenigen, die bereits zuvor Bären waren, nun alle dieselbe revidierte Strategie übernehmen. Selbst wenn die früheren Bullen zu einer anderen Bärenstrategie wechseln, müssten die drei entstehenden Strategien auf mechanische Weise so miteinander verbunden sein, dass die Kompatibilität mit einem vollständig prädeterminierten Modell sichergestellt ist, das auf der Hypothese rationaler Erwartungen beruht.

Durch ihre Konzentration auf den Markt abstrahiert die Hypothese rationaler Erwartungen ja von Unterschieden zwischen den Prognosestrategien von Bullen und Bären. Aber durch die Annahme, das vollständig prädeterminierte Modell eines Ökonomen gebe die Prognose in aggregierter Form näherungsweise wieder, gibt die Hypothese nicht etwa die Vielfalt näherungsweise wieder, die in der wirklichen Welt den Marktergebnissen zugrunde liegt, wie allgemein geglaubt; sie erreicht dies nur auf dem imaginären rationalen Markt des Ökonomen. In dieser aus der Luft gegriffenen Welt wird Abstraktion auf Abstraktion getürmt: Jedes Modell rationaler Erwartungen abstrahiert von einer bereits konstruierten Pseudo-Vielfalt, die sich nach starren, im Voraus spezifizierten mechanischen Regeln entwickelt und keinerlei Verbindung dazu hat, wie sich unterschiedliche Ansichten auf den Märkten der wirklichen Welt im Zeitablauf entfalten.[7]

Die Irrelevanz eines ›rationalen Marktes‹

Abgesehen von ihrer inhärenten Inkompatibilität mit der Art und Weise, wie die Teilnehmer auf den Märkten der wirklichen Welt ihre Prognosestrategien revidieren, macht der weit verbreitete Glaube, die Hypothese rationaler Erwartungen gebe näherungsweise die Vielfalt auf der Mikroebene wieder, darüber hinaus auch noch den Begriff des rationalen Marktes selbst inkohärent. Denn wäre dieser rationale Markt von Teilnehmern bevölkert, die von unterschiedlichen Prognosestrategien Gebrauch machen, dann würde jeder von ihnen systematische Prognosefehler immer ignorieren und dadurch endlos auf Profitmöglichkeiten verzichten.[8]

Die Anerkennung von Vielfalt enthüllt, dass REH-Modelle, selbst wenn sie nur für den Markt gelten sollen, kaum als Aussage über seine Rationalität betrachtet werden können. Ganz im Gegenteil sind die sogenannten »rationalen Märkte« der REH von irrationalen Individuen bevölkert.

Um diese Inkohärenz zu vermeiden, müssten die Ökonomen zu einer Welt rationaler Erwartungen zurückkehren. Aber in dieser Welt ist Vielfalt durch gedankliche Uniformität ersetzt: Alle Teilnehmer denken gleich, und die Prognose eines Einzelnen – eines repräsentativen Handlungsträgers – erfasst gleichzeitig auch die anderen Prognosen sowohl auf der individuellen als auch auf der aggregierten Ebene. Aber selbst wenn man der Ansicht ist, bei der Hypothese rationaler Erwartungen gehe es um einen repräsentativen Handlungsträger, der wie alle anderen denkt und »der Markt« ist, durchtrennt die Annahme, die Marktteilnehmer ignorierten nicht routine-

---

7 Einige heutige Ökonomen interpretieren Muths Version der Hypothese rationaler Erwartungen so, als werde die Hypothese aufgestellt, die Prognosestrategien der Marktteilnehmer wichen von einem Aggregat – der »Markt«-Strategie – um einen Zufallsfehlerausdruck ab, der im Durchschnitt Null ergebe. Und dann wird angenommen, das Gesetz der gro-

ßen Zahl stelle die Hypothese sicher. Diese Definition von Vielfalt ist jedoch nur eine weitere, leicht abgeschwächte Version der Einmütigkeits-Annahme: Im Durchschnitt entspreche die Prognosestrategie jedes Marktteilnehmers derselben mechanischen Regel.

8 Siehe Frydman und Goldberg (2010a) für eine präzise Demonstration.

mäßige Veränderungen, jede Verbindung zwischen ihrer Darstellung eines angeblich rationalen Marktes und dem, was Märkte und ihre Teilnehmer in der wirklichen Welt tatsächlich tun.

Die Bedeutung von nicht routinemäßigen Veränderungen für die Entwicklung der Ergebnisse impliziert, dass ein Modell rationaler Erwartungen, selbst wenn es eine frühere Verbindung zwischen kausalen Variablen und aggregierten Ergebnissen eines ausgewählten historischen Zeitraums adäquat erfassen sollte, seine Relevanz an Zeitpunkten verlieren würde, die von niemandem vollständig vorhergesehen werden können.[9] Nach Profit strebende Teilnehmer verstehen, dass Veränderungen auf den Märkten und in der Wirtschaft nicht auf ein Modell verkürzt werden können, das – durch ein Ausblenden der Bedeutung von nicht routinemäßigen Veränderungen in seinen Annahmen – die Zukunft mechanisch mit der Vergangenheit verbindet. Tatsächlich entspringt, wie wir in Kapitel II ausführlich diskutieren werden, eine bedeutende Quelle für Profite auf den Finanzmärkten aus Aktivitäten, die darauf gerichtet sind, nicht routinemäßige Veränderungen zu entdecken und darauf zu reagieren.

Hüten Sie sich vor Modellen rationaler Erwartungen

Wie nicht anders zu erwarten, lieferte die Durchsetzung von Konsistenz innerhalb der ökonomischen Modelle nicht, was die Gründer versprochen hatten: eine wunderbar einfache Lösung für das Respekt einflößende Problem der modellhaften Nachbildung, wie rationale Individuen über die Zukunft denken. Stattdessen zwang sie die Ökonomen, Erklärungen für Marktergebnisse zu suchen, die von der Annahme ausgehen, die Prognosen der Marktteilnehmer spielten beim Zustandekommen dieser Ergebnisse keine autonome Rolle. Sobald ein Ökonom einmal beschlossen hat, wie er die Präferenzen der Marktteilnehmer sowie den Kontext modellhaft abbil-

---

9 Wie wir im nächsten Abschnitt diskutieren, sind Modelle rationaler Erwartungen nicht nur vollständig prädeterminiert, sondern stellen auch eine besonders restriktive Version solcher Modelle dar. Abgesehen davon, dass sie einen Satz kausaler Faktoren implizieren, erfordern sie darüber hinaus auch, dass die Gewichtung dieser Faktoren stringente Beschränkungen erfüllt (die sogenannten »Restriktionen über die Gleichungen hinweg«), die auf der Basis von Zeitreihendaten wiederholt empirisch versagt haben. Auch wenn vollständig prädeterminierte Modelle, die keine solche Beschränkungen auferlegen – zum Beispiel die traditionellen keynesianischen Vor-REH-Modelle – bei der Beschreibung bestimmter Ereignisse hilfreich sein können, ist es unwahrscheinlich, dass dies für Modelle rationaler Erwartungen auch nur für begrenzte Zeiträume gilt.

den will, innerhalb dessen sie ihre Entscheidungen jederzeit treffen, braucht er sich keine weiteren Gedanken mehr darüber zu machen, wie sie den Prozess interpretieren, der die Ergebnisse bestimmt, und wie sie die Zukunft prognostizieren. Sein Modell sagt ihm ja, wie sie denken: »In Modellen rationaler Erwartungen gehören die Überzeugungen der Leute zu den Ergebnissen unseres Theoretisierens. Sie sind kein Input.«[10]

In Modellen rationaler Erwartungen sind die kausalen Variablen, die in die Prognosestrategie eines Marktteilnehmers einfließen, diejenigen, die seine oder ihre Präferenzen und Beschränkungen gemäß Beschluss eines Ökonomen repräsentieren. Überdies muss der Ökonom, um die Hypothese rationaler Erwartungen durchzusetzen – um die Modellvorhersagen auf der aggregierten und der individuellen Ebene identisch zu machen –, die Gewichtungen, die den kausalen Variablen des Modells zugeordnet sind, so setzen, dass sie exakt mit den Parametern der anderen Komponenten des Modells verbunden sind.[11] Auf diese Weise verhindert die Hypothese rationaler Erwartungen, dass ein Ökonom Erklärungen für Prognosen untersucht, die andere Faktoren und Parameter erwägen als diejenigen, die in seinen Spezifizierungen der anderen nicht erwartungsbezogenen Komponenten seines Modells auftauchen.

Dieses Fehlen einer autonomen Rolle für die Prognosen der Marktteilnehmer in den Modellen rationaler Erwartungen wurde als einer ihrer hauptsächlichen Vorzüge angesehen, weil es die ökonomische Analyse auf eine Weise disziplinierte, die den vorherigen Modellen fehlte. Tatsächlich hatte Lucas' kritische Einschränkung »Hüten Sie sich vor Theoretikern, die freie Parameter [und kausale Faktoren, die aus autonomen Prognosen stammen] dulden«[12] tief greifenden Einfluss auf die Entwicklung der Ökonomie. Aber wie wir gezeigt haben, sollten sich sowohl Ökonomen als auch das Publikum lieber vor den Modellen rationaler Erwartungen hüten: Sie haben absolut keinen Bezug zu Prognosen in der wirklichen Welt und können daher nicht als Grundlage dienen, um über Märkte und politische Maßnahmen nachzudenken.

10 Thomas J. Sargent in einem Interview mit Evans und Honkapohja (2005, S. 566).
11 Für ein einfaches algebraisches Beispiel zu diesem Punkt siehe Frydman und Goldberg (2007, Kapitel 3).
12 Lucas zugeschrieben von Sargent (2001, S. 73).

Das Hirngespinst
vom »rationalen
Markt«

Die fatale Illusion der Hypothese rationaler Erwartungen

Auch wenn einige Ökonomen immer noch unerschütterlich behaupten, die Konstruktion von Modellen rationaler Erwartungen biete die Möglichkeit, die Wirtschaftswissenschaften voranzubringen, ist es schlicht unvernünftig anzunehmen, es könne jemals eine Welt Wirklichkeit werden, in der diese Modelle adäquat die Art und Weise erfassen könnten, in der sich Marktergebnisse im Zeitablauf entwickeln. Selbst die kommunistischen Behörden, mit ihrer beträchtlichen Staatsgewalt im Rücken, konnten eine solche Welt nicht erschaffen. Sie scheiterten nicht nur damit, Veränderungen zu verbannen, die sie nicht vollständig vorhersehen konnten, sondern – wie wir gesehen haben – auch damit, das Aggregat Gesellschaft zu zwingen oder gar zu überzeugen, sich auf eine Ansicht – ihre Ansicht – über die Zukunft zu einigen.

In einem Interview mit Thomas Sargent, einem der Pioniere des Ansatzes rationaler Erwartungen in der Makroökonomie, fragten George Evans und Seppo Honkapohja: »Glauben Sie, die Unterschiede zwischen den Modellen der Leute sind wichtige Aspekte in den makroökonomischen Politikdebatten?« Sargent antwortete:

> Tatsache ist, dass Sie über solche Unterschiede zwischen typischen Modellen rationaler Erwartungen gar nicht reden können. Es gibt einen Kommunismus von Modellen. Alle Handlungsträger innerhalb des Modells, die Ökonometriker und Gott teilen dasselbe Modell. Die wirkungsvollen und *nützlichen* empirischen Implikationen rationaler Erwartungen ... leiten sich von diesem Kommunismus an Modellen ab. [Evans und Honkapohja, 2005, S. 566, Hervorhebung hinzugefügt]

Aber der Grund, warum Märkte in modernen Wirtschaften eine wesentliche Rolle spielen, ist genau der, dass nicht routinemäßige Veränderungen wichtig sind und das Wissen unvollkommen ist, was unterschiedliche Ansichten entstehen lässt. Daher können prinzipiell kein gesellschaftlicher Entwurf und kein wissenschaftliches Programm, die auf einem »Kommunismus« von Ideen beruhen – dergestalt, dass jeder an dieselbe Ansicht über die Zukunft glaubt oder dass Marktteilnehmer, Ökonomen, Sozialplaner und politische Handlungsträger die Zukunft vollständig vorhersehen oder bestimmen können –, liefern, was sie versprochen haben.

Die grundlegenden Fehler der Hypothese rationaler Erwartungen werden auch weiterhin die Suche der Ökonomen nach nützlichen Erklärungen für die Marktergebnisse behindern. Die Überlegung, ob man sie nicht lieber verwerfen sollte, ist daher lange überfällig. Ihre Implikationen hinsichtlich der Rolle der Märkte und ihre Einschätzungen der Konsequenzen verschiedener Regierungsmaßnahmen haben keine wissenschaftliche Untermauerung. Wie die Geschichte zeigt, ist es wahrscheinlich, dass solche fundamental fehlerhaften Theorien, wenn sie in der Praxis eingesetzt werden, wirtschaftlich katastrophale und sozial gefährliche Konsequenzen hervorbringen.

5.
Luftschlösser:
Die Hypothese effizienter Märkte

Die Theorie des rationalen Marktes entstand als Versuch, eine wissenschaftliche Untermauerung für die Hypothese effizienter Märkte zu liefern, die als ein Eckpfeiler der Finanzökonomie dient. Gemäß dieser Hypothese gilt: »Die Kurse [von Vermögenswerten] ›spiegeln‹ die verfügbaren Informationen immer ›vollständig wider‹« (Fama, 1970, S. 383).

So formuliert, sagt die Hypothese effizienter Märkte allerdings sehr wenig darüber aus, wie sich die Kurse im Zeitablauf entwickeln und ob die Märkte für eine gute Kapitalallokation sorgen. Es gibt eine Fülle öffentlich verfügbarer Informationen über wirtschaftliche, politische und soziale Faktoren und Ereignisse, die rasch an die Individuen rund um die Welt verteilt werden. Die Teilnehmer wählen aus dieser Flut von Informationen aus, wenn sie ihre Prognosen für künftige Kurse und Risiken bilden. Diese Prognosen untermauern dann ihre Kauf- und Verkaufsentscheidungen, die der Markt aggregiert, indem er die Kurse festsetzt. Auf diese Weise spiegeln die Kurse die Informationen vollständig wider, die die Teilnehmer für ihre Prognosen als relevant erachten.

Wenn man mit »verfügbaren Informationen« aber die speziellen Informationen meint, die von den Teilnehmern ausgewählt werden, um über die Zukunft nachzudenken, dann ist die Hypothese effizienter Märkte lediglich eine beschreibende Hypothese über die Märkte. Um sie in eine Theorie über die Kurse von Vermögenswerten zu verwandeln, mussten die Ökonomen Stellung dazu beziehen, was mit »sämtlichen verfügbaren Informationen« gemeint ist und wie diese »vollständig in den Kursen der Vermögenswerte widergespiegelt« werden.

Durch die Annahme, die Hypothese rationaler Erwartungen erfasse adäquat, wie intelligente, rationale Teilnehmer die künftigen Kurse und Aussichten von Vermögenswerten prognostizieren, wurde die Hypothese effizienter Märkte in die Hypothese verwandelt, die Märkte sorgten für eine fast perfekte Allokation des knappen gesellschaftlichen Kapitals, indem sie die Kurse so festsetzten, dass sie zufällig um ihre »wahren« fundamentalen

Werte schwankten. Von dieser Behauptung wird angenommen, dass sie für eine individuelle Kapitalanlage, einen Sektor, eine Klasse von Vermögenswerten und den Markt als Ganzes gilt. Im Ergebnis impliziert die Hypothese effizienter Märkte auch, dass die Nutzung der verfügbaren Informationen zum Versuch, Mehrerträge zu erzielen, nach Berücksichtigung des Risikos zum Scheitern verurteilt wäre. Als diese bemerkenswerte Behauptung in die öffentliche Debatte eintrat, wurden die Annahmen, die sie untermauerten, in der akademischen Literatur außer Acht lassen Aber wie wir in Kapitel 3 gezeigt haben, haben die Schlussfolgerungen, die sich in einer Welt rationaler Erwartungen ergeben, keinerlei Bezug dazu, was die Märkte in der wirklichen Welt tun und wie sich deren Teilnehmer verhalten. Die Verwandlung der beschreibenden Erklärung der Finanzmärkte durch Ökonomen in eine vollständig prädeterminierte Theorie effizienter, rationaler Märkte liefert eine bemerkenswerte Demonstration dafür, wie Ökonomen mit aus der Luft gegriffenen Annahmen Luftschlösser errichten können.

Die Markt-Metapher

Wenn Ökonomen vom »Markt« sprechen, dann tun sie das »metaphorisch ... [als] ein zweckmäßiges Verfahren, um die Entscheidungen individueller Investoren sowie die Art und Weise zusammenzufassen, wie diese Entscheidungen bei der Bestimmung der Kurse interagieren« (Fama, 1976, S. 135). Die Annahmen, die sie verwenden, um diese Metapher zu formalisieren, werden oft mithilfe ausgefeilter Mathematik ausgedrückt. Wenn sie dieser Mathematik jedoch entkleidet werden, tritt offen zutage, dass die Annahmen, statt einfach nur zweckmäßig zu sein, in Wirklichkeit ganz entscheidende Merkmale der individuellen Entscheidungsfindung auf Finanzmärkten ausgelassen haben.

Auf diesen Märkten hängen die Handelsentscheidungen der Teilnehmer von ihren Prognosen der künftigen Erträge sowie von dem Risiko bzw. der Chance ab, dass die Erträge anders ausfallen als vorhergesagt.[1] Auf dem Markt für Anteilskapital zum Beispiel hängt der Ertrag beim Kauf der Aktien eines Unternehmens heute vom zukünftigen Preis, zu dem sie wieder verkauft werden können, von den Dividenden, die das Unternehmen in der Zeit des Besitzes zahlt und von den Kapitalkosten ab, die gewöhnlich an-

---

1   In Standardmodellen wird das Risiko in Bezug zu Über-
    kreuzkorrelationen zwischen den Erträgen der Vermögens-
    werte gesetzt.

hand eines bestehenden Zinssatzes bemessen werden. Um Preise, Dividenden und Risiken vorherzusagen, müssen die Teilnehmer eine Auswahl unter einem großen Satz potenziell relevanter Faktoren treffen, die von unternehmensspezifischen Variablen (wie Unternehmensgewinnen und Branchentrends) bis hin zu gesamtwirtschaftlichen Variablen (Ankündigungen der Zentralbank, Inflationsraten, gesamtwirtschaftliche Aktivität) reichen. Jeder Teilnehmer formuliert eine Prognosestrategie, die seine oder ihre Kenntnis und Intuition darüber widerspiegelt, welche Faktoren relevant sind und wie jeder dieser Faktoren beim Nachdenken über die Zukunft zu interpretieren ist.

An jedem Zeitpunkt unterscheiden sich die Prognosen der Teilnehmer. Als diese Zeilen geschrieben wurden (Sommer 2010), war zum Beispiel die gesamtwirtschaftliche Aktivität der US-Wirtschaft in den letzten beiden Quartalen gewachsen und hatte damit nahegelegt, dass der zweijährige Abschwung seit Ende 2007 bereits beendet sei. Unternehmensgewinne, Gesamtbeschäftigung und Exporte waren ebenfalls gestiegen, und die Federal Reserve hatte Pläne bekannt gegeben, nach denen sie die kurzfristigen Zinssätze für geraume Zeit auf sehr niedrigem Niveau halten wollte. Solche Nachrichten werden oft als Signal für Optimismus bei Aktien interpretiert, was die Teilnehmer veranlassen kann, für die Zukunft höhere Kurse und Dividenden zu prognostizieren.

Allerdings gab es auch eine Menge Nachrichten, die in die entgegengesetzte Richtung wiesen. Ein großer Teil des Anstiegs der gesamtwirtschaftlichen Aktivität war bisher auf eine Aufstockung der Unternehmenslagerbestände zurückzuführen. Die Verbraucherausgaben und die Unternehmensausgaben für neue Anlagen und Ausrüstung wiesen kein echtes Zeichen der Erholung von ihren historischen Tiefständen auf. Unklarheiten in puncto Finanzreform, Gesundheitswesen und Umwelt schufen beträchtliche Unsicherheit hinsichtlich möglicher Änderungen des Rahmens der rechtlichen Regeln für die privaten Unternehmen. Und der Aktienmarkt war, gemessen an Gewinnen und Dividenden, über sein historisches Niveau gestiegen – Nachrichten, von denen angenommen wird, dass sie manche Teilnehmer veranlassen, niedrigere Kurse und Dividenden zu prognostizieren.

Die Teilnehmer können ihre Prognosen für die Erträge und/oder Risiken aufgrund neuer Informationen oder einer neuen Art und Weise, über die Zukunft zu denken, zu jedem Zeitpunkt revidieren. Steigen die Ertragsprognosen eines Einzelnen im Verhältnis zu der Kompensation, die er verlangt, wenn er das Risiko eingeht, dass die tatsächlichen Erträge von der Prognose abweichen, dann kauft er Aktien, sinken sie dagegen, dann ver-

95

kauft er.[2] Die Kurse bewegen sich hin zu einem Wert, der für die gegebene Aktie zum Gleichgewicht zwischen Gesamtangebot und -nachfrage führt, und spiegeln damit eine unsichtbare Gewichtung der optimistischen und pessimistischen Ansichten über die Zukunft wider.

Um diesen Prozess im Modell abzubilden, nehmen Ökonomen typischerweise an, der Überschuss der gesamten Käufe über die gesamten Verkäufe einer Aktie stehe an jedem Zeitpunkt in Verbindung zum Durchschnitt der Teilnehmerprognosen für die Erträge und zu dem ihrer Prämien. Implizieren diese Durchschnittswerte eine Marktprognose, die höher liegt als die Marktprämie, dann werden die Gesamtkäufe die Gesamtverkäufe übersteigen. Um Gesamtkäufe und -verkäufe ins Gleichgewicht zu bringen, müssen sich die Kurse so bewegen, dass sie die Prognose des Marktes für die Erträge mit dessen Prämie gleichsetzen, nach Berücksichtigung der Kapitalkosten.

Im Aggregat hängt die Prognosestrategie des Marktes von einer unsichtbaren Gewichtung aktueller und früherer Informationen über die Variablen ab, die seine Teilnehmer für die Bildung ihrer Ertrags- und Risikoprognosen als relevant erachten. Wenn sich die Marktprognosen für Kurse und Dividenden ändern, dann tun das auch die Kurse. Bei der Formalisierung dieser Veränderungen konzentrieren sich die Ökonomen gewöhnlich auf neue Informationen über relevante Variablen. Aber Bewegungen bei den Prognosen – und damit auch bei den Kursen – resultieren nicht nur aus neuen Informationen, sondern auch aus Revisionen der Prognosestrategie des Marktes. Bevor ein Ökonom nicht Stellung bezogen hat zu den Veränderungen, die aus diesen beiden Quellen stammen, sagt seine Markt-Metapher sehr wenig darüber aus, wie sich die Aktienkurse im Zeitablauf entwickeln.

Wie man sich Märkte in einer vollständig prädeterminierten Welt vorstellt

Vollständig prädeterminierte ›Unsicherheit‹

Die heutigen Ökonomen stellen ökonomische Resultate und das Prognoseverhalten typischerweise mit vollständig prädeterminierten Wahrscheinlichkeitsmodellen nach. Ihnen ist dabei klar, dass viele Veränderungen nicht

---

2 Ökonomen bezeichnen solche Kompensationen als »Risikoprämien«. Sie setzen diese Prämien oft in Beziehung zu statistischen Standardmaßen, etwa Standardabweichungen der Erträge oder Risikoaversion des Individuums.

Luftschlösser:
Die Hypothese
effizienter
Märkte

vorweggenommen werden können. Niemand kann sicher sagen, wie sich die Gewinnaussichten und Dividenden eines Unternehmens im nächsten Jahr entwickeln werden, ganz zu schweigen über zehn oder zwanzig Jahre hinweg. Die Werte solcher Resultate hängen von vielen Veränderungen ab, darunter noch zu erfindende Techniken, neue Verfahren, wie das menschliche und physische Kapital in Betrieben organisiert wird, oder unvorhersehbare Änderungen bei Institutionen und der Wirtschaftspolitik auf der Welt. Die Ökonomen versuchen, solche unvorhersehbaren Veränderungen dadurch zu erfassen, dass sie ihre Modelle durch »stochastische Schocks« oder Fehlerausdrücke ergänzen. Wie Paul Samuelson (1965a, S. 147) es ausdrückte:

> Genau wie Ehrenfest und andere Physiker die Kausalsysteme der Physik durch Wahrscheinlichkeiten ergänzen mussten, um das Merkmal der irreversiblen Zeit in der klassischen Mechanik zu überwinden, das mit dem zweiten Gesetz der Thermodynamik so unvereinbar war, so müssen auch wir im Interesse des Realismus unsere ökonomischen und biologischen Kausalsysteme durch stochastische Wahrscheinlichkeitsverteilungen ergänzen.

In ihren Wahrscheinlichkeitsmodellen gehen die Ökonomen davon aus, dass die Auswirkungen von Veränderungen auf die ökonomischen Resultate mit zwei Komponenten erfasst werden können: zum einen mit einer Komponente, die einen vollständig prädeterminierten erwarteten Zukunftswert enthält, der von den verfügbaren Informationen abhängt, zum anderen mit stochastischen Nachrichten, die mit den verfügbaren Informationen nicht in Beziehung stehen.

Um ihre probabilistischen Beschreibungen der Ergebnisse vollständig prädeterminiert zu gestalten, spezifizieren die Ökonomen im Voraus die Wahrscheinlichkeitsverteilung, die für die Nachrichten gilt – den Satz der möglichen Zukunftswerte und der ihnen zugeordneten Wahrscheinlichkeiten für die stochastische Komponente der Resultate. Mit der Zeit, so wird angenommen, näherten sich die stochastischen Nachrichtenschocks einem Mittelwert von Null an.

Um zu sehen, was dieses Argument nach sich zieht, betrachten wir einmal das Problem, wie der zukünftige Dividendenstrom eines Unternehmens im Modell dargestellt werden kann. Die vollständig prädeterminierte Komponente der Spezifizierung bestünde aus einer mechanischen Regel, die versucht, alle zukünftigen Veränderungen zu erfassen, die auf Grundlage aktueller und früherer Informationen vorweggenommen werden können. Diese Regel könnte die zukünftigen Dividenden zum Beispiel mit den Werten anderer kausaler Variablen in Verbindung setzen, wie etwa Branchentrends oder gesamtwirtschaftliche Aktivität. Eine besonders simple Regel, die in der ökonomischen Literatur verbreitet ist, nimmt jedoch an, dass die Dividenden eines Unternehmens tendenziell mit einer konstanten Rate wachsen, sagen wir 1 Prozent pro Jahr. Wenn die Dividende dieses Jahres also 1,00 Dollar beträgt, dann wird sie im nächsten Jahr 1,01 Dollar betragen.

Die Ergänzung der Beschreibung des Dividendenprozesses durch stochastische Nachrichtenschocks impliziert, dass der tatsächliche Dividendenwert, der in jeder Periode beobachtet wird, von einer vollständig prädeterminierten Änderung gegenüber dem vorangegangenen Jahr abhängt sowie vom Einfluss der Nachrichtenlage im laufenden Jahr. Die Dividende des nächsten Jahres wird dann durch eine Wahrscheinlichkeitsverteilung beschrieben, die von ihrem gegenwärtigen Wert abhängt. Würde dieselbe bedingte Wahrscheinlichkeitsverteilung über die Zeit hinweg gelten, dann würden sich die stochastischen Schocks gegenseitig aufheben und die Dividenden würden im Durchschnitt ihrem vollständig prädeterminierten Pfad folgen, der 1 Prozent jährliches Wachstum beinhaltet. Auf diese Weise beschränkt die Beschreibung unvorhersagbare Veränderungen strikt auf die Zufallsabweichung von einem vollständig prädeterminierten Pfad.

Die Ökonomen verwenden solche bedingten Wahrscheinlichkeitsverteilungen, um die Prognosestrategien der Teilnehmer zu jedem Zeitpunkt darzustellen. Wenn wir unser Beispiel verwenden, dann wäre die heutige Prognose eines Teilnehmers für die Dividende des nächsten Jahres der Durchschnitt der möglichen Werte, der, mit einem Zufallsfehlerausdruck, gerade 1 Prozent höher liegt als die Dividende dieses Jahres. Die Dividende des nächsten Jahres wird natürlich von der Prognose dieses Jahres abweichen, aufgrund eines stochastischen Schocks. Und weil dieser Schock einen von vielen Werten annehmen kann, könnte der Prognosefehler groß oder klein sein.

Herbeiführung zufälliger Preisschwankungen

In einem bedeutenden Papier konstruierte Samuelson (1965b) ein vollständig prädeterminiertes Wahrscheinlichkeitsmodell des Marktes. Seine Formalisierung implizierte, dass die Bewegungen der Kurse von Vermögenswerten, von einer gewissen »Ineffizienz« abgesehen, am besten durch das Werfen einer Münze zu beschreiben wären.

Wenn ein Ökonom die Markt-Metapher in ein mathematisches Modell des Marktes verwandeln will, muss er spezifizieren, wie der Markt den Ertrag dafür prognostiziert, dass man die Aktie von heute an bis zu einer künftigen Periode hält. Der heute erwartete Ertrag hängt davon ab, wie der Markt sowohl den Kurs als auch die Dividende der nächsten Periode prognostiziert. Die Kursbewegungen zwischen heute und der nächsten Periode wiederum hängen davon ab, wie sich die Prognosen des Marktes für die künftigen Kurse und Dividenden über diese Periode hinweg verändern.

Um zu sehen, wie Samuelson diese Bewegungen im sogenannten »Gegenwartswertmodell« formalisierte, nehmen wir an, die Marktprognosen für Aktienkurs und Dividende des nächsten Jahres betragen heute 100 Dollar bzw. 1 Dollar. Der Preis, den der Markt heute für diese erwartete künftige Auszahlung zu zahlen bereit wäre, hängt von ihrem Wert in heutigen Dollar ab oder, wie es die Ökonomen nennen, ihrem »diskontierten Gegenwartswert«. Wenn wir annehmen, dass die Kapitalkosten 1 Prozent pro Jahr betragen, dann wären 101 Dollar, die man im nächsten Jahr erhält, heute 100 Dollar wert. Den Geldkurs für diese Aktien würden die Teilnehmer im Aggregat dann auf 100 Dollar treiben. Bei diesem Wert würde die erwartete Dividende die Kapitalkosten gerade ausgleichen, und der Markt würde über das kommende Jahr hinweg keine Kursänderung mehr erwarten.

Ob der Kurs in einem Jahr 100 Dollar beträgt oder einen anderen Wert annimmt, hängt davon ab, welchen Kurs und welche Dividende der Markt im nächsten Jahr für das Folgejahr erwartet. Um im Modell Konsequenzen für die tatsächlichen Kursbewegungen abzuleiten, musste Samuelson daher charakterisieren, wie die Denkweise des Marktes über die Zukunft in einem Jahr von seiner heutigen Denkweise abweichen würde.

Indem die Ökonomen darauf beharren, dass ihre Modelle vollständig prädeterminiert sein sollen, ignorieren sie Revisionen der Prognosestrategien, die sie nicht im Voraus spezifizieren können. Samuelson tat das, indem er von keinerlei Veränderungen ausging; er verwendete ein und dieselbe bedingte Wahrscheinlichkeitsverteilung, um die Prognosestrategie des Marktes zu jedem Zeitpunkt bis in die unbestimmte Zukunft zu kennzeichnen. Mit einer per Annahme für alle Zeiten fixierten Prognosestrategie des Marktes für Kurs und Dividenden konnte Samuelson eine Verbindung zwischen der heutigen Markterwartung für den Kurs des nächsten Jahres und dessen Kurs- und Dividendenerwartungen in zwei Jahren herstellen. Samuelson führte seine Fortschreibung bis in unbestimmte Zukunft fort und zeigte damit, dass der Markt den heutigen Kurs an einen Punkt treiben würde, der seiner Einschätzung davon entspricht, was die Ökonomen den »intrinsi-

99

Wie man sich
Märkte in einer
vollständig
prädeterminierten
Welt vorstellt

schen« (inneren) Wert nennen: den diskontierten Gegenwartswert aller Dividenden, die der Markt in allen zukünftigen Perioden zu erhalten erwartet, unter der Annahme, dass die Zukunft mechanisch aus der Gegenwart folgt.

Nehmen wir zum Beispiel an, die Marktprognose für die Dividenden folgte laut Annahme eines Ökonomen einer einfachen mechanischen Regel: Es wird erwartet, sie wüchsen pro Jahr um 1 Prozent. In diesem Fall ergäbe eine einfache Rechnung, dass der intrinsische Wert jedes Jahr ein festgelegtes Vielfaches der Dividende jenes Jahres wäre. Läge der Zinssatz, sagen wir, bei 6 Prozent pro Jahr, betrüge dieses feste Vielfache etwa 20.[3] Bei einem intrinsischen Wert der Aktie, der einem festen Vielfachen der heutigen Dividende entspricht, würde sie durchschnittlich mit derselben einprozentigen Jahresrate wachsen, mit der annahmegemäß auch die Dividenden wachsen.

Ob das Gegenwartswertmodell impliziert, dass der Kurs tatsächlich tendenziell mit 1 Prozent pro Jahr wächst, hängt davon ab, ob man annimmt, dass der Markt die Art, wie sich die Dividenden im Zeitablauf entwickeln, akkurat vorhersagt. Wie bei der Prognose der Kursbewegungen ignorierte Samuelson auch hier alle Veränderungen und nahm an, dieselbe bedingte Wahrscheinlichkeitsverteilung charakterisiere die Dividenden zu jedem Zeitpunkt. Er nahm außerdem an, der Markt wisse, bis auf den vollständig prädeterminierten stochastischen Fehlerausdruck, genau, wie sich die Dividenden im Zeitablauf tatsächlich entwickeln werden. Damit legte er fest, dass die Prognosestrategie des Marktes für die Dividenden und die tatsächliche Entwicklung der Dividenden ein und dasselbe wären. Unter der Annahme, dass die Prognosen des Marktes für alle zukünftigen Dividenden im Durchschnitt korrekt sind, würde die Marktschätzung für den intrinsischen Wert eines Unternehmens von seinem wahren Wert nur um einen Zufallsprognosefehler abweichen, der nicht mit den verfügbaren Informationen in Verbindung steht.

Die sogenannte »Martingal-Eigenschaft« der Aktienkurse – der tatsächliche Kurs schwankt zufallsbestimmt um seinen erwarteten vollständig prädeterminierten Zeitpfad und die verfügbaren Informationen können nicht dazu genutzt werden, um im Zeitablauf konsequent überdurchschnittliche Erträge zu verdienen – folgt als eine Sache der direkten Logik. In einer Welt, die dem Markt die Fähigkeit zuschreibt, die Zukunftsaussichten von Projek-

---

3 Das konstante Vielfache der Dividenden entspricht in diesem Fall dem Verhältnis von eins plus Dividendenwachstumsrate zur Differenz zwischen Zinssatz und Dividendenwachstumsrate, das heißt $(1{,}0 + 0{,}01) / (0{,}06 - 0{,}01)$.

Luftschlösser:
Die Hypothese
effizienter
Märkte

ten und Unternehmen nahezu perfekt einschätzen und Dividendenzahlungen akkurat vorhersagen zu können, entspricht der Kurs einer Aktie der annahmegemäß wahren Einschätzung des Marktes für den intrinsischen Wert des Unternehmens. Diese Einschätzung berücksichtigt alle verfügbaren Informationen (die heutige Dividende) sowie die vollständig prädeterminierten Veränderungen, die sich annahmegemäß ereignen (die angenommene Tendenz der Dividenden und Kurse, um 1 Prozent pro Jahr zu wachsen).

Die tatsächlichen Kursveränderungen weichen laut Annahme in jeder Periode von der Markterwartung einer einprozentigen jährlichen Wachstumsrate nur deshalb ab, weil neue Informationen – stochastische Schocks – eintreffen und die Dividenden beeinflussen. Diese Schocks sind laut Annahme zufallsbestimmt und weisen daher keinen Zusammenhang mit früheren Informationen auf. Damit besteht keine Möglichkeit, verfügbare Informationen zu nutzen, um vorherzusagen, wann die Kursänderungen von ihrem einprozentigen Wachstumspfad abweichen werden – und damit auch keine Möglichkeit, im Zeitablauf konsequent überdurchschnittliche Erträge zu verdienen.

Samuelsons Martingal-Ergebnis hatte bedeutenden Einfluss auf die Finanzökonomie. Es lieferte eine theoretische Verbindung zwischen der Beobachtung, dass die Teilnehmer verfügbare Informationen nutzen, und dem Glauben, die Kurse von Vermögenswerten spiegelten ihre angeblich wahren fundamentalen Werte wider. Überdies wurde geglaubt, das Martingal-Ergebnis demonstriere präzise, dass niemand verfügbare Informationen so nutzen kann, dass er den Markt in der wirklichen Welt konsequent schlägt.

Samuelsons Zweifel

Samuelson selbst hatte starke Zweifel, inwieweit seine Analyse für eine modellhafte Darstellung der Märkte in der wirklichen Welt von Relevanz wäre, und publizierte sein Ergebnis erst zehn Jahre nachdem er darauf gekommen war. In dieser Publikation sagte er, er »gestehe, über die Jahre hinweg geschwankt zu haben ... zwischen der Ansicht, es sei trivial offensichtlich (und beinahe trivial nichtssagend), und der Ansicht, es sei bemerkenswert umwälzend«. Er hob hervor: »Die Anwendbarkeit des ... Modells auf die ökonomische Realität muss getrennt betrachtet werden von dem *logischen* Problem, was der implizierte Inhalt des Modells ist« (Samuelson, 1965b, S. 45, Hervorhebung hinzugefügt). Er warnte seine Leser davor, seinem Ergebnis zu viel Bedeutung beizumessen, und betonte:

Es beweist nicht, dass die tatsächlichen Wettbewerbsmärkte gut funktionierten ... oder dass Spekulation etwas Gutes wäre oder dass die Zufälligkeit von Kursveränderungen etwas Gutes wäre ... oder dass jemand, der durch Spekulation Geld verdient ... etwas Gutes für die Gesellschaft oder für irgendjemanden geleistet hätte, abgesehen von ihm selbst. All das oder nichts davon kann wahr sein, aber das würde eine andere Untersuchung erfordern. [Samuelson, 1965b. S. 48]

Samuelsons Zweifel nahmen viele der Schwierigkeiten vorweg, die einer Charakterisierung ökonomischer Resultate durch ein umfassendes Modell inhärent sind. Die Liste seiner Bedenken beginnt mit der Beobachtung, er habe »hier nicht diskutiert, woher die grundlegenden Wahrscheinlichkeitsverteilungen kommen sollen« (Samuelson, 1965b, S. 48). Wahrscheinlich fühlte er sich unwohl dabei, dass seine Grundverteilungen von der Annahme ausgehen, es ereigneten sich nie Veränderungen. In der Welt seines Modells ändern die Individuen nie die Art, wie sie über die Zukunft denken, und die Unternehmenserträge entwickeln sich für alle Zeit – Vergangenheit, Gegenwart und Zukunft – auf die gleiche Weise.

Es könnte sinnvoll sein anzunehmen, dass sich auf kurze Sicht in einigen Zeitabschnitten die Prognosestrategien der Marktteilnehmer (zumindest im Aggregat) und der Prozess, der die kausalen Variablen bestimmt, nicht sehr stark ändern. Aber früher oder später revidieren nach Profit strebende Individuen ihre Prognosestrategien, und die kausalen Variablen bewegen sich in Richtungen, die nicht mechanisch sind – und daher auch nicht vollständig im Voraus spezifiziert werden können. Auch mit der Existenz von Zufallsfehlerausdrücken ist eine einzelne bedingte Wahrscheinlichkeitsverteilung einfach nicht in der Lage, solche Veränderungen zu erfassen.

Nehmen wir zum Beispiel an, eine bedingte Wahrscheinlichkeitsverteilung, die den Aktienkurs eines Unternehmens in Verbindung setzt zu, sagen wir, seinen Gewinnen im vergangenen Jahr und dem gegenwärtigen Zinssatz, beschreibe adäquat die Prognosestrategie des Marktes in der jüngsten Vergangenheit. Beschlösse aber eine beträchtliche Zahl Marktteilnehmer heute, auch die Inflationsrate sei für die Prognose der künftigen Kurse relevant, dann würde die ursprüngliche stochastische Spezifizierung keine adäquate Charakterisierung der Marktprognosestrategie mehr liefern.

Das Problem ist, dass kein Teilnehmer, und schon gar kein Ökonom, vollständig vorhersehen kann, wie er die eigene Prognosestrategie in einem Jahr möglicherweise revidieren wird, ganz zu schweigen von noch ferneren Zeithorizonten. Um Karl Popper (1957, S. xii) zu paraphrasieren: »Keine Ge-

Luftschlösser:
Die Hypothese
effizienter
Märkte

sellschaft [oder Gruppe von Menschen, etwa Marktteilnehmer] kann künftige Wissensstände vorhersagen.«

Samuelson zeigte, dass sich aus der Annahme, eine übergreifende Verteilung könnte die Ergebnisse zu allen Zeiten erfassen, starke Schlussfolgerungen ergeben.[4] Aber er war der Erste, der warnte, ein solcher Ansatz habe keinerlei Verbindung zu dem, was Individuen und Märkte tatsächlich tun. Tatsächlich stellte er sogar die Grundlagen seines eigenen Marktmodells infrage:

> Sollen [die grundlegenden Wahrscheinlichkeitsverteilungen] ... zum Markt als Ganzes gehören? Und was bedeutet das? Sollen sie zu dem »repräsentativen Individuum« gehören, und wer ist das? Sind sie ein vertretbarer oder notdürftiger Kompromiss zwischen abweichenden Erwartungsmustern? [Samuelson, 1965b, S. 48]

Die Antwort, die Friedrich Hayek so klar verstanden hatte, lautet, dass niemand sie im Kopf hat. Die Teilnehmer an Finanzmärkten können es sich einfach nicht leisten, einer Prognosestrategie endlos lange anzuhängen. Veränderungen und das unvollkommene Wissen, das sie hervorrufen und widerspiegeln, führen unter den Teilnehmern in der Frage, wie sie über die Zukunft denken, zu Diversität. Wie es Hayek (1945, S. 519) ausdrückte: »Die Tatsache [ist], dass das Wissen über die Umstände, von dem wir Gebrauch machen müssen, nie in konzentrierter oder einheitlicher Form vorliegt, sondern immer nur als verstreute Stückchen unvollständigen und häufig widersprüchlichen Wissens, das all die einzelnen Individuen besitzen.«

Mit der Ableitung seines Martingal-Ergebnisses nahm Samuelson an, der Markt »kenne« die Wahrheit darüber, wie sich Kurse und Dividenden im Zeitablauf entwickeln. Die Teilnehmer haben dieses Wissen natürlich nicht, und Samuelson fragte sich, »in wessen Kopf [die grundlegenden Wahrscheinlichkeitsverteilungen] ex ante sind«, und ob es »irgendeine Bestätigung ex post« (Samuelson, 1965b, S. 48) für ihre Prognosestrategien gebe.

Sobald jedoch die Annahme fallen gelassen wird, der Markt sei allwissend, impliziert das Modell nicht mehr, dass der Kurs einer Aktie die korrekte Einschätzung ihres angeblich tatsächlichen intrinsischen Wertes liefert –

---

4 Manchmal lassen Ökonomen auch unterschiedliche Charakterisierungen des Prognostizierens zu unterschiedlichen Zeitpunkten zu. Solche Modelle vollständig prädeterminierter Veränderungen implizieren jedoch eine Charakterisierung der Ergebnisse durch eine einzelne übergreifende Verteilung. Siehe Fußnote 1 in Kapitel 3 für eine weitere Diskussion und Quellenangaben.

oder mithin, dass die Martingal-Eigenschaft zuträfe. Betrachten wir einen einfachen Fall: Nehmen wir an, der Markt erwartet, dass die Dividenden in jedem Zeitraum um 1 Prozent steigen, während die tatsächliche Wachstumsrate 2 Prozent beträgt. In jedem Zeitraum würde der Markt dann den Aktienkurs auf den Wert treiben, bei dem er, nach Berücksichtigung einer einprozentigen Wachstumsrate der Dividenden, erwartet, dass die Kurse im Verlauf des kommenden Zeitraums um 1 Prozent steigen werden. Dieser Kurs ist jedoch niedriger als sein intrinsischer Wert, der auf der höheren Dividendenwachstumsrate beruht. In jedem Zeitraum wären die Dividenden tendenziell höher als erwartet, und mithin würden auch die Kurse tendenziell schneller steigen als erwartet. Solche Kurssteigerungen stünden ganz klar in Verbindung mit den verfügbaren Informationen und würden somit die Martingal-Eigenschaft verletzen.

Samuelson selbst versuchte nicht, »zu diesen interessanten Fragen Stellung zu beziehen« (Samuelson, 1965b, S. 49), weder in seiner anfänglichen Publikation von 1965 noch in dem Anschlussartikel über den Aktienmarkt (Samuelson, 1973). Fama und andere Finanzökonomen jedoch glaubten, sie hätten in der Hypothese rationaler Erwartungen die richtigen Antworten gefunden.

Die illusorische Stabilität des »rationalen Marktes«

Befürworter der Hypothese effizienter Märkte meinen oft, sie impliziere einfach, nach Profit strebende Teilnehmer würden systematisches Kursverhalten rasch entdecken. Durch den Versuch, solches Verhalten auszunutzen, verursachten sie ein zufälliges Schwanken der Kurse um die intrinsischen Werte.

Vor der Revolution der rationalen Erwartungen argumentierten die Ökonomen für diese Behauptung auf informelle Weise. Milton Friedman zum Beispiel glaubte, Spekulation auf Devisenmärkten trage dazu bei, die Kurse um ihre fundamentalen Werte herum zu stabilisieren, denn anderenfalls würden »Spekulanten im Durchschnitt Geld ... verlieren [und] verkaufen, wenn der Kurs der Währung tief ist, und kaufen, wenn er hoch ist« (Friedman, 1953, S. 175).

Fama glaubte, auf einem effizienten Markt »wird der tatsächliche Kurs eines Wertpapiers eine gute Einschätzung seines intrinsischen Wertes darstellen«. Er wies allerdings darauf hin, dass

die intrinsischen Werte selbst sich über die Zeit verändern können ...
[aufgrund von] Dingen wie dem Erfolg eines laufenden Forschungs-
und Entwicklungsprojekts, einem Wechsel im Management, einem
Zoll, der dem Produkt der Branche von einem fremden Land auferlegt
wird, einem Anstieg der individuellen Produktion und jeder anderen
tatsächlichen oder erwarteten Veränderung bei einem Faktor, der die
Aussichten eines Unternehmens wahrscheinlich beeinflusst. [Fama.
1965, S. 56]

Folglich erkannte Fama (1965, S. 56) an: »In einer unsicheren Welt kann
der intrinsische Wert eines Wertpapiers niemals exakt bestimmt werden.«
Selbst wenn man mit einem vernünftigen Grad an Gewissheit die Gewinne
eines Unternehmens in der nächsten Periode schätzen könnte, wäre es tatsächlich niemandem möglich, mit Schätzungen, ganz zu schweigen von
Wahrscheinlichkeitsverteilungen, aufzuwarten, die diese Aussichten in
zehn oder zwanzig Jahren adäquat beschreiben würden. Sobald man Veränderungen und unvollkommenes Wissen einräumt,

ist immer Raum für Uneinigkeit unter den Marktteilnehmern hinsichtlich der Frage, was wohl der intrinsische Wert eines individuellen Wertpapiers ist, und solche Uneinigkeit wird Diskrepanzen zwischen den
tatsächlichen Kursen und den intrinsischen Werten aufkommen lassen.
[Fama, 1965, S. 56]

Trotzdem glaubte Fama (1965, S. 56): Wären solche Diskrepanzen »eher
systematisch als zufällig, [dann würden] die Teilnehmer versuchen, aus diesem Wissen Nutzen zu ziehen ... [und es] in Preisfolgen neutralisieren«.

Famas eigenen Aussagen zufolge gibt es keinen wahren intrinsischen
Wert, den ein Wettbewerb unter intelligenten Teilnehmern feststellen könnte. Daher wird der Markt selbst dann, wenn alle Teilnehmer ihre Handels-
entscheidung auf Schätzungen des intrinsischen Wertes basieren, nur irgendeinen gewichteten Durchschnitt dieser Schätzungen widerspiegeln.
Die Teilnehmer spekulieren zwar tatsächlich auf der Grundlage ihrer eigenen Gedanken und Ansichten, aber niemand kann intrinsische Werte exakt
bestimmen. Die Idee, Individuen handelten so, als ob sie Diskrepanzen zwischen tatsächlichen Kursen und intrinsischen Werten durch Arbitrage beseitigen könnten, hat einfach keine Bedeutung.

Wenn man nicht routinemäßige Veränderungen und die ewige Unvollkommenheit des Wissens anerkennt, wie es Fama tut, impliziert dies, dass
Finanzmärkte unvollkommene Schätzer für die Werte von Vermögensge-

Die illusorische
Stabilität des
»rationalen
Marktes«

genständen sind. Indem er jedoch die Hypothese rationaler Erwartungen und Samuelsons Martingal-Ergebnis aufgriff, kam Fama selbst, ebenso wie andere Finanzökonomen, zu einer völlig anderen Schlussfolgerung.

Die Hypothese rationaler Erwartungen verwandelte die Aussage der Hypothese effizienter Märkte, bei Vermögenswerten »›spiegeln‹ die Kurse die verfügbaren Informationen immer ›vollständig wider‹«, von einer beschreibenden Hypothese über die Märkte in eine anscheinend normative Theorie über die Märkte für Vermögenswerte mit einer zentralen Implikation: Abgesehen von Informationsasymmetrien und anderem Marktversagen seien die von »rationalen Individuen« bevölkerten Märkte stabil, in dem Sinne, dass sie die Kurse so festsetzten, dass sie zufällig um die intrinsischen Werte schwankten.

Die Stabilität rationaler Märkte hat zwei Implikationen. Erstens: Die Kurse sind im Durchschnitt korrekt mit dem kurz- und langfristigen Gewinnpotenzial eines Unternehmens verbunden. Sie enthüllen daher exakt, welche Unternehmen die besten Chancen haben, das gesellschaftliche Kapital produktiv einzusetzen. Wenn sich die Zukunftsaussichten eines Unternehmens verbessern, steigt sein Aktienkurs und versetzt es in die Lage, durch Ausgabe neuer Aktien höheres Kapital aufzubringen. In einer Welt rationaler Erwartungen versetzen die auf den Finanzmärkten erzeugten Preissignale die Gesellschaft in die Lage, eine nahezu perfekte Kapitalallokation vorzunehmen. Zweitens: Die Stabilität rationaler Märkte impliziert, dass die verfügbaren Informationen immer richtig in den Preisen widergespiegelt werden. Im Zeitablauf entwickeln sich die Erträge dann aber zufällig, sodass die verfügbaren Informationen nicht dazu genutzt werden können, konsequent überdurchschnittliche Erträge zu erzielen.

Die Hypothese rationaler Erwartungen schien die fehlende Rechtfertigung für die Annahmen hinter Samuelsons Martingal-Ergebnis zu liefern. Das tut sie allerdings nur in einer Welt rationaler Erwartungen. In diesem Luftschloss ereignen sich Kursbewegungen nur aufgrund neuer Informationen über die relevanten fundamentalen Variablen. Werden neue Informationen verfügbar, dann interpretieren die Kapitalanleger diese bei der Einschätzung des intrinsischen Werts einer Aktie alle richtig. Sollte ihre Einschätzung dieses Werts beispielsweise steigen, dann würden alle große Mengen Kapital auf die Erwartung setzen, dass der Aktienkurs so steigt, dass er seinem neuen geschätzten intrinsischen Wert entspricht. Diese Spekulationsversuche der Kapitalanleger würden den Aktienkurs sofort auf die neue Schätzung seines intrinsischen Wertes heben.

Fama (1976, S. 167) erkannte: Eine Verbindung der Hypothese effizienter Märkte mit der Hypothese rationaler Erwartungen liefert nicht »eine vollständig akkurate Sicht der Welt ... aber formale Tests erfordern formale Modelle«. Ende der 1970er-Jahre war die Hypothese, die Märkte seien effizient, zum Synonym der Vermutung geworden, »die Kurse von Vermögenswerten [werden] durch die Interaktion rationaler Handlungsträger bestimmt« (LeRoy, 1989, S. 1584).

Genau wie bei der Verwechslung zwischen der Hypothese rationaler Erwartungen und der Art, wie nach Profit strebende Individuen auf den Finanzmärkten tatsächlich ihre Prognosen bilden, wurde auch die Implikation, rationale Märkte setzten die Kurse so fest, dass sie zufällig um wahre Werte schwankten, durch die Behauptung zusammengefasst, die Märkte der wirklichen Welt seien stabil, sorgten für eine nahezu perfekte Kapitalallokation und wären somit im Durchschnitt nicht zu schlagen.

Da die Hypothese rationaler Erwartungen aber keinerlei Verbindung mit der Entscheidungsfindung nach Profit strebender Teilnehmer hat, stehen die Finanzökonomen genau da, wo sie auch schon vor der Revolution der rationalen Erwartungen standen: Für die starken Behauptungen der Hypothese effizienter Märkte über Marktstabilität und Perfektion klammern sie sich an informelle Argumente ohne jede Grundlage, ganz zu schweigen von wissenschaftlicher Fundierung.

Fama (1976, S. 168) argumentiert: »Was wir wirklich im Sinn haben ... ist ein Markt, wo es zwar Uneinigkeit unter den Kapitalanlegern gibt, wo aber die Kraft gemeinsamer Urteile ausreicht, um eine geordnete Anpassung der Kurse an neue Informationen herbeizuführen«. Aber was genau »gemeinsame Urteile« und »geordnete Anpassung« heißen soll und wie solche Phänomene zu Kursen führen könnten, die zufällig um imaginäre Werte schwanken, bleibt unbeantwortet.

Die Hypothese effizienter Märkte und Kursschwankungen

Die 2007 ausgebrochene globale Krise hat die Auffassung stark unterhöhlt, die Märkte für Vermögenswerte legten nahezu perfekte Kurse fest. Die Krise wurde ausgelöst und aufrechterhalten durch 2006 einsetzende lange und scharfe Abwärtsbewegungen bei den Preisen für Wohnimmobilien und Anteilskapital, denen lange Aufwärtsbewegungen vorangegangen waren, die die Preise auf ein sehr hohes Niveau getrieben hatten, verglichen mit den meisten Einschätzungen des üblichen Bezugsgrößenniveaus. Solche exzessiven Schwankungen sind im Kontext der Hypothese effizienter Märkte schwer zu begreifen.

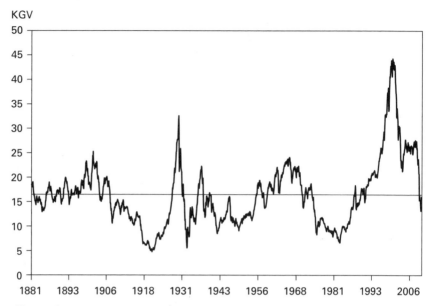

KGV

Abb. 5.1 S&P 500, Kurs-Gewinn-Verhältnis 1881–2009

Anmerkungen: Das monatliche Kurs-Gewinn-Verhältnis (KGV) basiert auf einem gleitenden historischen 10-Jahres-Durchschnitt der Gewinne und nutzt die Daten von Shiller (2000), die auf seiner Website aktualisiert werden. Die waagerechte Linie in der Abbildung ist der historische Durchschnitt des Kurs-Gewinn-Verhältnisses über die 128 Jahre der Stichprobe hinweg, der einem Wert von 16,4 entspricht.

Schon vor der Krise hatten die Ökonomen jedoch erkannt, dass alle Kurse, die durch die Kräfte von Angebot und Nachfrage frei bestimmt werden, eine Tendenz haben, lang anhaltende Schwankungen weg von und hin zu einem Bezugsgrößenniveau zu durchlaufen. Die Abbildungen 5.1 und 5.2 liefern nur zwei Beispiele dafür. Dargestellt werden der Kurs des S&P 500 im Verhältnis zu einem historischen 10-Jahres-Gewinndurchschnitt sowie der Wechselkurs der Deutschen Mark zum US-Dollar mit der Einschätzung eines typischen Bezugsgrößenniveaus.

Ökonomen haben viele Belege dafür entdeckt, dass solche Bezugsgrößenniveaus wie eine Art Anker für die Schwankungen der Kurse von Vermögenswerten funktionieren.[5] Letztlich werden Kursschwankungen dann vom Markt als exzessiv beurteilt, wenn sie das Niveau, das den Einschätzungen der Bezugsgröße entspricht, weit übersteigen oder stark unterschreiten; sol-

---

5 Wir diskutieren diese Belege in Kapitel 11.

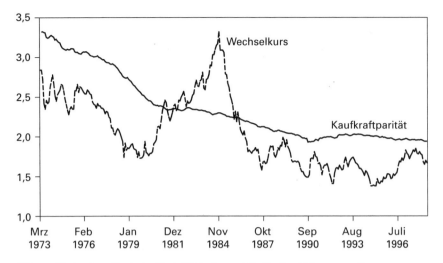

Abb. 5.2 Wechselkurs Deutsche Mark/US-Dollar und Kaufkraftparität 1973–1998
Anmerkungen: Der monatliche Wechselkurs Deutsche Mark/US-Dollar wird zusammen mit dem Wert seiner Kaufkraftparität dargestellt, welche impliziert, dass ein Dollar, der in New York oder Frankfurt ausgegeben wird, jeweils dieselbe Kaufkraft hat. Kaufkraftparitäten-Wechselkurse werden von Akademikern, politischen Entscheidungsträgern und Marktteilnehmern weithin als einfache Methode verwendet, um festzustellen, ob Wechselkurse über- oder unterbewertet sind.

chen Ausschlägen folgen dann nachhaltige Bewegungen zurück zu diesem Niveau. Wie es John Cochrane in einem Interview ausdrückte: »Wenn die Aktienkurse im Verhältnis zu den Gewinnen hoch sind – scheint das eine Phase niedriger Erträge anzuzeigen. ... Darin sind wir uns alle einig« (Cassidy, 2010b, S. 1).

Aber zur Verteidigung der Hypothese effizienter Märkte weisen ihre Befürworter darauf hin, dass eine solche »Volatilität der Aktienkurse allein die Effizienz des Marktes [nicht] widerlege« (Cochrane, 2009, S. 2). Schließlich wird ja angenommen, dass Nachrichten über Dividenden oder andere Informations-Variablen sowie Veränderungen der Abzinsungssätze zu Schwankungen der wahren intrinsischen Werte führen. Effiziente Märkte implizieren stabile Kurse nicht in dem konventionellen Sinn, dass sie nahezu »festgelegt« seien, sondern in dem Sinne, dass sie zufällig um die intrinsischen Werte schwankten.

Bei ihren Versuchen, die langen Schwankungen, die in den Abbildungen 5.1 und 5.2 sichtbar werden, mit dieser angenommenen Stabilität in

Die Hypothese effizienter Märkte und Kursschwankungen

Einklang zu bringen, haben Finanzökonomen behauptet, dass die intrinsischen Werte der Vermögensgegenstände selbst lange Schwankungen weg von und hin zu den Einschätzungen ihres gewöhnlichen Bezugsgrößenniveaus durchliefen. Dieser Ansicht zufolge entstehen solche nachhaltigen Bewegungen der wahren fundamentalen Werte aufgrund von Schwankungen der Abzinsungssätze, auf denen sie basieren.

Im Gegenwartswertmodell hängt der Abzinsungssatz nicht nur umgekehrt vom Zinssatz ab, sondern auch davon, wie die Individuen in ihrem Aggregat das Risiko beim Halten eines Vermögenswerts einschätzen, sowie von dem Grad, in dem sie Risiken scheuen. Sollten Risikoeinschätzung oder Grad der Risikoaversion der Individuen zum Beispiel fallen, dann würde dies den Extraertrag – die Prämie – senken, den sie über die festen Erträge sicherer Vermögenswerte hinaus zu verdienen erwarten und der sie dafür entschädigt, dass sie risikoreiche spekulative Aktienpositionen eingehen. Wenn die Risikoprämien der Individuen (und damit die Abzinsungssätze) fallen, dann wächst ihre Bereitschaft, Ansprüche auf ungewisse zukünftige Cashflows zu kaufen, die durch den Vermögensgegenstand erzeugt werden. Folglich steigt sein intrinsischer Wert.

Wie bei der Prognose zukünftiger Kurse nehmen die Modelle rationaler Erwartungen auch hier an, die Individuen könnten das Risiko von Vermögenswerten – typischerweise dargestellt mit Standardmaßen der Volatilität – im Durchschnitt korrekt vorhersehen. Seit Mehra und Prescott (1985) wissen die Ökonomen jedoch, dass die REH-basierten Risikoprämienmodelle mit dem Zeitreihenverhalten der Marktrisikoprämien krass unvereinbar sind. Selbst wenn in diese Modelle zyklische Variationen der Risikoeinstellung eingebaut werden, sind sie einfach nicht in der Lage, die Grundmerkmale der Daten auf den Märkten für Anteilskapital und andere Vermögenswerte zu erklären. Wie es zwei führende Finanzökonomen ausgedrückt haben: »Der traditionelle [rationale] Rahmen ist verlockend einfach ... [aber] nach jahrelangen Bemühungen ist klar geworden, dass sich die grundlegenden Tatsachen des aggregierten Aktienmarkts, der Querschnitt der Durchschnittserträge und das individuelle Handelsverhalten in diesem Rahmen nicht leicht verstehen lassen« (Barberis und Thaler, 2003, S. 1053).

Diesen Belegen zum Trotz beschwören die Befürworter der Hypothese effizienter Märkte auch weiterhin imaginäre Bewegungen der Marktrisikoprämien, um die Theorie mit langen Schwingungen auf den Märkten für Vermögenswerte in Einklang zu bringen. Auf den Märkten für Anteilskapital, so mutmaßen sie, könnte die Risikoaversion der Individuen gegenläufig zum Wirtschaftszyklus schwanken: »Die Bereitschaft der Menschen, Risi-

Luftschlösser:
Die Hypothese
effizienter
Märkte

ken auf sich zu nehmen … ist in wirtschaftlich schlechten Zeiten geringer« (Cochrane, 2009, S. 2). So wäre zum Beispiel der lange Aufschwung der Kurse für Anteilskapital in den USA in den 1990er-Jahren deshalb zustande gekommen, weil der damalige Wirtschaftsboom die Risikobereitschaft der rationalen Marktteilnehmer angeblich erhöht hätte, was wiederum zu stetig steigenden intrinsischen Werten geführt hätte. Aus demselben Grund hätte die im zweiten Quartal 2001 ausgebrochene Rezession angeblich die Risikofreude der Teilnehmer gedämpft und damit verursacht, dass die intrinsischen Werte zu jener Zeit fielen.

Obwohl diese Darstellung einen Anschein von Plausibilität aufweist, ist sie doch weitgehend unvereinbar mit den empirischen Belegen. Das ist wenig überraschend, wenn man weiß, dass REH-basierte Risikoprämienmodelle, konfrontiert mit Zeitreihenbelegen, in einer Studie nach der anderen verworfen wurden. Finanzökonomen verweisen immerhin auf einige empirische Studien, die berichten, dass die Einschätzungen der Risikoprämien auf den US-Märkten für Anteilskapital sich entgegengesetzt zum Wirtschaftskreislauf bewegten, während sich das Kurs-Gewinn-Verhältnis und andere Bewertungsmaßstäbe prozyklisch bewegten (siehe Fama und French, 1989).

Das Timing der Kursschwankungen lässt sich mit der Wirtschaft jedoch einfach nicht auf eine Weise in Einklang bringen, die mit der Risikoprämiendarstellung der konventionellen Ökonomen übereinstimmen würde. So begann zum Beispiel der lange Aufschwung der Kurse in den USA schon weit vor den 1990er-Jahren und hielt während der Rezession 1991 weitgehend unvermindert an. Darüber hinaus ging der Mitte 2000 einsetzende lange Abschwung bei den Kursen dem Abschwung von Wirtschaft und Beschäftigung in den USA um ein Jahr voraus. Hätte eine antizyklische Risikoprämie die Kursschwankungen in diesen Phasen bestimmt, dann hätten wir dagegen 1991 bei den Aktienkursen eine signifikante Abwärtsbewegung sehen müssen, und der Mitte 2000 begonnene Abschwung hätte nicht vor Mitte 2001 einsetzen dürfen.

Es gibt ein weiteres Problem mit den statistischen Untersuchungen, die zur Stützung der Ansicht der Hypothese effizienter Märkte über die langen Schwankungen verwendet wurden: Sie basieren auf Schätzmodellen, die von unveränderten Mustern bei den Daten in Stichproben von bis zu sechs Jahrzehnten hinweg ausgehen. Über so lange Zeiträume hinweg verändern sich zwangsläufig die Beziehungen, die beschreiben, wie die Teilnehmer Risiken prognostizieren, und die Korrelationen in den Daten. Wenn man einem statistischen Modell Stabilität auferlegt, dann vermischt man damit

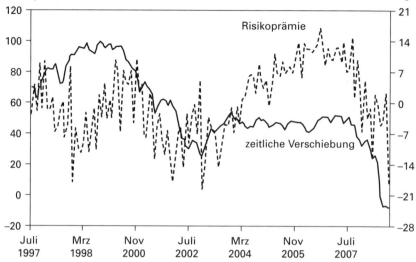

Risikoprämie   Zeitliche Verschiebung

Abb. 5.3 Risikoprämie des Aktienmarkts und zeitliche Verschiebung, 1997–2008
Quelle: Zheng (2009).
Anmerkungen: Durch Regression der tatsächlichen zukünftigen Aktienerträge und deren Abzinsung sowie mittels Shillers (2000) Kurs-Gewinn-Verhältnis stellt man die Höhe der Marktrisikoprämie annäherungsweise dar. Die Abstandsvariable basiert auf Abweichungen dieses Verhältnisses von seinem historischen Durchschnittswert 16,4.

nur Daten aus verschiedenen Zeiträumen mit unterschiedlichen Beziehungen und verdeckt wahrscheinlich die zugrunde liegenden Muster.[6]

Zheng (2009) und Mangee (2011) liefern empirische Belege, die nahelegen, dass dies in der Tat der Fall ist. Durch die Verwendung von Monatsdaten finden sie Instabilität in der Beziehung, die die Marktrisikoprämie für Aktien bestimmt. Sobald Zheng (2009) diese Instabilität zulässt, erhält sie Resultate, die deutlich von denen früherer Studien abweichen. Abbildung 5.3 stammt aus dieser Studie, die sich auf den Zeitraum zwischen Mitte 1997 und Ende 2008 konzentriert. Die Abbildung legt nahe, dass die geschätzte Risikoprämie tendenziell eher im Einklang mit Schwankungen des Kurs-Gewinn-Verhältnisses relativ zur Bezugsgröße – dem Abstand – steigt und fällt als gegenläufig dazu.

6 Wir kommen auf dieses Problem, das die meisten statistischen Untersuchungen in der Markoökonomie belastet, in Kapitel 11 zurück, wo wir die empirischen Belege diskutieren, die Befürworter der Hypothese effizienter Märkte als starke Unterstützung ihrer Theorie interpretiert haben.

Luftschlösser:
Die Hypothese
effizienter
Märkte

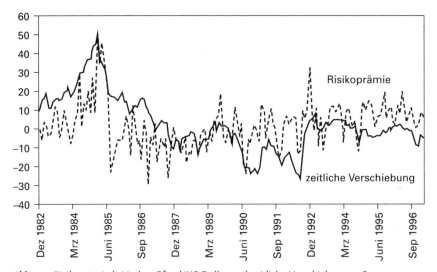

Abb. 5.4 Risikoprämie britisches Pfund/US-Dollar und zeitliche Verschiebung, 1982–1997
Quelle: Frydman und Goldberg (2007).
Anmerkungen: Die Marktrisikoprämie wird vertreten durch Verwendung von Umfragedaten von Money Market Services International, die wöchentliche Umfragen zu den Ein-Monats-Wechselkursprognosen der Marktteilnehmer durchgeführt haben. Für mehr Details siehe Frydman und Goldberg (2007, Kapitel 12).

Eine positive Beziehung zwischen Marktrisikoprämie und dem Abstand zwischen dem Kurs des Vermögenswertes und den Einschätzungen seines Bezugsgrößenniveaus wird auch in Frydman und Goldberg (2003, 2007), Cavusoglu et al. (2009) und Stillwagon (2010) gefunden, die gemeinsam 14 Devisenmärkte in entwickelten und Entwicklungsländern untersuchen. Abbildung 5.4 stellt die monatliche Risikoprämie zusammen mit dem Abstand zwischen dem Wechselkurs britisches Pfund/US-Dollar und der Kaufkraftparität dar. Die Neigung der Währungsrisikoprämie, sich mit der Schwankung des Wechselkurses im Verhältnis zur Bezugsgröße Kaufkraftparität mitzubewegen, ist auffällig.

Diese Belege für gleichlaufende Bewegungen der Prämie mit den Kursen der Vermögenswerte ist krass unvereinbar mit den Versuchen von Befürwortern der Hypothese effizienter Märkte, lange Schwankungen auf den Märkten für Anteilskapital als Bewegungen des REH-basierten intrinsischen Wertes darzustellen. Wenn ihre Darstellung die Preisschwankungen in Abbildung 5.1 erklären soll, dann müsste die Prämie mit steigenden Prei-

Die Hypothese
effizienter
Märkte und
Kursschwankungen

sen fallen und umgekehrt. Die Belege zeigen jedoch, dass die Beziehung gerade umgekehrt ist.[7]

Die umfangreich dokumentierten Schwierigkeiten der Hypothese effizienter Märkte und der Standardmodelle rationaler Erwartungen, Kursschwankungen von Vermögenswerten zu erklären, hat eine enorme Menge Untersuchungen sowohl konventioneller als auch behavioristischer Ökonomen ausgelöst. Bei der Entwicklung alternativer Modelle folgten die meisten Ökonomen der heutigen Auffassung ihrer Wissenschaft und beschränkten sich auf vollständig prädeterminierte Erklärungen für die Schwankungen. Sie hielten auch ihre Überzeugung aufrecht, informationstransparente Wettbewerbsmärkte, bestehend aus rationalen Individuen, würden die Kurse der Vermögenswerte so festsetzen, dass sie zufällig um ihre intrinsischen Werte schwankten. Diese Überzeugungen führten sowohl konventionelle als auch behavioristische Ökonomen dazu, Kursschwankungen als Blasen zu betrachten, die sie als Abweichungen von diesen angeblich wahren fundamentalen Werten darstellen.

7 Diese empirischen Ergebnisse legen nahe, dass der Schlüsselfaktor für die Charakterisierung, wie Teilnehmer das Risiko spekulativer Positionen einschätzen, nicht in Standardmaßen für Volatilität liegt, sondern in der Wahrnehmung der Teilnehmer, wie die Kurse von Vermögenswerten von den üblichen Bezugsgrößenniveaus abweichen. Diese Beobachtung hat zur Entwicklung eines IKE-Modells für Bullen- und Bärenrisikoprämien geführt, das dieses Verhalten erfasst. Wir skizzieren dieses Modell in Kapitel 10.

6.
Das Märchen, Kursschwankungen seien Blasen

Die 2007 ausgebrochene globale Finanzkrise hat viele Beobachter dazu veranlasst, die Relevanz der heutigen makroökonomischen und finanzwissenschaftlichen Theorie für das Verständnis ökonomischer Ergebnisse und als Leitlinie für die Politik infrage zu stellen. Viele Ökonomen haben auch erkannt, dass ihre Darstellungen des individuellen Verhaltens und der Märkte fehlerhaft sind. Standhaft bleiben sie jedoch bei der Überzeugung, sie müssten auch weiterhin nach besseren und sogar noch umfassenderen vollständig prädeterminierten Erklärungen der Ergebnisse suchen.[1]

Gewiss haben die Schwankungen an den Märkten für Wohnimmobilien, Anteilskapital etc., die oft für die Krise verantwortlich gemacht werden, den Glauben beträchtlich untergraben, dass Finanzmärkte, bevölkert von rationalen Teilnehmern, für eine nahezu perfekte Allokation des gesellschaftlichen Kapitals sorgen könnten. Trotzdem dienen auch weiterhin Erklärungen intrinsischer Werte von Vermögensgegenständen auf Basis rationaler Erwartungen als Grundlage für die modellhafte Darstellung von Schwankungen bei Kursen und Risiken. So stellen die Ökonomen sie bei der modellhaften Nachbildung von Kursschwankungen von Vermögenswerten zum Beispiel als mechanische Abweichungen von den REH-basierten, angeblichen wahren Werten von Projekten und Unternehmen dar.

So unterschiedlich die Ansichten von »rationalen Märkten« und Blasen daher auch erscheinen mögen, so teilen sie doch die Kernannahmen der heutigen makroökonomischen und finanzwissenschaftlichen Theorie.

---

1 So übersah zum Beispiel Krugman (2009) die Möglichkeit, dass das Beharren der Ökonomen auf vollständig prädeterminierten Erklärungen der Marktergebnisse vielleicht überdacht werden sollte. Krugman gab eine weithin geteilte Überzeugung wieder, als er den Vorschlag machte, eine Ergänzung der makroökonomischen Modelle rationaler Erwartungen durch eine mechanistische Erklärung auch des Finanzsektors, wie Bernanke et. al. (1999) es getan hatten, könnte solche Modelle relevant für das Verständnis der Ergebnisse und als Leitlinie für die Politik machen. Für weitere Anmerkungen zu diesem Punkt siehe Fußnote 17 in Kapitel 1.

Beide stellen wahre intrinsische Werte unter der Hypothese rationaler Erwartungen dar und charakterisieren Kursbewegungen mit vollständig prädeterminierten Modellen. Im Ergebnis liefern beide Ansätze – Modelle rationaler Märkte mit ihren stabilen Kursen um angeblich »wahre« fundamentale Werte ebenso wie Blasenmodelle mit ihrer Darstellung, die Schwankungen seien Abweichungen von diesen Werten – verfälschte Erklärungen für die Bewegungen der Kurse und Risiken auf den Märkten der wirklichen Welt.

Neuerfindung der Irrationalität

Die Vorhersagen eines modernen makroökonomischen Modells für den Kurs eines Vermögenswertes hängen von seinen Annahmen über das Prognoseverhalten der individuellen Anleger ab. Wie wir gesehen haben, nehmen die Modelle rationaler Erwartungen an, die Individuen handelten, als ob alle gemäß dem umfassenden Modell des Ökonomen selbst prognostizierten, dessen Vorhersagen für den Marktkurs und für das Verhalten, das es den Individuen zuschreibt, zwangsläufig ein und dasselbe sind. Im Unterschied dazu untersuchen behavioristische mathematische Finanzmodelle die Folgen, wenn eine solche Modellkonsistenz nicht auferlegt wird, und werden daher weithin so interpretiert, als erfassten sie Abweichungen von einer vollständigen Rationalität. Aber alle umfassenden Modelle können, wie es Lucas (2001, S. 21) auf unvergessliche Weise ausgedrückt hat, »in einen Computer eingegeben und durchgeführt werden«. Daher sind sie selbst als eine grobe Annäherung schlicht und einfach die falschen Erklärungen für ökonomische Ergebnisse, da diese von nicht routinemäßigen Veränderungen bestimmt sind.

Nirgendwo sind solche Veränderungen wichtiger als auf den Finanzmärkten. Daher hat eine Konsistenz zwischen dem individuellen und dem aggregierten Niveau in einem vollständig prädeterminierten Modell keinerlei Bezug zu den Märkten der wirklichen Welt, und Inkonsistenz in diesen Modellen ist kein Symptom für Abweichungen von vollständiger Rationalität auf diesen Märkten. Eine Konsistenz vollständig im Voraus spezifizierter Prognosestrategien mit der Darstellung der aggregierten Ergebnisse durch einen Ökonomen geht, um es ganz direkt zu sagen, an der Sache vorbei. Wenn man den Marktteilnehmern solche Strategien unterstellt, dann nimmt man einfach an, sie hätten es alle aufgegeben, nach neuen Profitmöglichkeiten zu suchen.

Gewiss sind Psychologie und Emotionen wichtig für ein Verständnis, wie Individuen ihre Entscheidungen treffen, und die Verhaltensökonomen haben bedeutende Einsichten über dieses Verhalten beigesteuert. Aber da sie diese Einsichten mit umfassenden mechanischen Regeln formalisieren, charakterisieren ihre Modelle keine Abweichungen von vollständiger Rationalität, sondern sind nur alternative Darstellungen offensichtlich irrationalen Verhaltens.

Blasen in einer Welt rationaler Erwartungen: Mechanisierung der Massenpsychologie

Die Vorstellung, die Marktteilnehmer könnten die Kurse von Vermögenswerten mitunter weit über den Wert hinaus treiben, der auf ihren Fundamentaldaten beruht, weil Massenpsychologie und Manie sie dazu verleitet hätten, immer weiter steigende Kurse zu erwarten, hat in Ökonomie und Massenmedien lange Tradition.[2] Als zwei der besten Beispiele für rein spekulative Blasen werden oft die sogenannte »Tulpenmanie« in Holland in den 1660er-Jahren und die Südseeblase der 1700er-Jahre angesehen, bei denen es um Spekulation mit exotischen Zwiebelarten bzw. Staatsschulden ging.

Diese Ereignisse legen nahe, dass Massenpsychologie und Manien auf manchen Märkten hin und wieder eine Rolle spielen können. Aber ein Rückgriff auf Manien zur Erklärung von Kursschwankungen auf den Märkten für wichtige Vermögenswerte, wie Aktien, Anleihen oder Devisen, unterstellt, lange Aufwärtsbewegungen wären eine Abweichung von den sonstigen, normalen Zeiten, in denen die Märkte die Kurse dieser Vermögenswerte gemäß ihren angeblich wahren fundamentalen Werten festlegten. In Wirklichkeit aber sind lange Schwankungsbewegungen, wie sie in den Abbildungen 5.1 und 5.2 gezeigt werden, die Regel, nicht die Ausnahme.

Modelle »rationaler Blasen« ignorieren diese Beobachtung und versuchen, die dramatischen Aufwärtsbewegungen, die mitunter die Kurse von Vermögenswerten charakterisieren, unter Beibehaltung der Hypothese rationaler Erwartungen zu erklären. In diesen Modellen kann Massenpsychologie die angeblich rationalen Individuen dazu verleiten, die Bedeutung des intrinsischen Wertes eines Vermögensgegenstands bei der Prognose der künftigen Kurse herunterzuspielen, obwohl sie doch annahmegemäß Einblick in den angeblich wahren Prozess haben, der diesen Wert bestimmt.

2 Für eine exzellente Geschichte der Finanzkrisen aus diesem Blickwinkel siehe Kindleberger (1996).

117

Blasen in einer
Welt rationaler
Erwartungen:
Mechanisierung der
Massenpsychologie

In den einfachsten Modellen gelangen alle Anleger mitunter zur Überzeugung, alle anderen erwarteten, der Kurs eines Vermögenswertes werde, über aufeinanderfolgende Perioden, zunehmend über den Wert hinauswachsen, den sie alle für seinen intrinsischen Wert halten. Diese Prognose erfüllt sich dann zum Teil deswegen selbst, weil die Prognosen aller Marktteilnehmer diese Überzeugung verkörpern: Der Preis bewegt sich im Schnitt stetig weg vom angenommenen fundamentalen Wert. Die Hypothese rationaler Erwartungen geht sogar so weit anzunehmen, dass die Individuen so handelten, als hätten sie ein umfassendes Modell nicht nur für den intrinsischen Wert eines Vermögensgegenstands, sondern auch dafür, wie sich die Massenpsychologie tatsächlich entwickelt, wenn sie vom Markt Besitz ergreift.

Was die Individuen dazu veranlasst haben könnte zu denken, Massenpsychologie hätte begonnen, den Kurs eines Vermögenswerts zu beeinflussen, wird im Modell nicht spezifiziert. Vermutlich kann eine Reihe aufeinanderfolgender Kurssteigerungen zu Aufgeregtheit und einer Art Manie hinsichtlich der Möglichkeit führen, dass der Kurs geraume Zeit weiter steigen werde.

Von all solchen Blasenbildungen wird angenommen, dass sie schließlich enden. Was ihr Platzen auslöst, wird aber üblicherweise genauso wenig spezifiziert wie das, was ihre Entstehung bewirkt hat. Das Modell nimmt lediglich an, dass irgendein äußeres Ereignis das Abklingen der Manie auslöst. Wenn das passiert, wird angenommen, dass sie sich vollständig auflöst, womit impliziert wird, dass der Kurs des Vermögenswertes sofort wieder auf das Niveau seines pseudointrinsischen Werts stürzt, den die Hypothese rationaler Erwartungen impliziert. Sobald eine Blase platzt, wird also angenommen, der Markt gehe wieder dazu über, die Kurse der Vermögenswerte nahezu perfekt gemäß ihren angeblich wahren Werten zu setzen.

Die Gültigkeit unseres Arguments, Modelle rationaler Erwartungen charakterisierten krass irrationales Verhalten, wird nicht beeinträchtigt, wenn Massenpsychologie in die Analyse einbezogen wird. Im Gegenteil ist schwer zu ergründen, wie jemand ein so ephemeres Phänomen prognostizieren sollte, geschweige denn glauben, es werde sich im Zeitablauf entsprechend einer umfassenden mechanischen Regel entwickeln.

Wie alle REH-basierten Modelle haben auch die Blasenmodelle rationaler Erwartungen mit empirischen Problemen zu kämpfen. Bei einer Blase wird angenommen, dass die Kurse stetig stiegen, abgesehen von einigen Zufallsbewegungen in die entgegengesetzte Richtung. Die dramatischen Aufwärtsbewegungen jedoch, die in den Abbildungen 5.1 und 5.2 gezeigt werden, beinhalten alle ausgedehnte Phasen, in denen der Kurs eine anhaltende, wenn auch partielle Bewegung zurück zu seinem Bezugsgrößenwert durchläuft.

Betrachten wir einmal die lange Aufwärtsbewegung beim Wechselkurs Deutsche Mark/US-Dollar, die in der ersten Hälfte der 1980er-Jahre auftrat. Im Januar 1983 hatte der Dollarkurs begonnen, sich weit über die meisten Schätzungen für seinen Bezugsgrößenwert zu erheben. In den folgenden zwei Jahren stieg der Wechselkurs von 2,37 auf 3,40, was eine weitere Dollar-Aufwertung um 44 Prozent bedeutete. Auf dem Höhepunkt war der Dollar im Verhältnis zur Kaufkraftparität um grob 60 Prozent überbewertet. Wie bei den meisten derart dramatischen Aufwärtsbewegungen bezeichneten Ökonomen und andere diesen Dollaranstieg als Blase (siehe z.B. Frankel, 1985; Krugman, 1986).

Abbildung 6.1 stellt den Wechselkurs Deutsche Mark/US-Dollar in der Zeit dieser angeblichen Blase dar und zeigt mehrere Phasen, in denen sich der Wechselkurs anhaltend, wenn auch partiell zurück zur Kaufkraftparität bewegte. Am 9. Januar 1984 zum Beispiel trat der Markt in eine neunwöchige Phase ein, in der der Dollar stetig fiel, von 2,84 auf 2,55 (Punkte A und B in der Abbildung). Tatsächlich fiel der Dollar in acht der neun Wochen dieses Zeitraums. Wäre die lange Aufwärtsbewegung tatsächlich auf Massen-

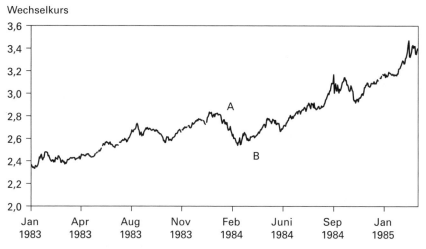

Abb. 6.1 Schwankung des Wechselkurses Deutsche Mark/US-Dollar 1983–1985

Blasen in einer
Welt rationaler
Erwartungen:
Mechanisierung der
Massenpsychologie

psychologie und Manie zurückzuführen gewesen, hätte sie sich Anfang 1984 sicherlich aufgelöst. Aber dem Blasenmodell rationaler Erwartungen zufolge hätte der Dollar dann sofort auf seinen fundamentalen Wert zurückstürzen müssen. Es ereignete sich aber kein solcher Sturz, und Mitte März 1984 nahm der Dollar seinen langen Aufwärtstrend wieder auf.

Die Blasenmodelle rationaler Erwartungen scheitern auch, wenn sie lange Abwärtsbewegungen erklären wollen, die Kurse von Vermögenswerten mitunter charakterisieren. Zunächst einmal erzeugen diese Blasenmodelle, da die Abwärtsbewegungen nach dem Platzen der Blase annahmegemäß einen Sturz zurück auf die pseudointrinsischen Werte beinhalten, die von der Hypothese rationaler Erwartungen impliziert sind, keine lang anhaltenden Bewegungen unter die pseudointrinsischen Werte.[3] Natürlich gibt es Episoden, in denen Kurse im Verlauf eines einzigen Tages in großem Ausmaß fallen – zum Beispiel der dramatische Rückgang der US-Aktienkurse am 24. Oktober 1929 (»Schwarzer Donnerstag«) und am 19. Oktober 1987 (»Schwarzer Montag«). Aber den langen Aufwärtsbewegungen, die in den Abbildungen 5.1 und 5.2 gezeigt werden, folgen meist länger anhaltende Abwärtsbewegungen, die Jahre andauern. Als zum Beispiel die Preise für US-Aktien im September 1929 und März 2000 ihre Höchststände erreichten und zu fallen begannen, erreichten sie ihre Tiefstände in beiden Fällen erst grob drei Jahre später.[4]

Die Häufigkeit, Dauer und Ungleichmäßigkeit, die solche Auf- und Abwärtsbewegungen kennzeichnen, die wir bei Kursen von Vermögenswerten tatsächlich beobachten, zeigen, dass Blasenmodelle rationaler Erwartungen auch nicht annähernd eine Beschreibung der Schwankungen auf diesen Märkten liefern.

Eine verführerische Schilderung von Verhaltensblasen

Verhaltensökonomen versuchen, in ihre Modelle Beobachtungen einzubauen, wie sich Marktteilnehmer tatsächlich verhalten. Sie haben erkannt,

---

3 Schrumpfende Blasen rationaler Erwartungen werden ausgeschlossen, da sie das Potenzial hätten, die Kurse auf Null zu senken, was impliziert, dass solche Abwärtsbewegungen nie beginnen könnten.

4 Für eine ökonometrische Analyse der Unfähigkeit der Blasenmodelle rationaler Erwartungen, die Kursschwankungen auf Devisenmärkten zu erklären, siehe Frydman et al. (2010b).

dass Kursschwankungen, auch wenn von Zeit zu Zeit kollektive Manien auftreten mögen, doch ein inhärentes Merkmal der Märkte für Vermögenswerte sind und daher nicht auf Grundlage außergewöhnlicher Vorfälle von Massenpsychologie erklärt werden können. Diese Beobachtung hat sie dazu veranlasst, zur Erklärung langer Schwankungen weniger ungewöhnliche Muster der Entscheidungsfindung zu suchen.

Eine der wichtigsten Erkenntnisse, die in der Literatur betont werden, stammt aus Umfragen unter professionellen Marktteilnehmern zu ihren Handelsstrategien. Diese Umfragen zeigen, dass eine Verwendung technischer Handelsstrategien weit verbreitet ist, dass sich also viele Teilnehmer, zumindest teilweise, auf solche verlassen, wenn sie ihre Handelsentscheidungen treffen. Viele dieser sogenannten »Chartisten«-Strategien bedeuten nichts anderes als die Extrapolation von Preistrends der Vergangenheit auf die eine oder andere Weise (siehe Schulmeister, 2003, 2006). Folglich erschien eine Formalisierung der Verwendung solcher Strategien als besonders nützlicher Weg zur modellhaften Abbildung der Kursschwankungen von Vermögenswerten.

Die behavioristischen Modelle nutzen auch die Ergebnisse vieler kontrollierter Experimente, in denen die auszahlungsrelevanten Resultate ungewiss sind. Die Ergebnisse zeigen, dass die Entscheidungsfindung der Individuen tendenziell von dem abweicht, was auf Grundlage von Standardwahrscheinlichkeitsregeln erwartet würde. Diese Abweichungen zeigen oft Muster. Zum Beispiel neigen Individuen, wenn sie neue Informationen erhalten, dazu, ihre Überzeugungen über die Wahrscheinlichkeit der ungewissen Ergebnisse nur relativ langsam zu ändern, verglichen mit dem, was die Gesetze der Wahrscheinlichkeit implizieren würden – ein Phänomen, das kognitive Psychologen als »Konservatismus« bezeichnen (siehe Edwards, 1968; Shleifer, 2000). In der Interpretation der Psychologen legen solche Muster nahe, die Individuen verließen sich zur Unterstützung ihrer Entscheidungsfindung in einer ungewissen Welt auf nützliche heuristische Methoden. Auf den Märkten der wirklichen Welt ist für die Marktteilnehmer die Neigung sinnvoll, Prognosestrategien nur stückweise und moderat zu revidieren, angesichts der Tatsache, dass nie klar ist, welche neue Strategie sie nun verwenden sollten.

Und obwohl Verhaltensökonomen und Psychologen eine enorme Menge Belege gesammelt haben, dass Individuen nicht gemäß dem Rationalitätsstandard der heutigen Ökonomen handeln, verwenden viele behavioristische Blasenmodelle dennoch die Hypothese rationaler Erwartungen, um die Entscheidungsfindung einer Gruppe sogenannter »cleverer« oder »informierter« Anleger darzustellen.[5] Damit verkörpern diese Modelle dieselbe Grunddarstellung, die auch der Hypothese effizienter Märkte zugrunde liegt: Wäre der Markt einzig von »intelligenten Anlegern« bevölkert (Fama, 1965, S. 56), dann entspräche der Kurs des Vermögenswerts grob seinem »wahren« intrinsischen Wert.

Um Blasenbewegungen weg von den pseudointrinsischen Werten des Modells zu erzeugen, nimmt der Ökonom die Anwesenheit sogenannter »irrationaler« oder »uniformierter« Spekulanten an. Diese Individuen sind »animalischen Stimmungen, Moden, Überzuversicht und verwandten psychologischen Neigungen unterworfen, die zu Momentum Trading führen können« (Abreu und Brunnermeier, 2003, S. 173). Das Prognoseverhalten der Uninformierten wird oft mithilfe einer oder mehrerer technischer Handelsregeln dargestellt, die diese Teilnehmer auf mechanische Weise nutzen und die ehemalige Kurstrends extrapolieren. Dies verleitet die Uninformierten dazu, die Kurse hochzutreiben, selbst wenn sie bereits oberhalb der Einschätzung »cleverer« Anleger für die intrinsischen Werte liegen sollten.

Durch ihre Darstellung, eine Verwendung charttechnischer Regeln erfolge rein mechanisch, verwandeln die Verhaltensökonomen eine sinnvolle heuristische Methode, die Einschätzungen auf Grundlage des inhärent unvollkommenen Wissens ersetzen kann, in eine Strategie, die offensichtlich unvereinbar mit allem ist, was auf den Märkten der wirklichen Welt jeder als ein auch nur minimal vernünftiges Verhalten betrachten würde: Die Teilnehmer schauen angeblich nie auf nicht routinemäßige Veränderungen und bleiben für alle Zeiten ihrer mechanischen, technischen Handelsstrategie treu.

Grenzen der Arbitrage: ein Artefakt mechanistischer Theorien

Das Beharren auf umfassenden Modellen führt noch zu einer weiteren Schwierigkeit. Wäre es wirklich der Fall, dass clevere Kapitalanleger die »wahren« fundamentalen Werte der Vermögensgegenstände grob kennen würden, dann müssten sie ja eigentlich bereit sein, große Mengen Kapital

5 Zu den bedeutenden behavioristischen Blasenmodellen gehören Frankel und Froot (1987) und DeLong et al. (1990b). Für jüngere Modelle siehe Abreu und Brunnermeier (2003) und De Grauwe und Grimaldi (2006). Frankel und Froot (1987) und De Grauwe und Grimaldi (2006) nehmen an, alle Händler hätten, ohne Anwendung ihrer charttechnischen Regeln, Einblick in das, was das wahre umfassende Modell wäre, das den Kurs des Vermögenswerts mit den Fundamentaldaten in Verbindung setzt.

auf alle Abweichungen von diesen Werten zu setzen. Aber täten sie das, dann würden sie mit ihren Geboten bewirken, dass die Kurse zufällig um ihre angeblich wahren Werte schwanken, was wiederum implizierte, dass keine Blasen aufträten, trotz der Anwesenheit uninformierter oder »weniger intelligenter« Händler.

Diese Schwierigkeit hat zu vielen Untersuchungen darüber geführt, warum clevere Kapitalanleger nicht immer einfach alle Abweichungen von den angeblich wahren intrinsischen Werten durch Arbitrage beseitigen. Die Literatur über Modelle sogenannter »Grenzen der Arbitrage« in einer vollständig prädeterminierten Welt zeigt, dass die cleveren Individuen dieser Ökonomen, wenn sie risikoscheu sind, freiwillig die Kapitalmenge beschränken, die sie auf eine Rückkehr der Kurse zu ihren angeblich wahren intrinsischen Werten setzen.[6] Die cleveren Anleger wissen annahmegemäß von der Anwesenheit der uninformierten Spekulanten, deren Handelsverhalten das Risiko für die Arbitragepositionen der Anleger erhöht. Dieses Risiko begrenzt die Größe dieser Positionen noch weiter und ermöglicht, dass das Handelsverhalten der Momentum-Spekulanten eine Blase erzeugt.[7]

Die Ökonomen haben ihren Blick auch auf verschiedene institutionelle Merkmale des Handels auf den Märkten der wirklichen Welt geworfen, als sie ihre Modelle für Grenzen der Arbitrage entwarfen. So betonen sie zum Beispiel, dass sich alle Marktteilnehmer mit diversen Kapitalbeschränkungen konfrontiert sehen, welche die Größe sowohl ihrer langfristigen als auch ihrer kurzfristigen Positionen begrenzen. Abreu und Brunnermeier (2003) nahmen bei ihren »rationalen« Anlegern sowohl solche Beschränkungen als auch asymmetrische Information an. In ihrem Modell können Momentum-Händler eine Blase erzeugen. Das angenommene Informationsproblem führt zu zwei Arten cleverer Anleger: solchen, die wissen, dass sich eine Blase gebildet hat, und solchen, die das nicht wissen. Schließlich steigt der Kurs aber so hoch, dass eine ausreichende Zahl cleverer Anleger die Blase erkennt, worauf die Blase platzt und die cleveren Anleger den Kurs zurück auf seinen pseudointrinsischen Wert treiben. In diesem Modell ist auch die Möglichkeit vorgesehen, dass die cleveren Anleger, die von der Blase erfahren, die Abweichung des Kurses von seinem angeblich wahren fundamentalen Wert nicht durch Arbitrage beseitigen. Stattdessen könnten

6 Siehe Gromb und Vayanos (2010) für einen Überblick über diese Literatur.
7 Für empirische Belege, dass die Bedeutung charttechnischer Regeln und des Momentum Trading bei weitem nicht so groß ist wie oft angenommen und sich während der exzessiven Phase von Schwankungen in Wirklichkeit sogar verringert, siehe Kapitel 7.

Grenzen der
Arbitrage:
ein Artefakt
mechanistischer
Theorien

sie zunächst auf eine Fortsetzung der Aufwärtsbewegung setzen, um »auf der Blase zu reiten, obwohl sie wissen, dass die Blase [schließlich] platzen wird« (Abreu und Brunnermeier, 2003, S. 175).[8]

Das Problem mit Verhaltensblasen

Die Notwendigkeit, im Modell Grenzen der Arbitrage darzustellen, entsteht natürlich nur dadurch, dass Ökonomen annehmen, die Kurse von Vermögenswerten entwickelten sich gemäß umfassenden mechanischen Regeln und die rationalen Individuen würden irgendwie den wahren Prozess kennen, der die Marktergebnisse bestimmt. Diese Kernprämisse hat zu intensiver Suche geführt, nicht nur nach institutionellen und sonstigen Merkmalen, die begrenzte Arbitrage motivieren, sondern auch nach angeblich irrationalen heuristischen Methoden und psychologischen Neigungen, die eine Anwesenheit mechanischer Momentum-Händler in Blasenmodellen rechtfertigen könnten.

Es besteht kein Zweifel, dass sich die Teilnehmer mit Kapitalbeschränkungen konfrontiert sehen und dass manche sich auf technischen Handel und andere heuristische Methoden verlassen. Aber bei der Konzentration auf diese Themen haben die Ökonomen das Schlüsselproblem aus den Augen verloren, vor dem die Marktteilnehmer stehen: die Wichtigkeit von nicht routinemäßigen Veränderungen und unvollkommenem Wissen, die mit sich bringen, dass selbst angeblich irrationales Verhalten im Modell nicht adäquat mit vollständig prädeterminierten mechanischen Regeln dargestellt werden kann.

Über ihre fehlerhaften Grundlagen hinaus ist es auch schwierig, behavioristische Blasenmodelle mit den langen Schwankungen in Einklang zu bringen, die wir auf den Märkten für Vermögenswerte tatsächlich beobachten. Zunächst einmal sind die vielen Modelle, die, um ihre Blasen zu erzeugen, wie das von Abreu und Brunnermeier (2003), von asymmetrisch informierten cleveren Anlegern ausgehen, einfach keine glaubwürdigen Erklärungen für die Ergebnisse auf den Märkten für wichtige Vermögenswerte, zum Beispiel Aktien und Devisen. Auf diesen Märkten wird eine Vielzahl öffentlich

8 Allen und Gorton (1993) zeigen, dass auch Probleme aufgrund der Beziehung Auftraggeber/Auftragnehmer sowie Vergütungsstrukturen, die auf kurzfristiger (vierteljährlicher oder jährlicher) Leistung beruhen, Portfoliomanager, die angeblich den wahren Wert eines Vermögensgegenstandes kennen, dazu verleiten können, auf eine Bewegung weg von diesem Niveau zu setzen.

zugänglicher Informationen rasch um die ganze Welt verbreitet. Natürlich haben Unternehmens-Insider auch private Informationen, und es mag vereinzelt Fälle geben, in denen das Handeln aufgrund solcher Informationen einen Aktienkurs beeinflusst. Aber dieses Szenario kann keine Schwankungen bei weit gefassten Akteinkursindices oder Devisen erklären, wie sie in den Abbildungen 5.1 und 5.2 erfasst sind.

Das Modell von Abreu und Brunnermeier (2003) und auch viele andere Blasenerklärungen mit rationalen Erwartungen implizieren, dass der Kurs des Vermögenswertes, sobald eine Blase platzt, sofort zu seinem angeblich wahren intrinsischen Wert zurückkehrt. Wie wir aber bereits gesehen haben, liefert eine solche Erklärung nicht einmal annähernd eine Beschreibung der Abwärtsbewegungen auf Finanzmärkten.

Einige behavioristische Blasenmodelle erzeugen tatsächlich lang anhaltende Abwärtsbewegungen. So entstehen zum Beispiel bei Frankel und Froot (1987) oder De Grauwe und Grimaldi (2006) lange Schwankungsbewegungen weg von den pseudointrinsischen Werten, weil dort alle Händler im Zeitablauf zwischen Prognoseregeln auf Basis eines REH-basierten Fundamentalmodells und charttechnischen Regeln hin- und herwechseln. Eine lange Aufwärtsbewegung bei den Kursen entsteht hier, weil die Marktteilnehmer langsam ihr Fundamentalmodell zugunsten einer charttechnischen Regel verlassen, während eine lange Abwärtsbewegung dadurch zustande kommt, dass dieser Prozess schließlich wieder umgekehrt wird.

Behavioristische Blasenmodelle legen nahe, es gäbe relativ direkte Strategien, mit deren Hilfe Funktionsträger die Luft aus den Blasen ablassen könnten, sobald sie entstehen. Statt die gewaltige Aufgabe einer Bekämpfung von Massenpsychologie und Manien auf sich zu nehmen, müssten die politischen Funktionsträger hier nur einen kurzfristigen Kurstrend zurück zum mutmaßlich fundamentalen Wert starten. Gemäß den behavioristischen Modellen würde diese Maßnahme sowohl Chartisten als auch clevere Anleger dazu bringen, mechanisch auf den neuen Trend zu reagieren und ihn so zu verstärken und aufrechtzuerhalten.

Aber die Erfahrung widerspricht dieser Implikation. Ein gut bekanntes Beispiel dafür, welchen Schwierigkeiten sich politische Funktionsträger gegenübersehen, wenn sie bei den Kursen von Vermögenswerten nachhaltige Gegenbewegungen erzeugen wollen, liefert der Versuch des früheren Vorsitzenden der US-Notenbank, Alan Greenspan, die US-Börsen am 5. Dezember 1996 vor »irrationalem Überschwang« zu warnen.[9] Anfänglich

9 Greenspan (2007) berichtet von der Zeit vor und nach seiner berühmten Warnung an die Märkte.

Das Problem mit
Verhaltensblasen

führte diese Äußerung zu einem scharfen Absturz der Aktienkurse. Würden behavioristische Verhaltensmodelle aber tatsächlich den Prozess erfassen, der die Werte von Aktien bestimmt, dann hätte diese Trendwende mehr als ausreichend sein müssen, um eine nachhaltige Umkehr zu bewirken. Stattdessen nahmen die US-Aktienkurse ihren Aufwärtstrend wieder auf, der dann weitere vier Jahre anhielt.[10]

Vergessene Fundamentaldaten

Den scheinbaren Unterschieden zum Trotz ist der Grundmechanismus, der Modellen rationaler Erwartungen und behavioristischen Blasenmodellen zugrunde liegt, im Wesentlichen derselbe: Aufwärtsbewegungen weg von pseudointrinsischen Werten entstehen, weil Teilnehmer im Aggregat aus unterschiedlichen Gründen die Bedeutung fundamentaler Faktoren zunehmend herunterspielen. Angeblich sind die Schwankungen auf den Märkten für Vermögenswerte dann für lange Zeiträume von den Bewegungen der fundamentalen Faktoren abgekoppelt, womit impliziert wird, dass die Märkte oft für eine krasse Fehlallokation des knappen gesellschaftlichen Kapitals sorgten. Wie wir im nächsten Kapitel und in Kapitel 11 diskutieren, ist diese Prognose krass unvereinbar mit den empirischen Belegen über Kursschwankungen bei Vermögenswerten.

10 Untersuchungen der Wirksamkeit offizieller Interventionen auf den Devisenmärkten zeigen auch, dass politische Funktionsträger Schwierigkeiten haben, die Kurse auf irgendeine nachhaltige Weise zu beeinflussen. Die Forscher haben generell herausgefunden, dass offizielle Interventionen, auch wenn sie auf kurze Sicht wirksam dabei sind, die Wechselkurse in die gewünschte Richtung zu bewegen, üblicherweise doch nicht zu einer nachhaltigen Gegenbewegung führen. Siehe zum Beispiel Dominguez und Frankel (1993) oder Fatum und Hutchison (2003, 2006).

TEIL II
Eine Alternative

Es ist besser, ungefähr richtig zu liegen,
als genau falsch.

John Maynard Keynes zugeschrieben,
The Economist, 19. Januar 2006

7.
Keynes und Fundamentaldaten

Die Rallye der Märkte für Wohnimmobilien, Anteilskapital und andere Vermögenswerte sowie der nachfolgende scharfe Umschwung, die zu den unmittelbaren Ursachen der 2007 ausgebrochenen Finanzkrise gehörten, verfestigten den Glauben, Kursschwankungen erfolgten weitgehend unabhängig von fundamentalen Erwägungen. Stattdessen bildeten sich infolge der Handelsentscheidungen von Marktteilnehmern, die irrational und ihren Gefühlen und anderen psychologischen Faktoren ausgeliefert seien oder Momentum Trading betreiben, angeblich Blasen, die schließlich platzen.

Viele Beobachter verweisen auf die lange Aufwärtsbewegung der US-Aktienkurse in den 1990er-Jahren als ausgezeichnetes Beispiel für ein solches Verhalten und bezeichnen diese Aufwärtsbewegung weithin als »Dotcom-«- oder »Internetblase«. In der Tat gab es in dieser Zeit viel Zuversicht, Optimismus, gar euphorische Gefühle im Hinblick auf Internetaktien, mit Erstemissionen, die bei vielen Unternehmen bemerkenswerte Kursanstiege erlebten. Globe.com und eToys zum Beispiel, um nur zwei zu nennen, sahen ihre Kurse am ersten Handelstag um 606 bzw. 280 Prozent steigen. Im Oktober 1999 hatten die sechs größten mit dieser Technik befassten Unternehmen – Microsoft, Intel, IBM, Cisco, Lucent und Dell – zusammen einen Marktwert von 1,65 Billionen Dollar oder nahezu 20 Prozent des Bruttoinlandsprodukts der USA. Auf dem Höhepunkt im August 2000 war der weit gefasste Kursindex S&P 500 grob gesagt auf das 43-Fache der zugrunde liegenden Gewinne gestiegen (Abbildung 7.1).[1] Diese Zahl übertrumpfte den

---

1 Die Verwendung eines gleitenden historischen 10-Jahres-Durchschnitts für die Bildung des Kurs-Gewinn-Verhältnisses in der Abbildung reagiert auf das Problem, dass das aktuelle Niveau der gemeldeten Gewinne von Monat zu Monat recht volatil und in einem Monat negativ sein kann, wenn die Unternehmensverluste groß genug sind. Die Verwendung eines gleitenden Durchschnitts für die Gewinne führt auch zu einem besseren Maß für das Niveau der Bezugsgröße, um welche die Aktienkurse schwanken. Siehe Campbell und Shiller (1988, 1998). Natürlich würden alternative Gewinnmaßstäbe (zum Beispiel die operativen Gewinne) oder ein längerer oder kürzerer gleitender Durchschnitt zu anderen Kurs-Gewinn-Werten führen. Auch diese alternativen Bewertungen würden jedoch zu historisch sehr hohen Aktienkursen im Verhältnis zu den zugrunde liegenden Gewinnen 1999 und 2000 führen.

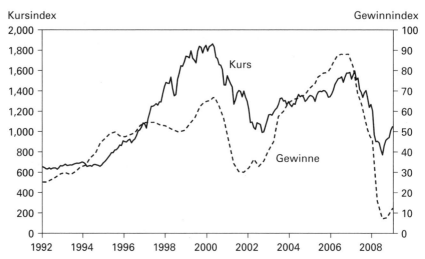

Abb. 7.1 S&P-500-Aktienkurs und aktuelle Gewinne
1992–2009
Quelle: Daten von Robert Shillers Website:
www.econ.yale.edu/~shiller/.

Rekord einer Marktbewertung mit dem 33-Fachen der Gewinne, der seit Oktober 1929 bis zu den 1990er-Jahren den höchsten Marktwert aller Zeiten dargestellt hatte.

Gewiss haben psychologische Faktoren eine Rolle gespielt, als die Teilnehmer in den 1990er-Jahren im Aggregat dazu verleitet wurden, die Aktienkurse in die Höhe zu treiben. Auch technischer Handel kann zu Kurstrends beitragen. Die dem Blasenkonzept zugrunde liegende Annahme, solche Erwägungen könnten eine Aufwärtsbewegung ein ganzes Jahrzehnt lang ganz allein *aufrechterhalten,* ist allerdings unplausibel. Technischer Handel findet meist einige Minuten oder Stunden lang statt. Schulmeister (2003) hebt hervor, dass die technischen Regeln sich zwar im Hinblick darauf unterscheiden, wie schnell sie ein Kauf- oder Verkaufsignal erzeugen, nachdem ein Kurstrend eingesetzt hat. Dieser Unterschied kann Spekulanten auch dazu bringen, einen anfänglichen Kurstrend zu verlängern.[2] Die Auslösezeitpunkte der meisten technischen Strategien unterscheiden sich aber nur im Bereich von Stunden oder Tagen. Solche Spekulationen können einfach keine langen, viele Monate oder Jahre anhaltenden Auf- oder Abschwünge erklären.

2 Siehe auch Schulmeister (2003, 2006) für eine Analyse
   solcher Szenarien.

Um Kursschwankungen zu erklären, die auf den Märkten tatsächlich beobachtet werden, müssen wir daher sowohl über psychologische Erwägungen als auch über technischen Handel hinausschauen. In der Tat übersehen rein psychologische Erklärungen des Marktes die Möglichkeit, dass die Teilnehmer für eine Voraussage der Kursbewegungen auf fundamentale Faktoren achten, von denen sie annehmen, dass sie den Markt über jeden nahen oder fernen Horizont hinweg bewegen werden, der sie bei ihrer Einschätzung der Erträge von Kapitalanlagen interessiert. Alle Zuversicht und jeder Optimismus, der auf dem Markt vielleicht existiert, würde sich schnell verflüchtigen, wenn sich, sagen wir, Gewinne und gesamtwirtschaftliche Aktivität konsequent in die entgegengesetzte Richtung bewegten.

Einen großen Teil der 1990er-Jahre stiegen zum Beispiel Unternehmensgewinne, Bruttoinlandsprodukt, Beschäftigung, Exporte, Produktivitätsniveau und andere ökonomische Indikatoren stark an, während die Inflationsraten sanken oder auf erträglichem Niveau verharrten. Auch Freihandelsabkommen und andere politische und institutionelle Veränderungen trugen zusammen mit lockerer Geldpolitik zum Wachstum bei. Diese Entwicklungen stärkten zweifellos die Zuversicht und den Optimismus hinsichtlich der weitverbreiteten Meinung, die USA und andere Volkswirtschaften befänden sich inmitten einer informationstechnischen Revolution. Der Bullentrend bei den fundamentalen Faktoren und die wachsende Zuversicht, die sie erzeugten, brachten viele Marktteilnehmer, auch solche mit näherem oder weiterem Horizont, dazu, ihre Prognosen für die Aktienerträge zu erhöhen und so die Kurse in die Höhe zu treiben.

Die Bedeutung fundamentaler Faktoren für die Entwicklung der Kurse von Vermögenswerten ist leicht zu erkennen in Abbildung 7.1., die den Kursindex S&P 500 zusammen mit den zugrunde liegenden Gewinnen des Korbes darstellt. Die gleichlaufende Bewegung der beiden Reihen ist auffällig. Nicht nur steigen und fallen die weiten Schwingungen der beiden Reihen gemeinsam, auch ihre wichtigsten Wendepunkte 2000, 2003 und 2007 sind eng synchronisiert. Die Abbildung straft die Blasentheorie Lügen, lange Aufwärtsbewegungen bei den Aktienkursen hätten nichts mit fundamentalen Faktoren und Interesse an künftigen Aussichten zu tun.

Gewiss erreichte die Aufwärtsbewegung bei den weit gefassten Aktienkursindizes in den 1990er-Jahren ein, wie uns die Geschichte und die anschließende lange Abwärtsbewegung lehrte, exzessives Niveau. Wie aber spätere Kapitel zeigen werden, entstehen solche exzessiven Schwankungen nicht, weil die Marktteilnehmer bei ihren Handelsentscheidungen fundamentale Faktoren ignorierten, sondern weil die Teilnehmer bei der Prognose der künftigen Ergebnisse mit dem stets unvollkommenen Wissen fertig werden müssen, wie Trends bei den fundamentalen Faktoren zu interpretieren sind.

Tatsächlich ist selbst dann, wenn ein Individuum nur an kurzfristigen Erträgen interessiert ist – ein Merkmal des Handels auf vielen Märkten –, die Nutzung von historischen Daten und Nachrichten über fundamentale Faktoren für die Vorhersage dieser Erträge äußerst wertvoll. Die formellen und informellen Belege dafür, dass die Trends eines weiten Spektrums von Fundamentaldaten eine Schlüsselrolle für die Bewegung der Kurse von Vermögenswerten spielen, sind überwältigend.

War Keynes ein Verhaltensökonom?

John Maynard Keynes wird oft zur Stützung des Arguments herangezogen, die Kurse von Vermögenswerten seien allein von psychologischen Erwägungen bestimmt. Diese Lesart scheint jedoch die Rolle zu übersehen, die Fundamentaldaten in Keynes' Erklärung der Märkte für Vermögenswerte spielen.

In einer häufig zitierten Passage verglich Keynes (1936, S. 156) das Problem, vor dem professionelle Kapitalanleger und Spekulanten auf den Märkten stehen, mit

> diesen Zeitungswettbewerben, in denen die Teilnehmer die sechs schönsten Gesichter aus hundert Fotografien auswählen müssen, wobei der Preis an denjenigen Teilnehmer geht, dessen Auswahl dem Durchschnittsgeschmack der Teilnehmer als Ganzes am nächsten kommt; sodass jeder Teilnehmer nicht diejenigen Gesichter auswählen muss, die er selbst am schönsten findet, sondern diejenigen, von denen er annimmt, dass sie am wahrscheinlichsten bei den anderen Teilnehmern Gefallen finden, von denen wiederum alle das Problem ebenfalls aus diesem Blickwinkel betrachten. Es geht nicht darum, diejenigen auszusuchen, die nach dem eigenen besten Urteil tatsächlich die schönsten sind, und noch nicht einmal diejenigen, die eine Durchschnittsmeinung tatsächlich am schönsten findet. Wir haben hier vielmehr den dritten Grad erreicht, wo wir unsere Intelligenz darauf verwenden zu prognostizieren, was die durchschnittliche Meinung wohl für die durchschnittliche Meinung halten wird. Und ich glaube, es gibt etliche, die auch noch den vierten, fünften oder einen noch höheren Grad praktizieren.

Verhaltensökonomen und viele andere Beobachter ziehen Keynes' (1936) Metapher vom Schönheitswettbewerb oft zur Begründung ihrer Ansicht heran, Schwankungen seien Blasen (siehe Akerlof und Shiller, 2009, S. 133). Wenn die Marktteilnehmer vor der Aufgabe stehen, erraten zu müssen, »was die durchschnittliche Meinung wohl für die durchschnittliche Meinung halten wird«, ignorieren sie in ihren Prognosen angeblich die fundamentalen Faktoren und werden zum Opfer von Massenpsychologie, Emotionen, psychologischen Vorurteilen und Momentum Trading.[3] In der Tat bezieht sich Keynes im gesamten Kapitel 12 bei der Beschreibung von Spekulation und Kapitalanlage wiederholt auf psychologische Erwägungen, zum Beispiel die »*Zuversicht*, mit der wir ... prognostizieren« (S. 148), »Massenpsychologie« (S. 154), »spontanen Optimismus« (S. 161) oder »animalische Instinkte« (S. 162). An einer Stelle vergleicht er die kurzfristige Spekulation auf den Märkten für Vermögenswerte sogar mit »den Aktivitäten eines Casinos« (S. 159), was, wie es viele Beobachter heute tun, nahelegt, dass die Märkte womöglich eine rein zufällige Allokation des gesellschaftlichen Kapitals vornähmen.

Es gibt jedoch wesentliche Unterschiede zwischen Keynes' (1936) Erklärung der Märkte und den Erklärungen von Blasen. Der Wichtigste ist, dass Keynes unvorhersehbare Veränderungen und unvollkommenes Wissen ins Zentrum seiner Analyse der Finanzmärkte stellte.[4] Daher hätte er vollständig prädeterminierte behavioristische Finanzmodelle, die Schwankungen als mechanische Abweichungen von angeblich wahren fundamentalen Werten, basierend auf der Hypothese rationaler Erwartungen, darstellen, mit Sicherheit als blanken Unsinn betrachtet. Auch wenn psychologische Faktoren in seiner Sicht der Finanzmärkte zweifellos eine Rolle spielten, legt bei Keynes (1936, Kapitel 12) doch vieles nahe, dass für seine Betrachtung der Kursschwankungen fundamentale Erwägungen wichtig sind.[5]

Keynes (1936) wird hinsichtlich der Rolle von Fundamentaldaten bei der Prognose der Durchschnittsmeinung und der Art ihrer Verbindung mit psychologischen Erwägungen recht deutlich. Um zu prognostizieren, was die

---

3 Siehe zum Beispiel Shiller (2000), Brunnermeier (2001) sowie Akerlof und Shiller (2009) und die Quellenangaben dort.

4 Seine lebenslange Betonung der Unangemessenheit probabilistischer Standarddarstellungen von Unsicherheit ist auch in Keynes (1921) zu sehen.

5 Wir entwickeln ein mathematisches Modell für Kursschwankungen bei Vermögenswerten, das in sein Zentrum die Unvollkommenheit des Wissens hinsichtlich der Frage stellt, wie Fundamentaldaten die Ergebnisse beeinflussen, und das auch behavioristische Erkenntnisse integriert, in Frydman und Goldberg (2007, Kapitel 14; 2010). Für eine nicht technische Diskussion siehe Kapitel 9.

durchschnittliche Meinung wohl kurzfristig für die durchschnittliche Meinung halten wird, werde man nach Faktoren suchen, welche die durchschnittliche Meinung stützen. Und selbst wenn man der Meinung wäre, das Niveau von Zuversicht, Optimismus und animalischen Instinkten seien die Haupterwägungen, wären solche psychologischen Faktoren doch schwer zu messen oder direkt zu beobachten. Darüber hinaus hängen sie, wie Keynes selbst argumentiert, von einem weiten Spektrum fundamentaler Faktoren ab. In der Tat sind, wenn man das Problem des Schönheitswettbewerbs betrachtet, fundamentale Erwägungen weitgehend die einzigen greifbaren Faktoren, die man verwenden kann, um zu erraten, wie sich die Stimmung auf dem Markt verändern könnte.

Unvollkommenes Wissen und Fundamentaldaten

Die Anzahl der gelehrten Zeitschriftenartikel und Bücher über Keynes *The General Theory* (Keynes 1936), seine Gedanken über die Finanzmärkte und seine anderen ökonomischen, politischen und sozialen Schriften reicht aus, um eine ganz Bibliothek zu füllen.[6] Noch über 50 Jahre nach seinem Tod halten die Debatten über die Bedeutung seiner Schriften und ihre Konsequenzen für die Politik an.

So sind sich die Gelehrten zum Beispiel gar nicht einig, was Keynes wohl wirklich mit dem Ausdruck »animal spirits« (etwa: animalische Instinkte) meinte und wie wichtig diese für seine Gedanken über die Märkte für Vermögenswerte sind. Der Ausdruck wird von Verhaltensökonomen und vielen anderen Beobachtern so verstanden, dass er nahelege, die Entscheidungsfindung sei in erster Linie von psychologischen Faktoren bestimmt oder aber irrational, das Gegenteil von Vernunft und Weitblick. Einige Gelehrte argumentieren jedoch, der Begriff animalische Instinkte sei »völlig rational, genau wie es die Verwendung direkten Wissens ist« (Dow und Dow, 1985, S. 52). Melberg (2010, S. 4) weist darauf hin, dass Keynes den Ausdruck erst gegen Ende von Kapitel 12 der *General Theory* einführt, und kommt nach einer Sichtung der Literatur zu dem Schluss: »Der Versuch, Keynes' Gedanken über animalische Instinkte zur Herleitung einer behavioristischen Begründung einer Theorie ökonomischer Schwankungen zu verwenden, erscheint nicht sehr vielversprechend.«

6 Für die maßgebliche Darstellung von Keynes und seinen
Ideen siehe Skidelsky (1983, 1992, 2000, 2009).

Es kann jedoch unbestrittenermaßen betont werden, dass Keynes die Märkte bei ihrer Einschätzung von Werten für unvollkommen hielt. Die kurzfristige Natur professioneller Spekulation sowie psychologische Erwägungen seien wichtig für sein Problemverständnis. Zugrunde liege der Unvollkommenheit der Märkte aber die inhärente Unvollkommenheit oder Unsicherheit des Wissens, mit der wir alle fertigwerden müssen. Zu Beginn von Kapitel 12 schreibt er:

> Herausragende Tatsache ist die extreme Unsicherheit der Wissensbasis, auf der alle unsere Schätzungen potenzieller Erträge gemacht werden müssen. [Keynes, 1936, S. 149]

Daher kann niemand künftigen Ergebnissen eine genaue Wahrscheinlichkeitsverteilung zuweisen:

> Mit unsicherem Wissen, lassen Sie mich das erklären, meine ich nicht nur die Unterscheidung zwischen dem, was mit Gewissheit bekannt ist, und dem, was nur wahrscheinlich ist. Das Roulettespiel ist in diesem Sinne keiner Unsicherheit unterworfen. ... Der Sinn, in dem ich diesen Ausdruck hier verwende, ist der, mit dem die Aussicht eines europäischen Krieges unsicher ist, oder der Kupferpreis und der Zinssatz in 20 Jahren oder das Veralten einer neuen Erfindung oder die Position der Eigentümer von Privatvermögen im sozialen System des Jahres 1970. Für solche Dinge gibt es keine wissenschaftliche Grundlage, auf der man irgendwelche berechenbaren Wahrscheinlichkeiten ermitteln könnte. Das wissen wir einfach nicht. [Keynes 1971–1989, Band XIV, S. 113–14]

Keynes erkannte, dass die Unvollkommenheit des Wissens das Tor für psychologische Erwägungen wie Zuversicht und Optimismus öffnet, um eine Rolle bei der Entscheidungsfindung der Teilnehmer zu spielen. Aber er beginnt seine Analyse der Märkte für Vermögenswerte mit einer Diskussion, wie »die Erwartungen potenzieller Erträge« zunächst einmal im Verständnis der Individuen von Fundamentaldaten oder »Fakten« wurzeln. Die Teilnehmer »greifen auf etwas zurück, was in Wirklichkeit eine Konvention ist ... [die] darin besteht, anzunehmen, dass die bestehende Lage der Dinge unbegrenzt anhalten wird, soweit wir nicht spezifische Gründe haben, eine Veränderung zu erwarten« (Keynes, 1936, S. 152). Die bestehende Lage der Dinge bringt »ein Wissen über die Fakten, die den Ertrag der Kapitalanlage beeinflussen werden«, mit sich und die »bestehende Marktbewertung ... wird sich nur im Verhältnis der Veränderungen dieses Wissens verändern« (S. 152).

Keynes diskutiert die kurzfristige Natur von Spekulation und psychologischen Erwägungen nicht, weil er meint, die Prognosen der Teilnehmer hätten keine Verbindung zum Faktenwissen, sondern weil uns diese Erwägungen helfen, zu verstehen, warum diese »konventionellen Bewertungen« mitunter so starken Schwankungen unterworfen sind. Er bringt seine Metapher über den Schönheitswettbewerb in einem Abschnitt vor, der dazu dient, »einige der Faktoren, die diese Unsicherheit betonen« herauszuarbeiten (Keynes, 1936, S. 153). Animalische Instinkte werden im vorletzten Abschnitt von Kapitel 12 als ein weiterer Grund für »Instabilität aufgrund der Charakteristika der menschlichen Natur« eingeführt (S. 161). Aber am Ende dieses Abschnitts warnt Keynes:

> Daraus sollten wir *nicht* folgern, dass alles von *Wellen* irrationaler Psychologie abhänge. Wir erinnern uns lediglich daran, dass ... wir mit unserem *rationalen Selbst*, so gut wir nur können, unter Alternativen auswählen und dabei zwar Berechnungen anstellen, wo wir nur können, bei unseren Motiven aber doch oft auch auf Launen oder Gefühle oder Zufälle zurückgreifen. [Keynes, 1936, S. 162–63, Hervorhebung hinzugefügt]

Anders als für die Verhaltensökonomen ist ein Vertrauen auf psychologische Faktoren bei der Entscheidungsfindung für Keynes kein Symptom von Irrationalität. Er betont nur, dass rationale Individuen in der wirklichen Welt zwar Faktenwissen verwenden, dieses Wissen aber unvollkommen ist und Berechnungen allein für die Entscheidungsfindung daher nicht ausreichen. Auch wenn psychologische Erwägungen bei der individuellen Entscheidungsfindung eine Rolle spielen, könnten »Wellen irrationaler Psychologie« für sich genommen die wiederkehrenden langen Auf- oder Abschwünge bei den Kursen von Vermögenswerten doch nicht aufrechterhalten. Tatsächlich ist ein Begreifen der Veränderungen bei den fundamentalen Faktoren entscheidend, um zu verstehen, wie Zuversicht und andere Gefühle im Zeitablauf beeinflusst werden.

Sind Fundamentaldaten im Schönheitswettbewerb wirklich irrelevant?

Ganz gleich, welchen »Grad« ein Kenner berücksichtigt, um zu erraten, was andere denken, am Ende muss er ein paar Kriterien auswählen, auf denen er seine Entscheidung aufbaut. Dabei wird er sich auf sein Verständnis der Faktoren verlassen, auf denen seiner Annahme zufolge die anderen Kenner ihr Urteil wahrscheinlich begründen werden.

Einer dieser Faktoren könnte die Schönheit der Bewerber sein. Die Schönheit liegt nun allerdings im Auge des Betrachters. Nähme ein Kenner also an, die anderen begründeten ihre Tipps mit diesem Kriterium, dann würde er den kulturellen Hintergrund kennen wollen, vor dem die Schönheit beurteilt wird. Eine Gruppe von Kennern aus dem Mittleren Westen der USA, so könnte er denken, würde Schönheit anders beurteilen als eine Gruppe aus New York oder aus dem Niger-Delta.

Auch andere Faktoren als Schönheit könnten wichtig sein, um die Sieger zu erraten. Die Kenner könnten zum Beispiel auf Ansichten über den jeweiligen sozioökonomischen Hintergrund der Bewerber zurückgreifen, um ihre endgültige Auswahl zu treffen. Es ist schwierig, zu wissen, auf welche Faktoren sich andere Kenner stützen werden oder wie sie diese bei ihrer Entscheidungsfindung gewichten. Auch wenn psychologische Erwägungen eine Rolle spielen, so ist es am Ende doch nicht rein zufällig, was die anderen denken; auch sie müssen einen Satz Faktoren auswählen, mit dem sie die Ratestrategie der anderen erraten wollen.

Beim Versuch, auf Finanzmärkten die Durchschnittsmeinung zu prognostizieren, achten kurzfristig orientierte Spekulanten genau auf Nachrichten über Fundamentaldaten. Tatsächlich gibt es viele Teilnehmer, die Unternehmensberichte durchkämmen, Branchenentwicklungen studieren und die Trends eines weiten Spektrums fundamentaler Faktoren untersuchen, um Unternehmen zu finden, deren Zukunftsaussichten ihrer Meinung nach vom Markt unterbewertet werden. Die Idee dabei ist, dass der Markt diese Unterbewertung früher oder später entdecken und die Kurse in die Höhe treiben wird. Warren Buffet von Berkshire Hathaway und Seth Klarman von The Baupost Group sind nur zwei bekannte Beispiele für solche Wertspekulanten.

Je nachdem, wie sich Branchenentwicklungen und Trends anderer Fundamentaldaten auf kurze Sicht entfalten, ändern die Wertspekulanten ihre Meinung über die zukünftigen Aussichten. Ihr Handel wiederum beeinflusst die Kurse. Um die Durchschnittsmeinung also auch nur über ein paar Stunden oder Tage hinweg zu prognostizieren, müsste man die Nachrichten über die fundamentalen Faktoren voraussehen und auch, wie diese Nachrichten interpretiert werden, und zwar nicht nur von den Wertspekulanten, sondern auch von anderen kurzfristig orientierten Spekulanten.

Gewiss gehen auch psychologische und andere Erwägungen, die nicht direkt mit den potenziellen Erträgen eines Vermögenswertes in Verbindung

137

stehen, in die Einschätzung eines Kapitalanlegers mit ein, wohin sich die Durchschnittsmeinung bewegen könnte. Tatsächlich zog Keynes (1936, S. 148) den Schönheitswettbewerb heran, um solche Erwägungen zu betonen. Besondere Bedeutung sah er im »*Stand der Zuversicht* ... [als Faktor, dem] praktisch veranlagte Männer stets höchste und wachste Aufmerksamkeit widmen«.

Die Zuversicht eines Kapitalanlegers hängt natürlich zum Teil von rein psychologischen Elementen ab und niemandem ist es möglich, direkt in die Psyche anderer Anleger zu schauen. Wie kann ein Anleger dann seine höchste Aufmerksamkeit dem Stand der Zuversicht am Markt widmen, ganz zu schweigen von ihrer künftigen Entwicklung? Wie bei dem Schönheitswettbewerb in der Zeitung muss er oder sie Faktoren auswählen, die von anderen beobachtet werden können und von denen er oder sie annimmt, dass von ihnen die Zuversicht und andere psychologische Erwägungen abhängen.

Keynes macht ziemlich deutlich, dass diese Faktoren weitgehend mit fundamentalen Erwägungen in Verbindung stehen. Tatsächlich üben für ihn psychologische Erwägungen wie Zuversicht ihren Einfluss durch die Art und Weise aus, in der die Anleger ihr Faktenwissen nutzen und verändern. Um die Rolle des »Stands der Zuversicht« klarzumachen, schreibt er, dass Spekulation nicht

> nur ... von der wahrscheinlichsten Prognose abhängt ... [sondern] auch von der Zuversicht, mit der wir diese Prognose treffen – davon, wie hoch wir die Wahrscheinlichkeit einschätzen, dass unsere beste Prognose sich als ziemlich falsch herausstellen könnte. Wenn wir große Veränderungen erwarten, aber sehr unsicher sind, welche genaue Form diese Veränderungen annehmen werden, dann wird unsere Zuversicht schwach sein.

Mit »großen Veränderungen« bezieht sich Keynes auf Veränderungen sowohl bei den Fundamentaldaten als auch bei ihrer Interpretation.

Wenn man den Stand der Zuversicht mit der Unsicherheit des Wissens in Verbindung bringt, dann legt das nahe, dass er mit den fundamentalen Faktoren verbunden ist, auf die Teilnehmer zurückgreifen, um zukünftige Aussichten zu prognostizieren. Fünf Zeilen, nachdem Keynes darauf hingewiesen hat, dass Spekulation eine Prognose nach sich zieht, »wie der Markt [einen Vermögensgegenstand] unter dem Einfluss von Massenpsychologie wohl in drei Monaten oder einem Jahr bewerten wird«, zeigt er tatsächlich, wie man auf den Stand der Zuversicht achtet und im Schönheitswettbewerb mitspielt: »Somit wird der professionelle Anleger gezwungen, sich mit der Vorhersage bevorstehender Veränderungen zu befassen, in *Nachrichten* ... der Art, von denen die *Erfahrung* zeigt, dass die Massenpsychologie des Marktes am meisten von ihnen beeinflusst wird« (Keynes, 1936, S. 155, Hervorhebungen hinzugefügt).

Später in diesem Kapitel fügt Keynes seiner Liste psychologischer Faktoren noch »spontanen Optimismus« und »animalische Instinkte« hinzu. Aber auch hier deutet er an, dass diese Gefühle, welche die Entscheidung zur Anlage in neues Kapital unterstützen, eine Basis in fundamentalen Erwägungen haben. Der Einfluss von Optimismus und animalischen Instinkten impliziere »nicht nur, dass Einbrüche und Depressionen in ihrem Ausmaß übertrieben werden, sondern auch, dass ökonomischer Wohlstand extrem abhängig von einer politischen und sozialen Atmosphäre ist, die dem durchschnittlichen Geschäftsmann behagt« (Keynes, 1936, S. 162).

Keynes (1936, S. 162) betont, dass Zuversicht und Optimismus auch von »Nerven und Hysterie« abhängen können. Aber am Ende brauchten kurzfristig orientierte Spekulanten doch beobachtbare Faktoren, von denen diese Gefühle abhängen, wenn sie deren Einfluss auf die Durchschnittsmeinung prognostizieren wollen. Wie wir im nächsten Abschnitt sehen werden, »zeigt die Erfahrung«, dass Zuversicht, Optimismus und andere psychologische Erwägungen von den Nachrichten über ein weites Spektrum fundamentaler Faktoren abhängen, darunter Unternehmensgewinne, Zinssätze oder Berichte über den politischen und sozialen Kontext, in dem die Teilnehmer ihre Entscheidungen treffen.

Es ist natürlich schwierig, vorherzusehen, welche Nachrichten den Markt beeinflussen werden, ganz zu schweigen von Art und Umfang des jeweiligen Einflusses. Niemand würde erwarten, dass Zuversicht und Optimismus auf irgendeine mechanische Weise mit den fundamentalen Erwägungen zusammenhingen. Und die Entwicklung der Nachrichten und Stimmungen wird die Verwendung der Fundamentaldaten durch die Individuen zur Prognose sowohl der Durchschnittsmeinung als auch der zukünftigen Aussichten von Vermögenswerten außerdem auf nicht routinemäßige Weise beeinflussen. Ebenso können auch Zeitpunkt und Art von Revisionen der Prognosestrategien sowie politische und institutionelle Veränderungen nicht vollständig vorhergesehen werden.

Auf den Finanzmärkten werden wir mithin erwarten, dass fundamentale Faktoren die Kurse zwar untermauern, aber in unterschiedlichen Zeitabschnitten auf unterschiedliche Weisen, die nicht »in einen Computer eingegeben und durchgeführt werden« können (Lucas, 2001, S. 21). Keynes' Er-

Sind Fundamentaldaten im Schönheitswettbewerb wirklich irrelevant?

kenntnisse über das unsichere Wissen, die kurzfristige Natur der Spekulation und den »Schönheitswettbewerb« sowie die Rolle der Zuversicht und anderer psychologischer Erwägungen implizieren ganz und gar nicht, dass Fundamentaldaten unwichtig wären, sondern legen in Wirklichkeit nahe, dass sie die zentralen Bestimmungsgrößen für die Kursbewegungen von Vermögenswerten sind.

Fundamentaldaten und Kursbewegungen: Belege aus Bloombergs Marktberichten

Psychologische Erwägungen wie Zuversicht und Optimismus sind schwer zu messen und in formale statistische Analysen der Determinanten von Kursschwankungen auf den Märkten für Vermögenswerte zu integrieren. Aber soweit solche Stimmungen von fundamentalen Erwägungen abhängen, nehmen sowohl empirische Forscher als auch Marktteilnehmer ihre Auswirkungen wahr, wenn sie die Beziehungen zwischen Fundamentaldaten und den Kursen von Vermögenswerten untersuchen.

Die Bedeutung von psychologischen Erwägungen und unvollkommenem Wissen impliziert jedoch, dass sich diese Beziehungen zuzeiten ändern, und dies auf eine Weise, die niemand vollständig im Voraus spezifizieren kann. Um also die Beziehung zwischen Kursen von Vermögenswerten und Fundamentaldaten zu untersuchen, müssen empirische Forscher solche kontingenten Veränderungen zulassen. In Kapitel 11 diskutieren wir formale statistische Studien, die das tun. Wie nach unserer Betrachtung der Metapher vom Schönheitswettbewerb zu erwarten, finden diese Studien klare Belege nicht nur für veränderliche Beziehungen, sondern auch dafür, dass in unterschiedlichen Zeitabschnitten unterschiedliche Fundamentaldaten von Bedeutung sind.[7]

Während statistische Analysen wichtig sind, um die Implikationen rivalisierender ökonomischer Theorien zu untersuchen, gibt es darüber hinaus eine Fülle weniger formaler Belege, welche die zentrale Rolle zeigen, die fundamentale Faktoren auf den Märkten für Vermögenswerte spielen. Tatsächlich braucht man nur eine oder zwei Wochen lang Bloomberg Televi-

---

7 Fast alle empirischen Studien über die Märkte für Vermögenswerte lassen Veränderungen jedoch völlig außer Acht. So überrascht es nicht, dass sie nur über wenige oder gar keine Belege dafür berichten, dass Fundamentaldaten von Bedeutung sind. Siehe Kapitel 11.

Keynes und
Fundamentaldaten

sion oder CNBC zu schauen, um zu erkennen, dass Nachrichten über ein weites Spektrum fundamentaler Faktoren die Kurse auf den großen Märkten für Vermögenswerte bestimmen. Werden Gewinnankündigungen gemacht oder politische Entwicklungen in der Hauptstadt Washington bekannt gegeben, kann man sehen, wie die Märkte reagieren. Man sieht auch, dass diejenigen Fundamentaldaten, die von Bedeutung sind, sich mit der Zeit ändern.

Bloomberg News als Fenster zu den Märkten

Wirtschaftsjournalisten behalten täglich im Auge, welche Nachrichten die Kurse von Vermögenswerten bewegen. Sie befragen die Marktteilnehmer auch zu ihren Ansichten über die Entwicklungen des Tages und zu den Faktoren, die ihren Handel bestimmt haben. Die Informationen, die in diesen Wirtschaftsreporten enthalten sind, liefern ein Protokoll der Schlüsselfaktoren, die Tag für Tag die Kurse der Vermögenswerte bewegen.[8]

Mangee (2011) gewinnt diese Informationen aus den Beiträgen des »Daily Market-Wrap« von Bloomberg News, der täglichen Marktberichterstattung über US-Aktien am Ende des Börsentags, im Zeitraum vom 4. Januar 1993 (Bloombergs erster Bericht) bis 31. Dezember 2009.[9] Bloomberg News ist eine Tochtergesellschaft der Bloomberg LP, der weltgrößten Gesellschaft für Finanznachrichten und -analysen. Sie versorgt professionelle Teilnehmer in großen Finanzinstituten rund um den Globus, doch auch Politiker und Akademiker sind unter ihren mehr als 250 000 Kunden sowie etwa 450 Zeitungen und Zeitschriften auf der ganzen Welt. Ihre Nachrichten und Analysen sind ein Leitmedium für professionelle Kapitalanleger.

Beim Verfassen ihrer Beiträge zur Marktberichterstattung stützen sich die Bloomberg-Journalisten auf Kontakte zu 100 bis 200 Fondsmanagern und anderen Akteuren, die direkt am Markt tätig sind. Jeder dieser Tagesabschlussberichte enthält zumindest ein direktes Zitat einer oder mehrerer Personen zu deren Ansichten über die Schlüsselfaktoren, die den Markt bestimmt haben. Die Berichte sind mithin ein Fenster zur Entscheidungsfindung der professionellen Teilnehmer, deren Handel die Preise bestimmt.

8 Unsere Diskussion in diesem und den übrigen Abschnitten dieses Kapitels stützt sich auf Mangees (2011) Daten und Analysen.

9 Bloomberg Finance LP hat uns großzügigerweise Zugang zu Bloomberg Professional gewährt, wo die Bloomberg-Berichte archiviert werden.

Fundamentaldaten
und Kurs-
bewegungen:
Belege aus
Bloombergs
Marktberichten

Die Bloomberg-Marktberichte zeigen, dass ein weites Spektrum fundamentaler Faktoren die Handelsentscheidungen der Marktteilnehmer beeinflusst. Die Kategorien und die spezifische Art der fundamentalen Nachrichten, die für Mangees (2011) Textdaten die Basis darstellen, sind in Tabelle 7.1 aufgelistet. Seine Daten verfolgen monatsweise den Anteil der Tage in der Stichprobe, an denen eine bestimmte Kategorie oder fundamentale Nachricht den Berichten zufolge die Aktienkurse bewegt hat.

Anders als die quantitativen Daten, die von Forschern typischerweise für die Durchführung formaler statistischer Analysen verwendet werden, beschränken sich die Textdaten in Bloombergs Berichterstattung nicht auf die Bedeutung fundamentaler Erwägungen. Die Bloomberg-Journalisten zeigen in ihren Berichten, dass auch psychologische Erwägungen (wie Zuversicht, Optimismus oder Angst) sowie technische Erwägungen (wie Momentum Trading, Gewinnmitnahmen oder Januar-Effekte) eine Rolle bei den täglichen Handelsentscheidungen der professionellen Teilnehmer spielen. Die Tabellen 7.2 und 7.3 listen jeweils die spezifische Art der psychologischen und technischen Erwägungen auf, die in Mangees (2011) Analyse erfasst wurden.

Mangee bewertet die Marktberichte jedes Tages im Hinblick auf die fundamentalen, psychologischen und/oder technischen Faktoren, die den Berichten zufolge für die Bestimmung der Kurse des betreffenden Tages bedeutsam waren, mit Punkten. Wenn zum Beispiel berichtet wird, dass nur Nachrichten über Gewinne und Zinssätze an einem bestimmten Tag den Markt bewegt haben, dann erhalten diese Faktoren an diesem Tag jeweils eine Punktzahl von 1, während alle anderen Faktoren aus den Tabellen 7.1–7.3 die Punktzahl 0 erhalten.[10] Insgesamt bewertet Mangee 4206 einzelne Marktberichte mit Punkten.

Man könnte vielleicht erwarten, dass die Bloomberg-Journalisten dazu neigten, von einer höheren Bedeutung psychologischer und technischer Faktoren gegenüber fundamentalen Faktoren zu berichten. Schließlich sind Optimismus, Euphorie, Angst und Momentum Trading als Marktmotoren spektakulärer – und verlangen damit größere Aufmerksamkeit von Nachrichtenverkäufern wie Bloomberg – als Gewinne und Zinssätze.

---

10 Mangees Daten verzeichnen auch die qualitativen Beziehungen zwischen den Faktorbewegungen in Tabelle 7.1 und 7.2 und den Aktienkursen. Wenn zum Beispiel berichtet wird, dass die Unternehmensgewinne von Bedeutung waren, stellt er fest, dass ihr Ansteigen oder Fallen die Kurse dann immer in dieselbe Richtung beeinflusst. Siehe Mangee (2011) für mehr Details über seine Punktbewertung und Forschungsergebnisse.

Tab. 7.1 Fundamentale Faktoren mit Einfluss auf die täglichen Aktienkurse

Kategorie	Nachrichtenthema
Wirtschaft	BIP
	BIP-Wachstumsrate
	Index der führenden Wirtschaftsindikatoren
	Industrieproduktion
	Produktivität
	Verbrauchereinkommen
	Dienstleistungssektor
	Beschäftigung (außer Agrar)
	Arbeitslosenquote
	Anträge auf Arbeitslosenhilfe
	Schaffung neuer Arbeitsplätze
	Produktionsindex
	Auftragseingänge
	Langlebige Gebrauchsgüter
	Verbrauchsgüter
Wohnimmobilien	Baubeginn Wohnimmobilien
	Verkäufe Wohnimmobilien
	Zwangsvollstreckungen
	Wohnungsmarktkrise
	Immobilienpreise
	Hypothekenzinssätze
	Wert Gewerbeimmobilien
Zinssätze	Federal Funds
	Diskontsatz
	Rendite Treasury Notes
	Rendite Treasury Bills
	Rendite Treasury Bonds
Öl	Rohölpreise
	OPEC-Ölvorräte
Inflation	Produzentenpreisindex
	Verbraucherpreisindex
	Fertigungspreisindex
	Löhne und Gehälter
Devisenmärkte	Wert Dollar
	Wert Fremdwährungen
	Euro-Einführung
Gewinne	Unternehmensgewinne
Umsätze	Erlöse
	Einzelhandelsumsätze
	Autoverkäufe
Abstand/Bewertung	Abstand von historischem Niveau
	Überbewertung
	Unterbewertung
Handel	Abkommen (NAFTA, GATT)
	Zölle
	Kontingente
	Subventionen
	Leistungsbilanzdefizit

Tab. 7.1 Fortsetzung

Kategorie	Nachrichtenthema
Unternehmensvariablen	Leistungsbilanzüberschuss
	Insolvenzen
	Führungswechsel
	Missmanagement, rechtliche und Bilanzierungsprobleme
	Indexaufnahme
	Marktwert
	Dividenden
	Fusionen und Übernahmen
	Verhältnis Auftragseingänge/Umsätze
	Entlassungen, Streiks
	Aktiensplit
	Aktienrückkauf
	Große Firmenbeteiligung
	Aktienerstemissionen
	Geschäftsausgaben, Investitionen
Regierung	Finanzpolitik
	Regierungskommentare
	Bonusbesteuerung, -regelung
	Kreditwürdigkeit
	Konjunkturprogramm
	Rettungsaktion
	Verstaatlichung Banken, Gesundheitswesen
	Haushaltsüberschuss
	Haushaltsdefizit
	Politisches Ereignis oder Wahl
	Politische Konflikte, Instabilität, Korruption
	Bewaffnete Konflikte, Atomtests
	Finanzaufsicht: Umstrukturierung, Regeln, Stresstests
	Rücktritt des Finanzministers
Zentralbank	Geldpolitik
	Protokolle, Kommentare
	Rettungsaktionen
Konsum	Verbraucherausgaben, Nachfrage
	Konsumklima
Terrorismus	Allgemeiner Terrorismus, Anschläge
Finanz-/Kreditmarkt	Finanzmärkte oder -sektoren
	Kreditmarktschwäche
	Bonitätsbeurteilung
	Eigenkapitalschwäche
	Zahlungsrückstände bei Kreditkarten
	Umstrukturierung, Regulierung
Rest der Welt	Alle oben genannten Faktoren, soweit sie den Rest der Welt betreffen

Anmerkungen:
Siehe Mangee (2011) für eine Beschreibung der Kategorien und Arten von Fundamentaldaten.
GATT: Allgemeines Zoll- und Handelsabkommen; BIP: Bruttoinlandsprodukt; NAFTA: Nordamerikanisches Freihandelsabkommen; OPEC: Organisation Erdöl exportierender Länder.

Mangees Daten zeigen jedoch, dass in seiner Stichprobe an praktisch jedem Tag zumindest ein fundamentaler Faktor der Tabelle 7.1. als Bestimmungsgröße für die Aktienkurse genannt wurde. Zumindest einer der psychologischen Faktoren wurde an 55 Prozent der Tage der Stichprobe genannt, was nahelegt, dass auch sie eine wichtige Rolle bei der Begründung von Kursschwankungen spielen. Im Gegensatz dazu wurden technische Faktoren als wichtige Einflussgrößen auf die Preise durchschnittlich nur an einem Tag in einem 20 Handelstage umfassenden Monat genannt (6 Prozent). Tabelle 7.4 listet alle Kategorien fundamentaler, psychologischer und technischer Faktoren auf, die in Mangees Analyse verfolgt wurden, zusammen mit dem Anteil der Tage in der Stichprobe, an denen jeder als Bestimmungsfaktor für den Markt genannt wurde.

Tab. 7.2 Psychologische Faktoren mit Einfluss auf die Aktienkurse

Optimismus	Besorgnis
Pessimismus	Euphorie
Zuversicht	Massenpsychologie
Stimmung	Überschwang
Gier	Bedenken
Angst	

Anmerkungen:
Siehe Mangee (2011) für eine Beschreibung der Arten von psychologischen Erwägungen.

Tab. 7.3 Technischer Handel: Faktoren mit Einfluss auf die Aktienkurse

Kein Momentum Trading	Momentum Trading
Gewinnmitnahmen	Marktrallye
Neue Firma im Index	Marktschwung
Urlaubs-Effekt	Momentum Trader
Januar-Effekt	Mitläufer
Monatsende-Effekt	Preisspirale
Quartalsende-Effekt	Gleitender Durchschnitt
Freitags-Effekt	Chartisten
Jahresende-Effekt	
Rückgabe-Effekt	
Dreifacher Hexensabbat	
Nikolaus-Effekt	

Anmerkungen:
Siehe Mangee (2011) für eine Beschreibung der Arten von technischen Erwägungen.

145

Fundamentaldaten
und Kurs-
bewegungen:
Belege aus
Bloombergs
Marktberichten

Tab. 7.4 Häufigkeit der Faktoren über die gesamte Stichprobe

Faktor	Faktorhäufigkeit (Prozent)
Fundamentaldaten	99
Gewinne	65
Psychologische Erwägungen	55
Psychologie mit Fundamentaldaten	54
Wirtschaft	47
Zinssätze	38
Umsätze	23
Unternehmensvariablen	23
Inflation	20
Ölpreise	19
Rest der Welt	14
Abstand/Bewertung	12
Regierung	12
Konsum	12
Zentralbank	11
Wohnimmobilien	8
Technischer Handel	6
Devisenmärkte	6
Finanz- oder Kreditmärkte	6
Unsicherheit	6
Technisch (ohne Momentum)	5
Blasenerwägungen	3
Technisch (Momentum)	2
Terrorismus	2
Handel	1
Reine Psychologie	1

Anmerkungen:
Die Faktorhäufigkeiten bedeuten den Prozentanteil der Tage über die gesamte Stichprobe hinweg, an denen jeder Faktor als Bestimmungsgröße für den aggregierten Markt genannt wurde, vom 4. Januar 1993 bis 31. Dezember 2009.

Die nicht routinemäßige Bedeutung von Fundamentaldaten

Über 16 Jahre der Berichterstattung hinweg erzählen die Bloomberg-Journalisten eine konsequent klare Geschichte: Fundamentale Erwägungen sind die zentralen Gründe, welche die täglichen Kursschwankungen an den Aktienbörsen bestimmen. Drei Auszüge illustrieren, wie über die Bedeutung solcher Faktoren berichtet wurde:

US-Aktien stiegen und ließen den Dow Jones Industrial Average erstmals seit sechs Tagen anziehen, nachdem General Electric Co., das vom Marktwert zweitgrößte US-Unternehmen, erklärte, die Gewinne für 1999 werden den Erwartungen entsprechen. [15. Dezember 1998]

US-Aktien zogen an, nachdem die Federal Reserve die Anleger damit überraschte, dass sie die Zinssätze zum vierten Mal in diesem Jahr senkte. Der Index Nasdaq Composite verzeichnete seinen vierthöchsten Anstieg. [18. April 2001]

»Das Umfeld ist verdammt günstig für Aktien«, sagte Robert Phillip, Vorsitzender der Walnut Asset Management LLC, die in Philadelphia 725 Mio. Dollar verwaltet. »Die Gewinne scheinen stärker auszufallen als erwartet.« [1. März 2004]

Wie angesichts der engen gleichlaufenden Bewegungen von Aktienkursen und Gewinnen in Abbildung 7.1 nicht anders zu erwarten, zeigen die Bloomberg-Berichte, dass Gewinnerwägungen – als Hauptbestimmungsfaktor für die Kurse an 65 Prozent der Tage in der Stichprobe genannt (Tabelle 7.4) – die wichtigste Fundamentaldaten-Kategorie sind.[11] Aber selbst die Beziehung zwischen Gewinnen und Aktienkursen ist keine mechanische. Um zu sehen, wie die Bedeutung der Gewinne über die Zeit hinweg variiert, stellt Abbildung 7.2 einen gleitenden 12-Monats-Durchschnitt des Anteils der Tage in jedem Monat dar, an denen solche Erwägungen als Marktbeeinflusser genannt wurden. Die Abbildung zeigt, dass die Bedeutung dieser Kategorie größtenteils über die recht weite Spanne von 50–80 Prozent variiert.

11 Dieser Maßstab für die Häufigkeit, mit der in Bloombergs Marktberichten die Gewinne genannt werden, enthält auch Gewinnankündigungen und -prognosen der Unternehmen. Sie enthält außerdem die Nennung von Aktienkursbewegungen, die den Berichten zufolge dadurch entstanden, dass andere Informationsvariablen, zum Beispiel Zinssätze oder Umsätze, die Teilnehmer dazu veranlassten, ihre Gewinnprognosen zu revidieren. Mangee (2011) liefert aber auch einen alternativen Maßstab, der die Häufigkeit von Gewinnankündigungen und -prognosen der Firmen allein nachzeichnet; er stellt fest, dass solche Ankündigungen als Hauptbestimmungsfaktor für die Aktienkurse im Durchschnitt an 45 Prozent der Tage genannt werden. Die Häufigkeit mag überraschend hoch erscheinen angesichts der Tatsache, dass viele Unternehmen ihre Gewinne generell über einen grob zweiwöchigen Zeitraum pro Quartal ankündigen. Es ist jedoch nicht unüblich, dass Unternehmen Gewinnankündigen auch außerhalb der Gewinnsaison machen.

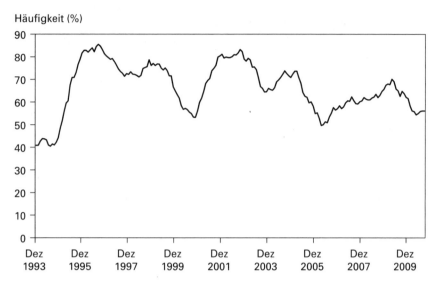

Abb. 7.2 Durchschnittliche monatliche Häufigkeit der
Nennung in Marktberichten: Gewinne
Quelle: Mangee (2011).

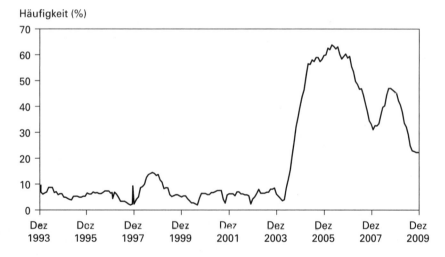

Abb. 7.3 Durchschnittliche monatliche Häufigkeit der
Nennung in Marktberichten: Ölpreise
Quelle: Mangee (2011).

Auch wenn die Bedeutung der Gewinne über die Stichprobe hinweg also erhebliche Schwankungen aufweist, sind solche nicht routinemäßigen Veränderungen bei anderen Fundamentaldaten doch noch weit stärker ausgeprägt. Betrachten wir nur einmal Ölpreis, Inflation und Zinssätze, deren gleitende Monatsdurchschnitte wir in den Abbildungen 7.3, 7.4 bzw. 7.5 darstellen.

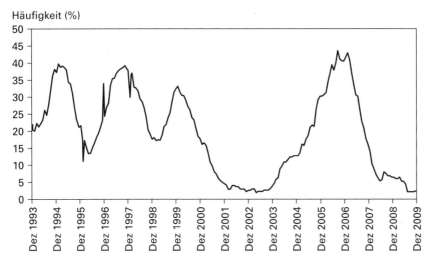

Abb. 7.4 Durchschnittliche monatliche Häufigkeit der Nennung in Marktberichten: Inflationsrate
Quelle: Mangee (2011).

Abbildung 7.3 zeigt, dass der Markt den Ölpreisen keine besondere Beachtung schenkte, bis ihre Bedeutung Ende 2003 dramatisch zu steigen begann. Ende 2004 zählten 60 Prozent der Marktberichte pro Monat sie zu den Einflussfaktoren auf dem Markt. Bei der Inflation (Abbildung 7.4) variiert die Bedeutung über die Stichprobe beträchtlich. 2002 und 2003 erhielten Berichte über die Inflation wenig Beachtung. Aber ab 2004 begannen die Anleger sich zunehmend darauf zu konzentrieren. Die wahrscheinlichste Erklärung ist, dass die Inflation Hinweise auf den künftigen Kurs der Geldpolitik lieferte, zu einer Zeit, als die kurzfristigen Zinssätze zu steigen begannen. Diese Interpretation ist konsistent mit Abbildung 7.5, die zeigt, dass der Markt ab 2004 Bewegungen bei den Zinssätzen als zunehmend wichtig betrachtete. Ende 2006 wurde dieser Faktor jeden Monat in 60 Prozent der Marktberichte als einer der wichtigsten Bestimmungsfaktoren für die Kurse genannt.

149

Fundamentaldaten und Kursbewegungen: Belege aus Bloombergs Marktberichten

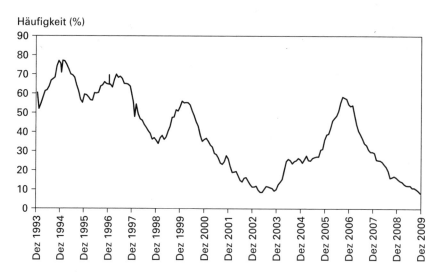

Abb. 7.5 Durchschnittliche monatliche Häufigkeit der Nennung in Marktberichten: Zinssätze
Quelle: Mangee (2011).

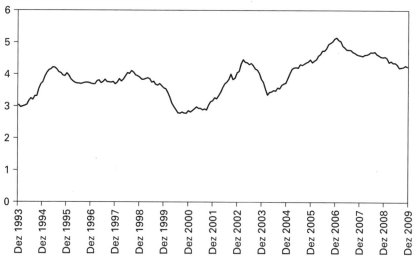

Abb. 7.6 Durchschnittliche monatliche Häufigkeit der Nennung in Marktberichten: Anzahl der Fundamentaldaten
Quelle: Mangee (2011).

Keynes und
Fundamentaldaten

Einen weiteren Hinweis auf die nicht routinemäßige Beziehung zwischen Aktienkursen und Fundamentaldaten liefert eine Betrachtung der durchschnittlichen Zahl einzelner Fundamentaldaten, die in den Marktberichten jedes Monats als Bestimmungsfaktoren genannt wurden. Dieser Durchschnitt wird in Abbildung 7.6 dargestellt, die zeigt, dass in manchen Zeiträumen (zum Beispiel 2000 und 2001) durchschnittlich nur drei fundamentale Faktoren von Bedeutung waren, während die Zahl in anderen Zeiträumen (zum Beispiel 2005 und 2006) fünf betrug. Angesichts des stets unvollkommenen Wissens kann natürlich niemand vollständig vorhersehen, welche fundamentalen Faktoren von Bedeutung sein könnten, welches Ausmaß ihr Einfluss auf die Kurse annimmt oder wann die relevanten Fundamentaldaten und ihr Einfluss sich verändern.

Erklärung psychologischer Faktoren durch Nachrichten über Fundamentaldaten

Mangees (2011) Textdaten zeigen, dass psychologische Erwägungen in den Marktberichten recht häufig genannt werden (Abbildung 7.7). Der auffälligste Befund aber ist, dass sowohl die Bloomberg-Journalisten als auch die Marktteilnehmer, mit denen sie sprechen, deren Rolle fast vollständig

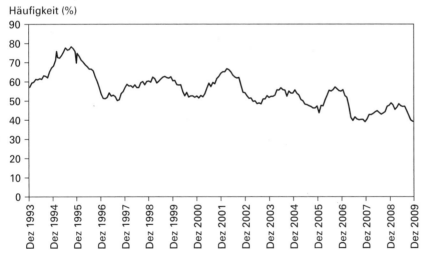

Abb. 7.7 Durchschnittliche monatliche Häufigkeit der Nennung in Marktberichten: Psychologische Erwägungen
Quelle: Mangee (2011).

durch Nachrichten über Fundamentaldaten und die Teilnehmerinterpretation des Einflusses der Fundamentaldaten auf die Kursbewegungen erklären. Zwei von Bloombergs Marktberichten sollen diese enge Verbindung illustrieren. Betrachten Sie den Bericht vom 21. April 2009 mit dem Titel »US-Aktien steigen, nachdem Qualcomm-Gewinne dem Nasdaq Composite Auftrieb verleihen«:

Ähnlich enthielt der Bericht vom 2. März 2009 mit dem Titel »US-Aktien fallen und kappen Gewinne am Ende einer dreiwöchigen Rallye« folgende Aussage:

> »Die IBM-Gewinne sind äußerst positiv«, sagte Howard Cornblue, Geldmanager bei Pilgrim Investments, die 7 Mrd. Dollar verwalten. »Das wird dem Markt Zuversicht und Stabilität geben.«

> »Es herrscht eine Menge Angst hinsichtlich der Gewinne«, sagte John Nichol, der in Pittsburgh 1 Mrd. Dollar managt, einschließlich dem Federated Equity Income Fund, der in den vergangenen fünf Jahren 74 Prozent der Mitbewerber geschlagen hat.

Tabelle 7.4 zeigt, dass der Anteil der Tage, an denen eine psychologische Erwägung in Zusammenhang mit einem fundamentalen Faktor genannt wird, über die gesamte Stichprobe hinweg 54 Prozent beträgt, während·der Anteil für die psychologischen Erwägungen insgesamt, wie wir gesehen haben, 55 Prozent beträgt. Die Differenz erfasst den Einfluss reiner Psychologie (psychologische Faktoren, die unabhängig von Fundamentaldaten genannt werden) nicht ganz, da an manchen Tagen sowohl Psychologie plus Fundamentaldaten als auch reine Psychologie genannt werden und die Gesamtkategorie Psychologie den Anteil der Tage verfolgt, an denen zumindest ein psychologischer Faktor genannt wird. Die folgenden beiden Auszüge illustrieren, wie die Bloomberg-Journalisten über den Einfluss rein psychologischer Erwägungen berichtet haben:

> »Ich denke schon, dass es sich hier um eine Manie handelt«, sagte Ned Riley, Hauptanlagemanager bei der BankBoston Corp., die 26 Mrd. Dollar verwaltet. »Jedes Mal, wenn Aktien an einem Tag um 30 bis 50 Prozent steigen, ist das die Theorie des noch größeren Dummkopfs. Die Leute denken, es wird sich schon immer noch einer finden, der einen noch höheren Preis bezahlt.« [21. April 1998]

> »Die Verkäufe nähren sich selbst«, sagte Ned Riley, Hauptanlagemanager bei der BankBoston Corp., die 30 Mrd. Dollar verwaltet. »Den Leu-

ten sind Aktienkurse und Bewertungen egal. Sie haben jetzt Angst.«
[4. August 1998]

Tabelle 7.4 zeigt, dass reine Psychologie über die Stichprobe hinweg nur
an einem Prozent der Tage genannt wurde.

Wie bei Ölpreisen und Inflation könnte der Anteil der Tage über die Stichprobe hinweg, an denen ein Faktor genannt wird, allerdings seine Bedeutung in spezifischen Zeitspannen der Stichprobe verschleiern. Und die Blasenmodelle behaupten ja tatsächlich, Massenpsychologie und Manien hätten ihren wichtigsten Einfluss während der langen Aufwärtsbewegungen,
die Kursschwankungen von Vermögenswerten charakterisieren.

Wie in Abbildung 7.8 gezeigt, steigt die Bedeutung rein psychologischer
Erwägungen Ende 1997 tatsächlich stark an, aber selbst auf ihrem Höhepunkt im November 1999 werden solche Faktoren im Durchschnitt weniger
als einmal pro Monat genannt (4 Prozent). Diese Beobachtung legt zusammen mit den Belegen für die Fundamentaldaten nahe, dass rein psychologische Erwägungen nur marginalen Einfluss auf die Aktienkurse hatten.
Überdies ereignete sich ein Großteil des Höhenflugs der Aktienkurse im
Verhältnis zu ihren zugrunde liegenden Gewinnen (siehe Abbildung 5.1) vor

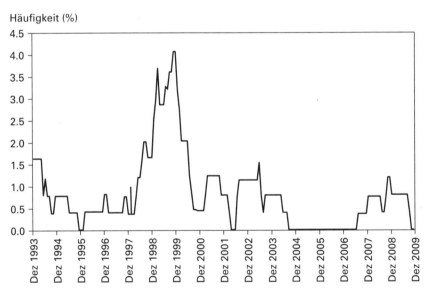

Abb. 7.8 Durchschnittliche monatliche Häufigkeit der
Nennung in Marktberichten: Reine Psychologie
Quelle: Mangee (2011).

Fundamentaldaten
und Kurs-
bewegungen:
Belege aus
Bloombergs
Marktberichten

1997, als rein psychologische Faktoren fast gar nicht erwähnt wurden. Und es gibt auch keine Belege dafür, dass solche Faktoren bei der langen Aufwärtsbewegung der Aktienkurse in den 2000er-Jahren irgendeine Rolle gespielt hätten.

Welche Rolle spielt, wenn überhaupt, Momentum Trading bei Aufwärtstrends?

Behavioristische Blasenmodelle berufen sich auf Momentum Trading – aufgrund psychologischer Erwägungen oder technischem Handel –, um die langen Aufwärtsbewegungen zu erklären, die Kursschwankungen von Vermögenswerten kennzeichnen. Aber selbst wenn wir rein psychologische und technische Erwägungen kombinieren, gibt es in Bloombergs Marktberichten wenig Unterstützung für eine solche Blasenbetrachtung.

Abbildung 7.9 stellt einen gleitenden 12-Monats-Durchschnitt für den Anteil der Tage in jedem Monat dar, an denen in Bloombergs Berichten wenigstens einmal erwähnt wurde, dass eine technische Erwägung den Markt beeinflusst hat. Abbildung 7.10 liefert eine ähnliche Darstellung für die Unterkategorie technischer Faktoren, die mit Momentum Trading in Verbindung stehen, die also technischen Handel und sonstige Erwägungen enthalten, die darauf hinweisen, dass Feedback-Effekte aus früheren Kurstrends die Kurse beeinflussen.

Drei Auszüge aus Bloombergs Marktberichten sollen solche Faktoren illustrieren:

International Business Machines Corp. führte den Rückgang des Dow (Jones Industrial) Average an, nachdem sie unter ihren gleitenden 50-Tage-Durchschnitt gefallen war. ... und war damit der Grund für den gesamten Rückgang des Dow Average. [2. August 1999]

Die Nasdaq verzeichnete weitere Gewinne und stieg ab 13 Uhr in einer Stunde um mehr als 2 Prozentpunkte, da »Momentum«-Anleger oder solche, die kurzfristige Wetten auf die Richtung einer Aktie abschließen, sich beeilten, Aktien zu kaufen, sagten Händler. [11. Januar 2001]

Sogenannte Momentum-Anleger kauften Technik-Aktien, denn »sie müssen ihren Fuß wieder in die Tür bekommen, um nicht abgehängt zu werden«, sagte Waterman von Rittenhouse. [4. Oktober 2001]

Die andere Unterkategorie technischer Erwägungen enthält Faktoren wie Gewinnmitnahmen oder den Montags-Effekt, bei denen es unwahrscheinlich ist, dass sie Momentum Trading aufrechterhalten könnten.[12] Zwei Auszüge aus Bloombergs Marktberichten illustrieren solche Faktoren:

> US-Aktien schlossen auf breiter Front niedriger, nachdem Verkäufe, die durch das heutige Auslaufen von Aktienoptionen, Indexoptionen und Terminkontrakten ausgelöst wurden, den Markt in der Schlussstunde ins Wanken brachten. [18. Juni 1993]

> US-Aktien gingen heute zurück und durchbrachen so eine Kette von Rekordhochs im Jahr 1994, da die Anleger vor dem entscheidenden morgigen Bericht über die Großhandelspreise noch ihre Gewinne mitnahmen. »Das ist ein vorhersagbarer Rückschlag«, sagte Jim Benning, Händler bei BT Brokerage. »Wir hatten in den letzten Tagen so hohe Kursanstiege.« [11. Januar 1994]

Abb. 7.9 Durchschnittliche monatliche Häufigkeit der Nennung in Marktberichten: Technische Erwägungen
Quelle: Mangee (2011).

12 Gewinnmitnahmen beinhalten die Entscheidung, eine profitable Position zu verringern oder zu eliminieren, um deren Gewinne zum Teil oder vollständig zu realisieren. Der Montags-Effekt bezieht sich auf die Tendenz, dass Aktienerträge an Montagen geringer ausfallen als an anderen Tagen. Siehe Mangee (2011) für eine Diskussion dieses und anderer Effekte.

Fundamentaldaten und Kursbewegungen: Belege aus Bloombergs Marktberichten

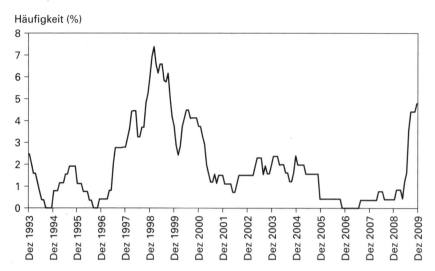

Abb. 7.10 Durchschnittliche monatliche Häufigkeit der Nennung in Marktberichten: Technische Erwägungen mit Bezug zu Momentum Trading
Quelle: Mangee (2011).

Die Abbildungen 7.9 und 7.10 zeigen, dass die Bedeutung technischer Erwägungen sowie solcher technischer Faktoren, die mit Momentum Trading zu tun haben, über die Stichprobe hinweg beträchtlich variiert. Ihren größten Einfluss hatten sie in der zweiten Hälfte der 1990er-Jahre, was eine gewisse Unterstützung für die behavioristische, Blasen zugrunde legende Betrachtung langer Aufwärtsbewegungen andeuten könnte. Überdies stieg 1996 auch der durchschnittliche Anteil der Tage pro Monat, an denen berichtet wurde, dass solche Faktoren die Kurse beeinflusst hätten, von etwa 0 Prozent auf einen Höchststand von etwa 7 Prozent im Februar 1999 stark an.

Abbildung 7.10 zeigt jedoch, dass es wenig Belege für die behavioristische Blasensichtweise gibt. Zunächst einmal wurden technische Faktoren mit Bezug zu Momentum Trading ebenso wie rein psychologische Erwägungen während des größten Teils des Aufwärtstrends in den 1990er-Jahren fast gar nicht erwähnt. Die Bedeutung dieser Faktoren stieg dann zwar 1999 an. Aber eine Höchstmarke von 7 Prozent bedeutet nur, dass sie im Durchschnitt an weniger als zwei von zwanzig Handelstagen pro Monat erwähnt wurden. Welches auch immer ihr Einfluss auf die Kurse sein mag, sie waren nicht die Hauptbestimmungsgrößen des Aufwärtstrends.

Keynes und
Fundamentaldaten

Ein weiteres für die behavioristische Blasensicht problematisches Merkmal der Daten ist, dass die Bedeutung technischer Faktoren mit Bezug zu Momentum Trading im Februar 1999 rasch zu sinken begann. Dieser Rückgang ereignete sich also ein Jahr vor dem scharfen Kursumschwung Mitte 2000, während der exzessivsten Phase des Aufwärtstrends – also genau zu einem Zeitpunkt, an dem technische Faktoren mit Bezug zu Momentum Trading der Blasentheorie zufolge ihren größten Einfluss entfalten sollten. Überdies zeigen die Bloomberg-Marktberichte, dass bei der 2003 begonnenen langen Aufwärtsbewegung der Aktienkurse diese Faktoren keine Rolle spielten. Wenn überhaupt, dann zeigt Abbildung 7.10, dass diese Faktoren in der zweiten Phase der 2007 begonnenen Abwärtsbewegung einen gewissen Einfluss hatten. Und selbst wenn wir rein psychologische und momentumbezogene technische Faktoren kombinieren, um ein Gesamtmaß für den potenziellen Einfluss blasenbezogener Erwägungen zu erhalten, ist es am Ende letztlich das alte Lied (siehe Abbildung 7.11).

Bloombergs Marktberichte führen zu einer außergewöhnlich klaren Schlussfolgerung: In praktisch keinem Fall bewegen psychologische und technische Erwägungen allein den Markt. Überdies erscheint die Rolle von Blasenerwägungen für die Beschleunigung von Aufwärtsbewegungen mar-

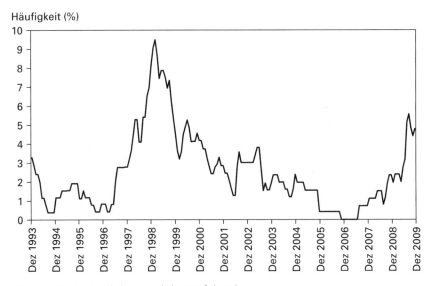

Abb. 7.11 Durchschnittliche monatliche Häufigkeit der Nennung in Marktberichten: Blasenerwägungen
Quelle: Mangee (2011).

Fundamentaldaten und Kursbewegungen: Belege aus Bloombergs Marktberichten

ginal. Aber selbst wenn man diese auffälligen Belege, dass psychologische und technische Erwägungen allein die Kursbewegungen bei Vermögenswerten nicht bestimmen, als zu schwach ansieht, um eine formelle Ablehnung der Blasenauffassung begründen zu können, so verweisen die Bloomberg-Berichte doch unzweifelhaft auf die Bedeutung der Fundamentaldaten für die Aufrechterhaltung von Trends.

Die Berichte zeigen aber auch, dass die Fundamentaldaten ihre Bedeutung in einer nicht routinemäßigen Weise entfalten, eine Schlussfolgerung, die von einer Menge formaler statistischer Analysen gestützt wird, die wir in Kapitel 11 diskutieren. Um Kurse und Risiko auf der Grundlage fundamentaler Erwägungen zu erklären und psychologischen Faktoren bei den Bewegungen über die Zeit hinweg dabei dennoch eine Rolle zuzugestehen (ohne offensichtliche Irrationalität aufseiten der Marktteilnehmer anzunehmen), müssen wir vollständig prädeterminierte Modelle und den mechanistischen Begriff von Rationalität aufgeben. In den Kapiteln 8–10 diskutieren wir, wie dies machbar ist.

8.
Spekulation und die Allokationsleistung der Finanzmärkte

Die Finanzmärkte liefern eine Einschätzung der jeweiligen Aussichten der Vermögenswerte von Unternehmen. Sie bestimmen Kurse, die den Fluss der erwarteten zukünftigen Erträge sowohl von getätigten Investitionen als auch von neuen Investitionsprojekten widerspiegeln sollen, für die Investoren gesucht werden. Die Märkte nehmen auf der Grundlage dieser Preissignale eine Kapitalallokation vor: Je höher der Kurs für die Vermögenswerte eines Unternehmens ist, desto leichter fällt es diesem, Finanzkapital anzuziehen, während niedrigere Kurse die Finanzierung schwieriger machen. Damit die Märkte diese Allokationsfunktion gut erfüllen, sollten die Entscheidungen der Teilnehmer für, sagen wir, Kauf oder Verkauf von Aktien eines bestimmten Unternehmens die Veränderungen bei den jeweiligen Aussichten des Unternehmens oder Projekts widerspiegeln, ebenso die Risiken, die damit verbunden sind, dort zu investieren.

Da Handelsentscheidungen auf den Finanzmärkten auf der Einschätzung der zukünftigen Erträge und Risiken beruhen, sind sie inhärent spekulativ. Wenn man sich bei der Allokation des gesellschaftlichen Kapitals auf die Finanzmärkte verlässt, geht man also von der Annahme aus, Spekulation führe zu einer Allokation, die alles in allem den Investoren und der Gesellschaft längerfristig bessere Erträge verschafft, als sie ein alternatives Arrangement liefern könnte. Die Erfahrung mit erfolgreichen kapitalistischen Volkswirtschaften bestätigt, insbesondere im Vergleich mit dem sowjetischen Experiment einer Kapitalallokation, die sich nicht auf die Finanzmärkte stützt, dass diese Annahme vernünftig ist.

Allerdings sollte der Erfolg der Volkswirtschaften mit hoch entwickelten Finanzmärkten nicht als Beleg dafür verstanden werden, dass diese Märkte die längerfristigen Aussichten alternativer Investitionsprojekte auf irgendeine Weise vollständig vorhersehen könnten. Doch dies ist genau das, was bei der Darstellung der Finanzmärkte nach dem Konzept der rationalen Erwartungen passiert: Dort wird angenommen, das Verhalten sogenannter »rationaler« Spekulanten sorge dafür, dass die Kurse von Vermögenswerten deren imaginäre wahre längerfristige Werte nahezu perfekt widerspiegelten und so für eine nahezu perfekte Allokation des gesellschaftlichen Kapitals sorgten.

Aus verschiedenen Gründen, die in diesem Buch wiederholt diskutiert werden, ist die zeitgenössische Finanztheorie aber auch noch zu einer ganz anderen extremen und simplen Erklärung des Prozesses gelangt, wie die Finanzmärkte die Kapitalallokation unter alternativen Projekten vornähmen: Vollständig prädeterminierte behavioristische Finanzmodelle unterstellen, dass die Kurse in erster Linie von psychologischen Faktoren bestimmt werden, was zu einer weitgehend zufälligen Kapitalallokation führt.

Die letzte Ansicht – dass man sich die Finanzmärkte am besten wie spekulative Casinos vorstellt – wird oft auf Keynes zurückgeführt. Angesichts des Gewichts, das seine Ansichten insbesondere nach der globalen Finanzkrise haben, hat diese Interpretation von Keynes' Position die öffentliche Debatte über die notwendigen Reformen verschleiert. Diese Debatte verkennt weitgehend, dass Spekulation der zentralen Rolle inhärent ist, welche die Finanzmärkte in modernen Volkswirtschaften spielen, und die implizieren würde, dass es nötig wäre, sich darauf zu konzentrieren, die Spekulation zur Verbesserung der Kapitalallokation zu nutzen und Exzesse zu zügeln, die eine künftige Krise verursachen könnten. Die Prämisse der Debatte lautet stattdessen, viele oder alle Spekulanten seien irrational, ihren Emotionen ausgeliefert und empfänglich für Wellen der Massenpsychologie. Und ihre Aktivitäten seien für die modernen Volkswirtschaften weitestgehend schädlich oder bestenfalls gesellschaftlich nutzlos.

Keynes erkannte nun zwar die Rolle der Marktpsychologie und einige seiner Argumente können tatsächlich so interpretiert werden, dass sie nahelegten, kurzfristige Spekulation könne die Allokationsleistung der Finanzmärkte beeinträchtigen. Allerdings erkannte er auch, welche Bedeutung fundamentale Faktoren für die Aufrechterhaltung der Marktpsychologie haben. In Wirklichkeit kam er letztlich unmissverständlich zu dem Schluss, dass es per Saldo schwierig wäre, die Art zu verbessern, wie die Märkte eine Allokation der Ressourcen auf ökonomische Aktivitäten vornehmen. Insbesondere war er ganz entschieden der Ansicht, dass der Staat keine bessere Allokation liefern könnte.

Am wichtigsten aber ist, dass es gar nicht Keynes' Hauptanliegen war, ob die Kraft psychologischer Faktoren die Fähigkeit der Finanzmärkte erheblich beeinträchtigen könnte, eine Kapitalallokation unter verfügbaren Investitionsprojekten vorzunehmen. Stattdessen konzentrierte er seine Analyse auf die Rolle, die professionelle Spekulanten dabei spielen, den Gesamtumfang der Investitionsprojekte zu senken, den Unternehmer bereit sind vorzunehmen.

Wie Keynes es sah, war das Hauptproblem der kurzfristigen Spekulation, selbst wenn sie auf fundamentalen Erwägungen beruht, dass sie zu »Labilität« oder instabilen Märkten führen kann, »was keine kleine Rolle spielt bei unserem gegenwärtigen Problem, ausreichend Investitionen sicherzustellen« (Keynes, 1936, S. 153), um Vollbeschäftigung zu erreichen. »Wenn es an effektiver Nachfrage fehlt, ist nicht nur der öffentliche Skandal verschwendeter Ressourcen untragbar, sondern dann arbeitet der individuelle Unternehmer, der diese Ressourcen einzusetzen versucht, auch noch gegen widrige Chancen an« (Keynes, 1936, S. 379–81). Um den Einfluss der kurzfristigen Spekulation und damit der Labilität der Märkte zu reduzieren, befürwortete Keynes die »Einführung einer beträchtlichen staatlichen Transfersteuer auf alle Transaktionen« (Keynes, 1936, S. 160) am Markt für Vermögenswerte, eine Maßnahme, die heute als »Tobin-Steuer« oder »Finanztransaktionssteuer« bezeichnet wird.

Keynes befürwortete eine Senkung der Zinssätze, um ein Niveau der Investitions- und Konsumausgaben zu stimulieren, das mit Vollbeschäftigung vereinbar ist. Solange »der Staat fähig ist, die aggregierte Menge der Ressourcen, die für [Investitionen] verwendet werden, und den grundlegenden Satz für die Belohnung derjenigen zu bestimmen, die [Kapital] besitzen ... hat er alles geleistet, was erforderlich ist« (Keynes, 1936, S. 378).

Keynes hatte den Verdacht, Zinspolitik allein könne unzureichend sein, und »eine doch umfassende Vergesellschaftung werde sich als einziges Mittel erweisen, um eine Annäherung an Vollbeschäftigung zu gewährleisten«. Aber er wollte, dass »öffentliche Autorität ... mit privater Initiative zusammenarbeitet« (Keynes, 1936, S. 378), nicht an ihre Stelle tritt. Wie Keynes' größter Biograf es ausdrückte: »Öffentlich sollte Privat nie ersetzen, sondern nur ergänzen« (Skidelsky, 2010, S. 1).

Gewiss wies Keynes in seiner Analyse der Finanzmärkte in Kapitel 12 der *General Theory* darauf hin, dass kurzfristige Spekulation nicht nur Instabilität hervorrufe, welche die Gesamtinvestitionen dämpfen kann, sondern darüber hinaus die Kurse auch noch dazu bewege, auf Faktoren zu reagieren, die wenig oder gar keine Verbindung zu den längerfristigen Aussichten der Vermögenswerte haben:

Die tagtäglichen Schwankungen der Profite bestehender Investitionen, die ganz offensichtlich nur vorübergehenden, bedeutungslosen Charakter haben, üben tendenziell einen völlig exzessiven, ja absurden Einfluss auf den Markt aus. So heißt es zum Beispiel, die Aktien amerikanischer Unternehmen, die Eis herstellen, verkauften sich tendenziell im Sommer, wenn ihre Profite saisonbedingt hoch sind, zu einem höheren Kurs als im Winter, wenn keiner Eis haben will. [Keynes, 1936, S. 154–55]

Aber auch wenn solche Effekte fehlten, glaubte Keynes, dass psychologische Faktoren einen Keil zwischen die Kursbewegungen und die Veränderungen längerfristiger Aussichten trieben. Er erkannte allerdings, dass es »seriöse Individuen« gibt, die »Kapitalanlagen auf Grundlage der besten langfristigen Erwartungen erwerben, die sie formen können ... und dass es für einen Kapitalanlagemarkt einen gewaltigen Unterschied macht, ob ihr Einfluss den der Spieler überwiegt oder nicht« (Keynes, 1936, S. 156). Es gibt jedoch mehrere Gründe, warum die »Spieler« dominieren könnten:

Eine Kapitalanlage, die auf echten langfristigen Erwartungen basiert, ist heute so schwierig, dass sie kaum durchführbar ist ... [sie] ist unerträglich langweilig und übermäßig anstrengend ... [wer] kurzfristige Marktschwankungen ignoriert, [braucht] größere Sicherheitsreserven und darf nicht in so großem Maßstab, wenn überhaupt, mit geliehenem Geld arbeiten. [Keynes, 1936, S. 158]

Keynes glaubte allerdings nie, dass der Staat die Rolle der privaten Kapitalmärkte übernehmen sollte. Im Gegenteil plädierte er am Ende der *General Theory* vehement für die »Vorzüge des Individualismus« und der privaten Initiative. »Es sind«, so schrieb er,

zum Teil Vorzüge der Effizienz, Vorteile der Dezentralisierung und des Spiels des Eigeninteresses, [die] vielleicht noch größer [sind], als das neunzehnte Jahrhundert annahm. ... Die Reaktion gegen den Appell ans Eigeninteresse ist vielleicht zu weit gegangen [und] ... wenn [der Individualismus] von seinen Mängeln und Missbräuchen gereinigt werden kann, [dann ist er] der beste Schutz für persönliche Freiheit ... die Vielfalt des Lebens. ... [Er] bewahrt Traditionen, die die sichersten und erfolgreichsten Entscheidungen früherer Generationen verkörpern; er färbt die Gegenwart mit der Vielfalt seiner Fantasie; und da er Handlanger sowohl der Erfahrung als auch der Tradition und der Fantasie ist, ist er das machtvollste Instrument zur Verbesserung der Zukunft. [Keynes, 1936, S. 380]

Mit »Mängeln« bezog sich Keynes auf die »Unfähigkeit der ökonomischen Gesellschaft … für Vollbeschäftigung zu sorgen, sowie ihre willkürliche und ungerechte Verteilung von Reichtum und Einkommen« (Keynes, 1936, S. 372). Wenn er aber dann die Rolle der Regierungen bei der Rückführung der Wirtschaft zur Vollbeschäftigung diskutiert, dann betont er sein Bekenntnis zur allokativen Überlegenheit der privaten Märkte. Tatsächlich behauptete Keynes trotz Bemerkungen in Kapitel 12, die nahelegen, dass die auf dem Markt basierenden Allokationen willkürlich seien, im Schlusskapitel der *General Theory*, er sehe

keinen Grund anzunehmen, dass das bestehende System zu einer ernsthaften Fehlnutzung der verwendeten Produktionsfaktoren führe. Es kommt natürlich zu Prognosefehlern; die würden aber *nicht* vermieden werden, wenn die Entscheidungen zentralisiert wären. Wenn von 10 000 000 Arbeitswilligen und -fähigen 9 000 000 beschäftigt sind, dann gibt es keine Belege dafür, dass die Arbeit dieser 9 000 000 etwa fehlgerichtet wäre. Die Beschwerde an das bestehende System lautet also nicht, dass die 9 000 000 mit anderen Aufgaben beschäftigt werden sollten, sondern dass auch für die übrigen 1 000 000 Menschen Aufgaben zur Verfügung stehen sollten. Es ist der Umfang, *nicht die Ausrichtung* der derzeitigen Beschäftigung, wo das bestehende System versagt hat. [Keynes, 1936, S. 379, Hervorhebungen hinzugefügt]

Keynes entwickelte die *General Theory*, um zu erklären, wie es zu diesem Versagen kommen konnte und welche Politik der Staat verfolgen kann, um es zu beheben. Er erklärte allerdings nie die inhärente Spannung zwischen seinem Glauben, kurzfristige Spekulation behindere die Leistung der Finanzmärkte bei der Ressourcenallokation, und seiner kategorischen Behauptung, es gebe »keinen Grund, anzunehmen, dass das bestehende System zu einer ernsthaften Fehlnutzung der verwendeten Produktionsfaktoren führe«.

Keynes erforschte nie, wie das unvollkommene Wissen und die Bedeutung von Fundamentaldaten für die Bestimmung der Ergebnisse – sei es direkt, sei es indirekt (durch Untermauerung der psychologischen Erwägungen) – seine Behauptung der guten Allokationsleistung privater Märkte erklären können. Hätte er das getan, hätte es ihn wahrscheinlich dazu veranlasst, seine Ansicht noch einmal zu überdenken, dass kurzfristige Spekulation praktisch keine Rolle dabei spiele, den Finanzmärkten zu helfen, die Kurse von Vermögenswerten so zu bestimmen, dass die längerfristigen Aussichten widergespiegelt werden.

Kurzfrist- und Wertspekulanten

Keynes' Argument, dass an den Finanzmärkten tendenziell die Spieler den Handel dominieren, ist überzeugend. Da diese Kurzfristspekulanten weitgehend auf kurzfristigen Ertrag fixiert sind, gründen sie ihre Handelsentscheidungen in dem weiten Spektrum fundamentaler Faktoren in erster Linie auf Nachrichten über kurzfristige Trends. Viele solcher Informationen sind ohne oder mit geringen Kosten aus einer Fülle zuverlässiger Nachrichtenquellen zu erhalten, wie etwa Bloomberg, *Wall Street Journal* oder *Financial Times*.

Viele Kurzfristspekulanten durchsuchen diese Basisinformationen nach Hinweisen – wie Gewinne, Umsätze, Kosten – auf die Erträge von Unternehmensaktien in den kommenden Monaten und Quartalen sowie auf zukünftige Zinssätze, Inflation und andere fundamentale Faktoren, welche die kurzfristigen Unternehmensaussichten beeinflussen. Manche Spekulanten verlassen sich dabei in gewissem Umfang zwar auch auf technische Handelsstrategien. Aber Mangees (2011) Bloomberg-Daten und die stark gleichlaufende Bewegung der Aktienkurse und der Unternehmensgewinne (siehe Abbildung 7.1) legen doch nahe, dass ein Vertrauen auf fundamentale Erwägungen bei der Prognose kurzfristiger Aussichten und Erträge weitverbreitet ist.

Es gibt jedoch auch Teilnehmer, die versuchen, die Unternehmensaussichten und -erträge über das nächste Jahr hinaus zu prognostizieren. Zum Beispiel verfolgen viele Investmentfonds eine sogenannte »Wachstums-und-Einkommens«-Strategie, nach der sie Aktien auswählen, deren längerfristige Gewinne sie in die Lage versetzen, in den kommenden Jahren einen stetigen Dividendenfluss auszuzahlen, und die auch Potenzial für Kapitalzuwächse bieten. Warren Buffet von Berkshire Hathaway, Seth Klarman von der Baupost Group und viele andere spekulieren auch in der Hoffnung über längere Frist, dass sie damit bessere Erträge (bereinigt um Risiko und Informationskosten) erzielen können, als die Kurzfristspekulanten im entsprechenden Zeitraum verdienen könnten.

Diese »Wertspekulanten«, wie wir sie nennen, wenden oft beträchtliche Mittel auf, um detaillierte Zusatzinformationen über Struktur und Aktivität der Unternehmen zu sammeln, zum Beispiel über Management und Aufsicht, Forschungs- und Entwicklungsprojekte, kommende Produktlinien und Produktionsprozesse. Dadurch können sie Unternehmen erkennen, deren gute längerfristige Aussichten von solchen Marktteilnehmern schwerer zu erkennen sind, die allein auf der Grundlage von Informationen über kurzfristige Trends handeln.

Allerdings sind Informationen über Entwicklungen wie neue Forschungsprojekte, auch wenn sie die Prognosen der längerfristigen Aussichten von Unternehmen verbessern können, notwendigerweise unscharf und verleihen den Prognosen, die diese berücksichtigen, zusätzliche Unsicherheit. Daher verlassen sich Wertspekulanten, wenn sie ihre Prognosen über die längerfristigen Aussichten bilden, auch auf ihre Interpretation der Wirkung von Nachrichten über kurzfristige Veränderungen in demselben Satz leichter quantifizierbarer Fundamentaldaten, wie sie von Kurzfristspekulanten berücksichtigt werden:

> Es wäre dumm, bei der Bildung unserer Erwartungen großes Gewicht
> auf Dinge zu legen, die sehr unsicher sind. Es ist daher vernünftig, sich
> zu einem beträchtlichen Grad von Fakten leiten zu lassen, bei denen wir
> uns ein wenig zuversichtlich fühlen, selbst wenn sie für das Thema von
> weniger entscheidender Relevanz sein mögen als andere Fakten, über
> die unser Wissen vage und unzureichend ist.[1] [Keynes, 1936, S. 148]

Die Teilnehmer innerhalb jeder dieser Spekulantengruppen teilen zwar dieselben Basisinformationen, interpretieren die kurzfristigen Bewegungen bei den Fundamentaldaten im Hinblick auf die Einschätzung der Erträge aber mit unterschiedlichem Zeithorizont. Kurzfristspekulanten versuchen einzuschätzen, was die kurzfristigen Trends für die kurzfristigen Erträge bedeuten könnten, während Wertspekulanten versuchen, die Bedeutung dieser Bewegungen für die längerfristigen Aussichten zu prognostizieren. Sie überprüfen und ergänzen diese Einschätzungen anhand detaillierter unternehmensspezifischer Informationen.

Das unvollkommene Wissen begrenzt allerdings den Horizont, bis zu dem Wertspekulanten vernünftigerweise über Zukunftsaussichten und Handelsentscheidungen nachdenken können:

> Wenn wir ganz ehrlich sind, müssen wir aber zugeben, dass unsere
> Wissensbasis für die Einschätzung des Ertrags in zehn Jahren für eine
> Eisenbahn, eine Kupfermine, eine Textilfabrik, den Geschäftswert eines
> patentierten Arzneimittels, ein Atlantiklinienschiff, ein Gebäude in der
> City of London ziemlich klein oder sogar gar nicht vorhanden ist; nicht
> einmal in fünf Jahren. [Keynes, 1936, S. 149–50]

---

1 Wie wir im nächsten Kapitel argumentieren, hilft diese Fixierung auf kurzfristige Veränderungen bei den Fundamentaldaten, zu erklären, warum auch Wertspekulanten zu exzessiven Kursschwankungen beitragen können.

Eine Prognose der Aussichten über das gesamte Leben einer Investition ist infolgedessen »heute so schwierig, dass sie kaum durchführbar ist« (Keynes, 1936, S. 158). Trotzdem verleihen Wertspekulanten dadurch, dass sie Handelsentscheidungen teilweise auf unternehmensspezifischen Informationen gründen sowie kurzfristige Trends aus längerfristiger Perspektive interpretieren, den Kursbewegungen von Vermögenswerten ihre Interpretation davon, wie sich die Aussichten der Unternehmen und Projekte längerfristig entwickeln werden.

Wie Kurzfristspekulation die Wertspekulation erleichtert

Den beträchtlichen Schwierigkeiten und Unsicherheiten zum Trotz, die allen Versuchen inhärent sind, auf längere Sicht zu spekulieren, befassen sich doch viele Finanzmarktteilnehmer mit dieser Anlagestrategie. Wie in Kapitel 7 erwähnt, kaufen viele Investmentfonds und Hedgefonds Aktien, von denen sie glauben, dass sie angesichts ihrer Einschätzung der künftigen Gewinne und sonstigen Aussichten unterbewertet sind. Solche Anleger erwarten nicht, dass sich diese Aussichten bald materialisieren werden (sagen wir, im kommenden Jahr), sondern nur, dass der Markt, zusätzlich zu allen Dividenden, die in der Zwischenzeit verdient werden, die Kurse in die Höhe treiben und Kapitalgewinne liefern wird, wenn sie sich dann tatsächlich materialisieren.

Auch wenn Keynes Zweifel an der Durchführbarkeit und Profitabilität der Wertspekulation zum Ausdruck brachte, erkannte er doch, dass es Marktteilnehmer gibt, die sich mit längerfristiger Spekulation befassen (Keynes, 1936, S. 156). Bemerkenswerterweise anerkannte Keynes auch, wenn auch vielleicht unabsichtlich, dass kurzfristige Spekulation – die er, wie viele Beobachter heute, als sozial schädliche ökonomische Aktivität betrachtete – tatsächlich der Schlüssel zum Verständnis der Realisierbarkeit von Wertspekulation als nach Profit strebender Aktivität sein könnte.

Keynes lieferte eine lange Liste von Gründen, warum das Auftauchen der modernen Finanzmärkte eine Wertspekulation unrealisierbar gemacht habe. Dennoch deutete er an, »es müssten sich langfristig von *anderen Spielern* gewiss große Profite abgewinnen lassen, wenn eine geschickte Person, unbeirrt vom vorherrschenden Zeitvertreib, fortfährt, Kapitalanlagen auf Grundlage der besten langfristigen Erwartungen zu erwerben, die sie formen kann« (Keynes, 1936, S. 156, Hervorhebung hinzugefügt).

Die »anderen Spieler« müssen dabei natürlich Kurzfristspekulanten sein. Wenn die Zukunft dann zur Gegenwart wird, werden aus dem, was vor einigen Quartalen oder Jahren einmal längerfristige Aussichten waren, nun gegenwärtige kurzfristige Trends bei den Unternehmensgewinnen und anderen Fundamentaldaten. Diese Trends sind dann die Nachrichten, auf die Kurzfristspekulanten mit ihren Handelsentscheidungen reagieren. Wenn einige der Vorhersagen, die Wertanleger gemacht haben, sich nun tatsächlich in überlegener Unternehmensleistung materialisieren, werden diese positiven Nachrichten die Kurzfristspekulanten dazu bringen, die Aktienkurse dieser Unternehmen in die Höhe zu treiben.[2]

Keynes befürchtete, kurzfristige Spekulation und Marktliquidität trügen erheblich zur Instabilität des Systems bei. Aber es sind genau die Kurzfristspekulanten, welche die jüngst aufgewerteten Aktien der Wertspekulanten kaufen. Paradoxerweise ist es also gerade die Kurzfristspekulation, die es Wertspekulanten ermöglicht, mit ihren mühevollen Recherchen und ihrer Geduld beim Halten von Aktien anständige Profite zu machen.

In Wirklichkeit gibt es auch gar keine scharfe Trennung wischen Kurzfrist- und Wertspekulanten. Auch wenn die Wertspekulanten mit einem Blick auf die längerfristigen Erträge handeln, ist der Zeithorizont, bis zu dem sie diese Erträge mit einem minimalen Grad an Zuversicht einschätzen können, doch notwendigerweise begrenzt und er unterscheidet sich je nach Projekt und Unternehmen. Wie Keynes betonte: »Unser Wissen über die Faktoren, die den Ertrag einer Kapitalanlage in ein paar Jahren bestimmen werden, ist für gewöhnlich sehr gering und oft unerheblich.« Somit beruht die Wertspekulation im Allgemeinen auf Ertragsschätzungen für Zeiträume, die gewöhnlich nicht länger dauern als bis »in fünf Jahren«.

Die Bedeutung des unvollkommenen Wissens ist in der hohen Frequenz impliziert, mit der Wertspekulanten ebenso wie Kurzfristspekulanten auf

2 Walter J. Schloss ist ein bekanntes Beispiel für einen solchen Wertspekulanten; seine Investmentfirma erzielte zwischen 1995 und 2000 bemerkenswerte Renditen von mehr als 15 Prozent pro Jahr, im Vergleich zu Renditen von knapp über 10 Prozent beim S&P 500. In einem Interview der *Hindu Business Line* beschrieb Schloss seine Strategie wie folgt: *Was wir zum Beispiel gemacht haben, ist, mehr als hundert Unternehmen in unserem Portfolio zu halten ... wir können die Gewinne dieser Unternehmen nicht prognostizieren, es sind zweitrangige Unternehmen, aber irgendwann einmal werden einige von ihnen funktionieren. Nun kann ich Ihnen aber nicht sagen, welche, daher kaufe ich hundert von ihnen. Das bedeutet natürlich nicht, dass man von jeder Aktie dieselbe Menge besäße. [Hindu Business Line 2007, S. 1]*

den Märkten handeln.[3] Wenn Wertspekulanten ihre Handelsentscheidungen treffen, legen sie mithin erhebliches Gewicht auf die kurzfristigen Trends bei Unternehmensgewinnen, Zinssätzen und einem weiten Spektrum anderer Fundamentaldaten. Und so wählen die Finanzmärkte, obwohl sowohl Kurzfrist- als auch Wertspekulanten durch die kurzfristigen Trends bei den Fundamentaldaten motiviert sind, solche Projekte und Unternehmen aus, die Kapitalanlegern und der Gesellschaft alles in allem Erträge liefern, die denen weit überlegen sind, die von allen Versuchen herbeigeführt werden, eine Kapitalallokation ohne Märkte vorzunehmen.

Obwohl die Wertspekulanten stark auf die kurzfristigen Trends bei den Fundamentaldaten achten, tragen sie doch in bedeutendem Maße zur überlegenen Allokationsleistung der Märkte bei. Da sie mit einem Blick auf die längerfristigen Erträge handeln, untersuchen sie kurzfristige Trends nach Hinweisen, ob sich die längerfristigen Aussichten der Vermögenswerte in ihren Portfolios verbessert oder verschlechtert haben, und vergrößern oder verkleinern ihre Positionen entsprechend. Indem die kurzfristigen Trends bei den Fundamentaldaten die Handelsentscheidungen der Wertspekulanten beeinflussen, sorgen sie dafür, dass die Kursbewegungen die sich entfaltenden Aussichten früherer Investitionen – verkörpert im existierenden Kapital – einbeziehen und die Aussichten neuer Investitionsprojekte verfolgen, die eine Finanzierung suchen.

Selbst wenn der Markt ausschließlich aus Wertspekulanten bestünde, könnte er die sich entfaltenden Aussichten von Projekten und Unternehmen doch nicht perfekt verfolgen, ganz zu schweigen von ihren längerfristigen Aussichten. Die Kursbewegungen werden von den Prognosen der Teilnehmer bestimmt, und selbst wenn sich diese alle nur für die längerfristigen Erträge interessierten, würde das unvollkommene Wissen doch ihre Fähigkeit begrenzen, diese Erträge auch nur annähernd perfekt einzuschätzen.

Aber die Märkte bestehen natürlich nicht ausschließlich aus Wertspekulanten. Und tatsächlich hat ja die öffentliche Debatte über die 2007 ausgebrochene Krise die Schuld für das schlechte Funktionieren der Finanzmärkte zum großen Teil den Kurzfristspekulanten zugewiesen. Diese Vorwürfe gehen wie Keynes davon aus, dass Kurzfristspekulanten keine Rolle dabei

3 So fanden zum Beispiel Chen et al. (2000), dass der jährliche Umsatz von 385 Wachstums- und Einkommens-Investmentfonds, gemessen an den Gesamtaktienkäufen oder -umsätzen, geteilt durch die durchschnittlichen Gesamtnettovermögenswerte, 1995 bei 73,3 Prozent lag.

spielten, die Märkten dabei zu unterstützen, eine Kapitalallokation gemäß der Entwicklung der längerfristigen Aussichten der Vermögenswerte vorzunehmen. Diese Ansicht übersieht aber Faktoren – wie etwa die Qualität und Organisation des relevanten Sach- und Humankapitals –, die deren Leistung sowohl kurz- als auch in längerfristig beeinflussen. Damit ignoriert sie die Möglichkeit, dass Bewegungen bei den kurzfristigen Trends auch Veränderungen der längerfristigen Aussichten widerspiegeln können.

Wenn ein Unternehmen zum Beispiel ein besseres Managementteam als zuvor einstellt, dann verbessern sich wahrscheinlich sowohl seine kurzfristigen Leistungen als auch seine längerfristigen Aussichten. Selbst wenn Kurzfristspekulanten also überhaupt nicht auf Erträge über die kurze Sicht hinaus achten, helfen sie mithin durch ihre Reaktion auf die verbesserten kurzfristigen Leistungen dabei, dass die Marktkurse die sich entfaltenden (und inhärent dem Wissen entzogenen) längerfristigen Aussichten des Unternehmens verfolgen.

Gewiss neigen, wie Keynes betonte, Kurzfristspekulanten dazu, auf gute (und schlechte) Kurzfristnachrichten überzureagieren. Aber im Lauf der Zeit spiegeln sich die Auswirkungen des neuen Managements auf die Unternehmensleistungen doch in den dann realisierten Kurzfristtrends wider. Wenn die Veränderungen dieser Trends nun offenbaren, dass die Kurzfristspekulanten auf die Ernennung des neuen Managements überreagiert haben, dann werden die schwächer als erwartet ausgefallenen kurzfristigen Leistungen die Spekulanten veranlassen, den Aktienkurs nach unten zu treiben und so den Zuwachs, den sie selbst verursacht haben, ganz oder zum Teil wieder zurückzunehmen. Wenn die künftigen kurzfristigen Trends bei den Unternehmensgewinnen das Vertrauen der Kurzfristspekulanten in das neue Management dagegen bestätigen, dann werden die Aktien des Unternehmens hoch bleiben oder sogar noch weiter steigen. In diesem Sinne können die laufenden Neuinterpretationen der kurzfristigen Trends bei Fundamentaldaten durch Kurzfristspekulanten und ihre Reaktionen dem Markt helfen, die längerfristigen Aussichten besser zu verfolgen.

Spekulation und wirtschaftliche Dynamik

Selbst wenn die erhöhte Volatilität, die durch das Handelsverhalten der Kurzfristspekulanten verursacht wird, den potenziellen Nutzen ihrer Rolle beim Verfolgen der Leistung längerfristiger Investitionen wieder wettmacht, scheint ihre Anwesenheit doch eine entscheidende Rolle dabei zu spielen, andere Marktteilnehmer zur Beschäftigung mit einer Spekulation zu motivieren, die auf Erträge über die kurze Frist hinaus abzielt.[4] Indem die Kurzfristspekulanten die Kurse von Aktien hochtreiben, auf die Wertspekulanten vor mehreren Quartalen oder Jahren gesetzt haben, erzeugen sie die Erträge, die benötigt werden, damit die Wertspekulanten am Markt bleiben und ihre höchst unsichere und mühsame Aufgabe erfüllen können, Investitionen aus der Perspektive ihrer längerfristigen Aussichten einzuschätzen. Dieses Bemühen wiederum versetzt die Finanzmärkte in die Lage, eine Kapitalallokation auf neue Investitionsprojekte vorzunehmen.

Denn schließlich sind Risikokapitalgeber Langfristspekulanten par excellence. Indem die Finanzmärkte es ermöglichen, dass solche Spekulanten aus ihrer Eigentümerposition bei neuen Unternehmen wieder aussteigen, sind sie eine wichtige Determinante für Unternehmertum in der Gründungsphase. Ein Ausstieg ist in der Tat wichtig für beide Arten der Hauptbeteiligten an erfolgreichen Unternehmensgeschäften: der Unternehmer selbst, der seine Kapitalanlage vielleicht ablösen und umfinanzieren möchten, und der Risikokapitalgeber, der vielleicht anderswo bessere Gelegenheiten entdeckt hat und dessen Rolle im Unternehmen wahrscheinlich auf jeden Fall mit der Zeit abnehmen wird.

In der Tat, auch wenn ein Input, der über Kapital hinausgeht, wie Ansehen, Erfahrung und externe Überwachung, für Betriebe in ihrer frühen Wachstumsphase äußerst wertvoll ist, nimmt der relative Wert solcher nicht finanziellen Beiträge von Risikokapitalfirmen mit dem Erfolg eines Geschäftsmodells doch ab. Das Wahrnehmen der Ausstiegsoption versetzt die Risikokapitalgeber dann in die Lage, ihre nicht finanziellen Beiträge zum Erfolg der Gründung zu recyceln und wieder neu in andere Portfolio-Unternehmen in der Anfangsphase zu investieren.[5] Der Ausstieg des Risikokapitals ist auch ganz allgemein wichtig für die Marktteilnehmer, da er Informationen über den jeweiligen Erfolg oder Misserfolg verschiedener Fondsmanager liefert und so die Reallokation von Kapital vom weniger Erfolgreichen

---

4 Dieser Abschnitt stützt sich auf Frydman et al. (2010a).

5 Der Ausstieg ist auch wichtig, um unternehmerische Erfahrung in der Wirtschaft zu verbreiten. Er führt zur Schaffung eines Pools von Serien-Unternehmern, die nach dem Ausstieg aus einem Unternehmen ihre Fähigkeiten und Erfahrungen in Anschluss-Unternehmungen einsetzen können. Für eine Analyse der Rolle des Serien-Unternehmertums siehe Wright et al. (1997). Für eine jüngere Studie über den Ein- und Ausstieg von unternehmerischen Betrieben als Hauptantriebsfaktor für die Entwicklung von Branchen und Volkswirtschaften siehe Hessels et al. (2009) und die Quellenangaben dort.

hin zum Erfolgreicheren ermöglicht – oder zu anderen Anlagemöglichkeiten (Berger und Udell, 1998; Black und Gilson, 1998).

Ein Ausstieg kann durch Verkauf, Aktienerstemission oder den Rückkauf des Anteils des Risikokapitalgebers durch das Unternehmen selbst erfolgen. In allen diesen Szenarien spielt die Bewertung, die von einem gut funktionierenden Markt für Anteilskapital geliefert wird, eine Schlüsselrolle.[6]

Besonders wichtig sind die Finanzmärkte aber, um einen Ausstieg über Aktienerstemission zu ermöglichen und so das Engagement in unternehmerische Aktivitäten und ihre Finanzierung zu motivieren. Den ursprünglichen Gründern ist ein Ausstieg über Aktienerstemission am liebsten, denn hier erhalten sie durch den Ersatz des Risikokapitalgebers durch verstreute Aktionäre die Kontrolle über das Geschäft zurück, während ein Direktverkauf sie bestenfalls in der Managementrolle zurücklassen würde. Auch für den Risikokapitalgeber ist die Option Aktienerstemission wichtig, denn sie erhöht seine Liquidität und ermöglicht Zusatzerträge in einer Zeit, in der die Bewertung der börsengehandelten Wertpapiere gerade hoch ist (Lerner, 1994). In der Tat ist aus diesen und anderen Gründen eine Aktienerstausgabe auch viel profitabler als andere Ausstiegsformen: Studien zeigen, dass eine US-Firma, die schließlich an die Börse geht, über eine durchschnittliche Haltedauer von 4,2 Jahren einen durchschnittlichen Ertrag von 195 Prozent bringt; dieselbe Kapitalanlage liefert in einer gekauften Firma über die durchschnittliche Haltedauer von 3,7 Jahren nur einen Durchschnittsertrag von 40 Prozent (Venture Economics, 1988; Bygrave und Timmons, 1992; Gompers und Lerner, 1997; Bienz und Leite, 2008).

Ein Ausstieg über Aktienerstemissionen ist daher Dreh- und Angelpunkt für ein dynamisches unternehmerisches Umfeld. Und er funktioniert nur bei der Existenz eines großen, lebhaften Marktes für Anteilskapital, der sowohl zahlreiche Lieferanten für längerfristiges Kapital als auch Kurzfristspekulanten aufweist und es neuen Firmen leicht macht, Aktien auszugeben. Solche Märkte – in der Tat alle Finanzmärkte – nehmen Kapitalallokationen vor, indem sie die Einschätzungen und Handelsentscheidungen von Kurzfristspekulanten und Wertanlegern in Kursbewegungen übersetzen. Sie liefern eine laufende Bewertung der sich entfaltenden längerfristigen Aussichten früherer Investitionen; gleichzeitig fördern und finanzieren sie neue

---

6 So sind Aktien des erwerbenden Unternehmens zum Beispiel ein typisches Zahlungsmittel bei der Veräußerung von unternehmerischen Projekten an industrielle Investoren.

Unternehmen und Projekte – der Schlüssel zu moderner ökonomischer Dynamik und Innovation. Wie wir als Nächstes diskutieren, beinhaltet der Prozess, mit dem die Finanzmärkte diese wesentlichen Funktionen erfüllen, inhärent Schwankungen bei Kursen und Risiken.

9.
Fundamentaldaten und Psychologie
bei Kursschwankungen

Die Bloomberg-Berichte zum Börsenschluss zeigen, dass kurzfristige Bewegungen bei einem weiten Spektrum fundamentaler Faktoren – von Unternehmensgewinnen bis hin zu Ölpreisen – die Handelsentscheidungen der Teilnehmer an den Märkten für Anteilskapital und andere Vermögenswerte untermauern. Die Teilnehmer interpretieren den Einfluss dieser Bewegungen bei den Fundamentaldaten auf die Aussichten und Erträge der Unternehmen auf kurze und lange Sicht und bewirken dadurch, dass sich deren jeweilige Kurse und damit auch ihr Zugang zu Finanzkapital verändern. Bei der Entfaltung dieses Allokationsprozesses tendieren die einzelnen Aktienkurse ebenso wie allgemeine Kursindizes im Zeitablauf auch dazu, Auf- und Abschwünge unterschiedlicher Größe und Dauer zu durchlaufen, weg von und hin zu den üblichen Bezugsgrößenniveaus.

Diese Beobachtungen legen nahe, dass Schwankungen bei den Kursen und Risiken durch die Art und Weise entstehen, wie die Finanzmärkte die jeweiligen Kurse anpassen und die Kapitalallokation vornehmen. Und da solche Schwankungen davon abhängen, wie die Teilnehmer beim Prognostizieren der Ergebnisse Fundamentaldaten interpretieren, sind sie letztlich durch die kurzfristigen Bewegungen dieser Fundamentaldaten bestimmt. Wenn wir Schwankungen der Kurse und des Risikos auf der Basis fundamentaler Faktoren erklären wollen, müssen wir vollständig prädeterminierte Modelle allerdings verwerfen. Denn schließlich revidieren die nach Profit strebenden Teilnehmer ihre Prognosestrategien auf nicht routinemäßige Weise aufgrund von Nachrichten über die Fundamentaldaten und von psychologischen Erwägungen wie Zuversicht und Optimismus (die zwar von fundamentalen Faktoren abhängen, sich aber nicht im Gleichschritt mit ihnen bewegen).

Während Nicht-Blasenmodelle rationaler Erwartungen die psychologischen Erwägungen ignorieren und nur eine bestimmte vollständig prädeterminierte fundamentale Beziehung zur Erklärung der Kurse von Vermögenswerten auswählen, erkennen die vollständig prädeterminierten Blasenmo-

Jenseits rationaler Märkte Roman Frydman und Michael D. Goldberg
Copyright © 2012 WILEY-VCH Verlag GmbH & Co. KGaA, Weinheim

delle rationaler Erwartungen und behavioristischer Prägung die Bedeutung psychologischer Erwägungen für das Verständnis der Kursschwankungen zwar an, ignorieren aber weitgehend die Rolle der Fundamentaldaten. Das Problem dabei ist nicht nur, dass sowohl fundamentale als auch psychologische Faktoren für die Kursschwankungen der Vermögenswerte von Bedeutung sind, sondern auch, dass diese Bedeutung nicht mit mechanischen Regeln vollständig im Voraus spezifiziert werden kann. Daher ist es nicht überraschend, dass keiner der heutigen Ansätze in der Lage ist, die Schwankungen bei den Kursen und Risiken zu erklären, die wir auf den Finanzmärkten tatsächlich beobachten.

Die Ökonomie des unvollkommenen Wissens verzichtet auf vollständig prädeterminierte Modelle und auch auf die Annahme, die Marktteilnehmer verließen sich unerschütterlich auf eine einzige umfassende Prognosestrategie. Wie wir im Verlauf dieses Buches argumentieren, revidieren die nach Profit strebenden Marktteilnehmer, da sie mit ihrem stets unvollkommenen Wissen zurechtkommen müssen, ihre Prognosestrategien zu Zeitpunkten und auf eine Weise, die nicht einmal sie selbst, geschweige denn Ökonomen, vollständig vorhersehen können – insbesondere angesichts der Tatsache, dass auch Institutionen, Wirtschaftspolitik und andere Merkmale des gesellschaftlichen Kontexts, die Bewegungen der Fundamentaldaten zugrunde liegen, sich auf nicht routinemäßige Weise verändern.

Aber auch wenn die Bewegungen der Fundamentaldaten und die Revisionen der Prognosestrategien nicht routinemäßig erfolgen, kann es doch qualitative Regelmäßigkeiten geben, die sie charakterisieren. Solche Regelmäßigkeiten charakterisieren überdies auch die Veränderungen in den Zeitabschnitten, die niemand vollständig vorhersehen kann. Unsere IKE-Erklärung für die Schwankungen der Kurse von Vermögenswerten und das Risiko beruht auf solchen qualitativen und kontingenten Regelmäßigkeiten.

Eine der Regelmäßigkeiten, die wir formalisieren, wurde von Keynes (1936, S. 152) betont: Ganz gleich, ob die Teilnehmer an den Finanzmärkten Bullen oder Bären sind, neigen sie zu der Annahme, der »gegenwärtige Stand der Dinge wird unbegrenzt andauern, soweit wir nicht spezifische Gründe haben, eine Veränderung zu erwarten«. Und selbst wenn Teilnehmer »spezifische Gründe haben, eine Veränderung zu erwarten«, ist völlig unklar, welche neue Prognosestrategie sie, wenn überhaupt, einschlagen sollen. Angesichts dieser Unsicherheit neigen die Teilnehmer dazu, ihr Denken darüber, welche Bedeutung die Fundamentaldaten haben, nur auf »zurückhaltend moderate Weise« zu revidieren: Es gibt Zeitabschnitte, in denen sie ihre Strategie entweder beibehalten oder nur schrittweise revidieren. Solche Revisionen ändern den Satz der Fundamentaldaten, den die Teilnehmer für relevant halten, und/oder die Interpretation ihres Einflusses auf die zukünftigen Ergebnisse im Allgemeinen nicht substanziell. Wie wir sehen werden, entstehen Kursschwankungen in Zeitabschnitten, in denen die Marktteilnehmer ihre Prognosestrategien insgesamt schrittweise revidieren, während die Fundamentaldaten noch in unveränderte Richtung weisen.[1]

Aber wie die Kursschwankungen selbst ist auch die Neigung zu zurückhaltend moderaten Revisionen nicht nur qualitativ, sondern auch kontingent. Die Entscheidung der Teilnehmer, ihre Prognosestrategie zu revidieren, hängt von vielen Erwägungen ab; dazu zählt auch die Leistungsfähigkeit der gegenwärtigen Strategie oder ob sie »spezifische Gründe haben, eine Veränderung zu erwarten«, wie die fundamentalen Faktoren tendieren und die Kurse beeinflussen, oder die »*Zuversicht*, mit der wir ... prognostizieren« (Keynes, 1936, S. 148).

Überdies können die Marktteilnehmer als Ganzes ihre Strategie auch auf nicht zurückhaltend moderate Weise revidieren. Es gibt Gelegenheiten, bei denen die Nachrichten über die Fundamentaldaten und die Kursbewegungen die Teilnehmer veranlassen, ihre Prognosestrategie radikal zu revidieren. Solche Revisionen können dramatische Auswirkungen auf die Kurse haben und das Ende einer Bewegung in die eine Richtung und den Beginn einer neuen Bewegung in die entgegengesetzte Richtung bedeuten. Auch Verschiebungen bei den Trends der Fundamentaldaten können zu solchen Umschwüngen bei den Kursbewegungen führen.

Indem wir Keynes' Erkenntnis als qualitative und kontingente Regelmäßigkeit formalisieren, können wir die Bedeutung der Trends bei Fundamentaldaten für die Bestimmung von Kursschwankungen erklären und bleiben dennoch offen für die nicht routinemäßige Art und Weise, wie Fundamentaldaten und psychologische Faktoren im Zeitablauf ihre Bedeutung entfalten. Da unser IKE-Modell weder vollständig im Voraus spezifiziert, wann die Trends bei den Fundamentaldaten sich ändern, noch wann die Marktteilnehmer ihre Strategie auf zurückhaltend moderate Weise revidieren, sagt es überdies auch nicht präzise voraus, wann ein Auf- oder Abschwung bei den Kursen beginnen oder enden könnte. Es ist genau dieses Merkmal des Modells, das es in die Lage versetzt, Kursschwankungen unregelmäßiger Dauer

---

1 Ob eine Kursschwankung anhält oder endet, hängt auch vom Grad der Vielfalt ab, mit dem die Trends bei den Fundamentaldaten die Kursprognosen der Teilnehmer beeinflussen. Siehe Frydman und Goldberg (2010b).

Fundamentaldaten und Psychologie bei Kursschwankungen

und Größe bei den Vermögenswerten zu erklären und dabei mit der Annahme vereinbar zu bleiben, dass nach Profit strebende Teilnehmer auf weitgehend vernünftige Weise prognostizieren.

In Kapitel 8 haben wir diskutiert, wie das Verhalten der Kurzfristspekulanten die Kurse jeweils verzerren kann. Wir haben aber auch argumentiert, dass sie, da ihre Handelsentscheidungen auf fundamentalen Faktoren beruhen, den Märkten helfen, eine Kapitalallokation bei Unternehmen und Projekten vorzunehmen. Unsere IKE-Erklärung für die Märkte zeigt, wie beide Arten von Akteuren – Kurzfristspekulanten und längerfristige Wertspekulanten – auch die Tendenz der Kurse unterlegen, Schwankungen von unregelmäßiger Dauer und Größe zu durchlaufen. Wenn Spekulanten dazu neigen, ihre Strategie auf zurückhaltend moderate Weise zu revidieren, und die kurzfristigen Bewegungen der Fundamentaldaten sich in unveränderter Richtung entfalten, dann durchlaufen die Kurse der Vermögenswerte einen Auf- oder Abschwung.

Bullen, Bären und individuelle Prognosen

Die Handelsentscheidungen der Marktteilnehmer bestimmen, ob der Kurs eines Vermögenswerts steigt oder fällt. Der zentrale Faktor hinter diesen Entscheidungen ist natürlich die Prognose eines Individuums für zukünftige Kurse und Risiken. Erhöhen zum Beispiel die Individuen im Aggregat ihre Kursprognosen für den nächsten Monat, so werden sie den Vermögenswert heute kaufen und seinen Kurs in die Höhe treiben. Um Schwankungen der Kurse von Vermögenswerten zu erklären, müssen wir also charakterisieren, wie sich das Prognoseverhalten der Teilnehmer im Zeitablauf entfaltet.[2]

Bei der Ausformung ihrer Prognosen für den künftigen Kurs und das Risiko einer Aktie oder eines anderen Vermögenswerts müssen die Teilnehmer auswählen, welche fundamentalen Erwägungen relevant sind und wie

---

2 Für eine präzise Darlegung unseres Ansatzes für Revisionen der Prognosestrategien und eine Erklärung der Schwankungen bei den Kursen und Risiken auf Grundlage der Ökonomie des unvollkommenen Wissens siehe Frydman und Goldberg (2007, 2010b). Mit einem neuartigen Ansatz, Theorie und empirische Analyse zu verbinden, zeigen Frydman et al. (2010b), dass ein IKE-Modell für Devisenschwankungen deutlich besser mit den empirischen Belegen übereinstimmt als eine große, viel genutzte Klasse von Modellen rationaler Erwartungen.

Fundamentaldaten
und Psychologie bei
Kursschwankungen

viel Gewicht jeder von ihnen beizumessen ist, und ebenso, wie viel Gewicht sie dem gegenwärtigen Kurs des Vermögenswerts beimessen. Wie Keynes betonte, spielen, da das Prognostizieren »nicht von strikter mathematischer Erwartung« abhängen kann (Keynes, 1936, S. 162–63), auch andere Erwägungen, zum Beispiel die eigene Zuversicht und Intuition, eine Rolle. Aber auch diese Erwägungen sind zum Teil mit den Bewegungen bei den fundamentalen Faktoren verbunden. Daher können wir die Prognosestrategie eines Teilnehmers mit einer simplen linearen Beziehung darstellen, welche die künftigen Kurse und Risiken mit einem Satz Fundamentaldaten und einem entsprechenden Satz Gewichtungen verbindet.

Nachrichten über Fundamentaldaten, von denen die Teilnehmer annehmen, dass sie relevant sind, bestimmen ihre Prognosen. Allerdings können kurzfristige Bewegungen bei diesen Faktoren auch zu Veränderungen der Teilnehmerprognosen führen, ohne dass es eine Veränderung ihrer Prognosestrategien gäbe. Nehmen wir zum Beispiel an, ein Individuum interpretiert ein Sinken der Zinssätze als positive Nachricht für die Aussichten eines Unternehmens über ein Jahr oder längere Zeit. Werden solche Nachrichten gemeldet und die Einschätzung der Wirkung der Zinssätze wird beibehalten, dann wird dieses Individuum, wenn alles andere gleich bleibt, seine Prognose für den Aktienkurs des Unternehmens erhöhen.

Nachrichten können auch das Denken und die Intuition der Teilnehmer hinsichtlich der Fundamentaldaten, die relevant sind, beeinflussen sowie über die Gewichtungen, die sie ihnen beimessen, wenn sie ihre Prognosen bilden. So war zum Beispiel der 2004 begonnene Aufwärtstrend der Inflationsrate nicht größer als der Abwärtstrend, der zwischen 2001 und 2003 vorherrschte. Trotzdem berichtete Bloomberg News, dass die Bedeutung der Inflation als Hauptbestimmungsfaktor für die Aktienkurse (gemessen am durchschnittlichen Anteil der Tage jeden Monats, an denen dieser Faktor in Bloombergs Berichten genannt wurde) sich dramatisch verändert habe und von unter 5 Prozent im früheren Zeitraum auf 45 Prozent im Jahr 2005 gestiegen sei (siehe Kapitel 7). Diese Veränderung legt nahe, dass in diesem Zeitraum viele Marktteilnehmer ihr Denken über die Bedeutung der Inflation für die Prognose der Marktergebnisse revidiert haben, was zu Bewegungen bei ihren Kursprognosen führte.

Natürlich formuliert jeder Marktteilnehmer, ganz gleich ob Kurzfrist- oder Wertspekulant, eine Prognosestrategie, die das eigene Wissen und die eigene Intuition widerspiegelt. Manche Teilnehmer schauen auf die jüngsten Trends bei den fundamentalen Faktoren und sagen unter gleichzeitiger Heranziehung weiterer Erwägungen (zum Beispiel ihres Verständnisses von bestimmten historischen Wirtschaftereignissen oder Informationen über die Forschungsprojekte eines Unternehmens) steigende Kurse voraus. Andere Teilnehmer mit anderem Wissen und anderer Intuition, mithin anderen Prognosestrategien, schauen auf dieselben Trends bei den Fundamentaldaten und sagen sinkende Kurse voraus. In der Tat können angesichts des unvollkommenen Wissens optimistische Bullenansichten über die Zukunft nicht weniger vernünftig sein als pessimistische Bärenansichten (und umgekehrt). Von Bedeutung dafür, wie sich die Kurse von Vermögenswerten im Zeitverlauf bewegen, ist also, wie sich die Fundamentaldaten – und die auf ihnen beruhenden Bullen- und Bärenprognosen der Teilnehmer im Aggregat – in demselben Zeitraum bewegen.

Anhaltende Trends bei Fundamentaldaten

Wir haben bereits gesehen, dass Unternehmensgewinne längere Zeiträume in die eine oder andere Richtung tendieren können (siehe Abbildung 7.1). Tatsächlich beobachten Ökonomen schon lange, dass viele fundamentale Basisfaktoren, auf die sich die Marktteilnehmer bei der Ausformung ihrer Prognosen für die Kurse der Vermögenswerte und für das Risiko verlassen, zum Beispiel gesamtwirtschaftliche Aktivität, Beschäftigung oder Zinssätze, ein solches Muster aufweisen.[3] Niemand kann vollständig vorhersehen, wie lange und steil solche Trends verlaufen könnten. Zu jedem beliebigen Zeitpunkt können Veränderungen in der Wirtschaft verursachen, dass die Trends sich umkehren und einen Gegentrend in die andere Richtung auslösen.

Die Neigung vieler fundamentaler Basisfaktoren, über bestimmte Zeitabschnitte in eine Richtung zu tendieren, ist ein Hauptgrund, warum die Märkte für Vermögenswerte zu Kursschwankungen neigen. Um dies zu erkennen, betrachten wir einmal einen Zeitraum, in dem die Trends, welche die Teilnehmer zum Prognostizieren des Kurses einer bestimmten Aktie für relevant erachten (sagen wir, Zinssätze und Unternehmensgewinne), unver-

---

3 Siehe Juselius (2006) und Johansen et al. (2010) sowie die Quellenangaben dort, die herausgefunden haben, dass das Anhalten der Trends bei vielen makroökonomischen Variablen viel stärker ist als allgemein angenommen. Wenn auch eine Diskussion, warum das so ist, den Rahmen dieses Buches sprengen würde, nehmen wir doch an, dass unvollkommenes Wissen hier eine Schlüsselrolle spielt.

ändert bleiben.[4] Nehmen wir an, in jedem Quartal dieses Zeitraums haben die Zinssätze und Unternehmensgewinne die Tendenz zu steigen – also negative bzw. positive Nachrichten für den Kurs einer Aktie. Einige Teilnehmer messen den höheren Zinssätzen relativ höheres Gewicht bei, was sie zu niedrigeren Kursprognosen veranlasst, wohingegen andere, die den höheren Gewinnen relativ höheres Gewicht beimessen, die ihren erhöhen.

Und natürlich weiß niemand mit Sicherheit im Voraus, wie die Trends bei diesen Variablen sich entwickeln werden. Einige Teilnehmer können zum Schluss kommen, ein Anstieg der Gewinne innerhalb des jüngsten Quartals impliziere, dass sie anschließend fallen werden, und messen daher den höheren Gewinnen bei ihren Kursprognosen negatives Gewicht bei. Diese Individuen würden durch die höheren Gewinne und Zinssätze veranlasst, ihre Kursprognosen zu senken.

Ungeachtet der unterschiedlichen Ansichten der Teilnehmer kann die Entwicklung ihrer Kursprognosen jedoch nach sich ziehen, dass es eine Zeit lang nicht zu Revisionen ihrer Prognosestrategien kommt. In solchen Zeiträumen würde sich der Einfluss der Entwicklungen bei den Fundamentaldaten auf die individuellen Prognosen nicht verändern. Und wenn auch die Trends bei den Fundamentaldaten unverändert blieben, dann würden diese Prognosen dazu neigen, sich in diesem Zeitraum in eine bestimmte Richtung zu bewegen. Und das Aggregat dieser Prognosen, mithin der Aktienkurs, würde ebenfalls dazu neigen, sich in eine Richtung zu bewegen – das heißt einen Auf- oder Abschwung durchlaufen.

Zurückhaltend moderate Revisionen

Keynes' Erkenntnis, dass Marktteilnehmer zu der Annahme neigen, der gegenwärtige Stand der Dinge werde anhalten, deutet an, dass sie für bestimmte Zeitabschnitte bei einer Prognosestrategie bleiben werden. In der Tat ist ja oft unklar, ob ein Individuum seine Prognosestrategie ändern sollte. Ist es einmal ein oder zwei Quartale lang zu schwachen Prognoseleistungen gekommen, kann das ja auch das Ergebnis vorübergehender Zufallsereignisse sein, nicht das Zeichen für ein Versagen der Strategie. Hat ein Anleger daher keine spezifischen Gründe, eine Änderung am Markt zu erwar-

---

4 Einstweilen betrachten wir eine Situation, in der die Risikoeinschätzungen der Teilnehmer nicht variieren. In Kapitel 10 erklären wir, wie Bewegungen bei diesen Einschätzungen eine Schlüsselrolle für den schließlich sich selbst begrenzenden Charakter der Kursschwankungen bei Vermögenswerten spielen.

ten, dann kann er die gegenwärtige Prognosestrategie also durchaus auch unverändert lassen, selbst wenn deren Leistung über mehrere Zeiträume nachzulassen beginnt.

Hat ein Marktteilnehmer tatsächlich Gründe, eine echte Veränderung zu vermuten oder zu erwarten, dann hat er aber immer noch keine Gewissheit hinsichtlich dieser Annahmen, ganz zu schweigen von der genauen Art der Veränderung. Wann und wie er beschließt, die eigene Strategie zu revidieren, hängt von der eigenen Intuition darüber ab, wie sich die Marktbeziehungen entwickeln könnten, und vom eigenen Vertrauen auf diese Intuition. In so ungewissen Situationen ist es oft vernünftig, wenn ein Individuum die Implikationen der jüngsten Trends bei Fundamentaldaten oder Kursen für die künftigen Ergebnisse nur auf zurückhaltend moderate Weise neu interpretiert, damit nicht etwa die Auswirkung der Revisionen auf die eigene Prognose den Einfluss überwiegt, der von den Trends selbst ausgeht.

In Fortführung unseres Beispiels betrachten wir einmal einen Marktteilnehmer, dessen Interpretation der Trends bei den Zinssätzen und Gewinnen ihn dazu führt, die eigenen Kursprognosen für diesen Zeitraum ohne eine Revision der eigenen Prognosestrategie zu erhöhen. Wenn er zu einem bestimmten Zeitpunkt beschließen würde, seine Strategie zu revidieren, dann würde die Auswirkung der Revision auf die eigene Prognose die positive Veränderung, die vom direkten Effekt der Trends bei den Fundamentaldaten ausgeht, entweder verstärken oder stören.

In unserem Beispiel würden verstärkende Revisionen ein Individuum per Definition dazu bringen, die eigene Kursprognose zu erhöhen, da sie die positive Auswirkung der Fundamentaldaten tendenziell verstärken. Dies ist bei störenden Revisionen der Prognosestrategie im Allgemeinen nicht der Fall. Solche Revisionen können recht erheblich sein: Ein Teilnehmer könnte den eigenen Satz der relevanten Fundamentaldaten oder die eigene Interpretation derselben so deutlich ändern, dass er die eigenen Kursprognosen auf eine Weise aktualisiert, welche die Auswirkung der Trends bei den Fundamentaldaten überwiegt. Angesichts des eigenen unvollkommenen Wissens und der ungewissen Zukunft widerstrebt es ihm aber, die eigene Strategie so radikal zu revidieren. Folglich würden wir Zeitabschnitte erwarten, in denen störende Revisionen in ihrer Auswirkung auf die Prognose eines Teilnehmers zurückhaltend moderat – kleiner – bleiben. Während solcher Zeiträume würde die Auswirkung der Trends bei den Fundamentaldaten dominieren und dazu führen, dass sich die Kursprognose des Individuums im Durchschnitt in eine Richtung bewegt.

Wie schon zuvor festgehalten, nehmen wir nicht an, dass solche zurückhaltend moderaten Revisionen die Prognosestrategien der Teilnehmer zu allen Zeiten charakterisieren. Dass Revisionen mitunter auch radikal sein können, spielt in unserer IKE-Erklärung von Kursumschwüngen sogar eine Schlüsselrolle. Die Fähigkeit unseres Modells, anhaltende Auf- und Abschwünge bei den Kursen von Vermögenswerten zu erklären, hängt jedoch ganz wesentlich davon ab, ob zurückhaltend moderate Revisionen die Prognosen in Zeitabschnitten adäquat charakterisieren, die mit der unregelmäßigen Dauer von Kursschwankungen vergleichbar sind.

Direkte empirische Belege zur Stützung der Sichtweise, zurückhaltend moderate Revisionen seien eine qualitative Regelmäßigkeit, die während eines Aufschwungs (oder Abschwungs) anhält, müssen noch gesammelt und untersucht werden.[5] Psychologen haben jedoch experimentelle Belege entdeckt, dass Individuen, wenn sie ihre Prognosen für ungewisse Ergebnisse verändern, im Schnitt dazu tendieren, dies schrittweise zu tun – im Verhältnis zu einer Basislinie.[6] Diese Beobachtung ist konsistent mit Keynes' Erkenntnis und unserer Charakterisierung zurückhaltend moderater Revisionen: Die Auswirkung der Revisionen der Teilnehmer auf die eigenen Prognosen wird im Verhältnis zur Veränderung der Basislinien bewertet, die sich ergeben hätte, wenn sie ihre Strategien unverändert gelassen und ihre Prognosen einzig auf Grundlage der Trends bei den Fundamentaldaten aktualisiert hätten. Da die Darstellung der individuellen Entscheidungsfindung qualitativ ist, bleibt sie offen für unzählige mögliche nicht routinemäßige Arten, wie ein Marktteilnehmer die eigene Prognosestrategie revidieren könnte.[7]

Unsere qualitative und kontingente Charakterisierung der individuellen Entscheidungsfindung ist nicht nur offen für nicht routinemäßige Veränderungen der Prognosestrategien von Bullen und Bären, sondern auch konsistent mit den unterschiedlichen Arten, wie solche Veränderungen auftreten.

5 So könnte man zum Beispiel Markteil-nehmer mit qualitativen Fragen interviewen, wie stark sie während Kursauf- oder -abschwüngen ihre Prognosestrategien von einem Punkt zum anderen revidiert haben.

6 Siehe Edwards (1968) und Shleifer (2000) sowie die Quellenangaben dort.

7 Für eine präzise Formulierung der qualitativen und kontingenten Bedingungen, die zurückhaltend moderate Revisionen charakterisieren, siehe Frydman und Goldberg (2010b). In scharfem Kontrast dazu behaupten bei Verhaltensökonomen die Formalisierungen experimenteller Belege für sogenannten »Konservatismus«, dass Marktteilnehmer ihre Prognosestrategie niemals änderten. Stattdessen wird angenommen, dass die Individuen auf neue Informationen mechanisch unterreagierten, verglichen mit dem, was das umfassende Wahrscheinlichkeitsmodell des Ökonomen implizieren würde. Siehe Barberis et al. (1998).

Unabhängig davon, wie ein Teilnehmer die eigene Strategie genau revidiert und ob er Bulle oder Bär ist, bewegt sich seine Kursprognose tendenziell unverändert in eine Richtung, solange die eigenen Revisionen zurückhaltend moderat ausfallen und die Trends bei den Fundamentaldaten unverändert bleiben.

Von Bedeutung dafür, ob der Kurs eines Vermögenswerts einen Auf- oder Abschwung durchläuft, ist es, wie sich die unterschiedlichen Kursprognosen der Teilnehmer im Aggregat mit der Zeit verändern. Wenn Trends bei den Fundamentaldaten dazu führen, dass die Marktprognose, sagen wir, für einen Zeitabschnitt steigen und die Teilnehmer im Ganzen ihre Strategien auf zurückhaltend moderate Weise verändern, dann wird auch der Kurs des Vermögenswerts tendenziell steigen, unabhängig davon, ob sich Bullen optimistischer oder Bären weniger pessimistisch verhalten.

Kursschwankungen bei einzelnen Aktien und der Markt

Einige der Basis-Fundamentaldaten, auf die sich die Marktteilnehmer stützen, sind unternehmensspezifisch, wie etwa Unternehmensgewinne oder Umsätze. Die kurzfristigen Trends dieser Faktoren unterscheiden sich zwischen den Unternehmen und liefern Hinweise auf deren unterschiedliche Aussichten und Erträge auf kurze oder lange Sicht. Andere fundamentale Faktoren, wie gesamtwirtschaftliche Aktivität oder Zinssätze, werden breiter interpretiert und ihnen wird eine Auswirkung auf viele Unternehmen zugeschrieben. Aber auch die Trends bei diesen Fundamentaldaten haben unterschiedliche Implikationen für die Aussichten und künftigen Erträge der Unternehmen. Folglich werden Zeiträume, die durch anhaltende Trends bei den Basis-Fundamentaldaten und zurückhaltend moderate Revisionen der Prognosestrategien charakterisiert sind, nicht nur Schwankungen einzelner Aktienkurse mit sich bringen, sondern auch Veränderungen der relativen Kurse zwischen den Unternehmen nach sich ziehen – und damit für ihren jeweiligen Zugang zu Kapital.

Bei der Entfaltung dieses allokativen Prozesses durchlaufen die Kurse vieler Unternehmen jedoch Schwankungen in dieselbe Richtung, weil die Marktteilnehmer den Einfluss vieler Basis-Fundamentaldaten auf die künftigen Ergebnisse qualitativ ähnlich interpretieren. So werden zum Beispiel positive Trends bei gesamtwirtschaftlicher Aktivität und Beschäftigung für viele Unternehmen oft optimistisch betrachtet, während steigende Zinssätze für gewöhnlich pessimistisch interpretiert werden. Überdies sind die

Fundamentaldaten
und Psychologie bei
Kursschwankungen

Trends bei den unternehmensspezifischen Fundamentaldaten tendenziell mit der gesamtwirtschaftlichen Aktivität verbunden. Zum Beispiel steigen und sinken die Gewinne und Umsätze vieler Unternehmen im Allgemeinen gemeinsam mit der Wirtschaft. Diese Beobachtungen implizieren im Verein mit anhaltenden Trends bei den gesamtwirtschaftlichen Makro-Fundamentaldaten und zurückhaltend moderaten Revisionen, dass weit gefasste Aktienkursindizes dazu tendieren, Auf- und Abschwünge zu durchlaufen.

Kursschwankungen, echte Vielfalt und Rationalität

Abgesehen davon, dass IKE-Modelle die Muster der Kursschwankungen auf den Märkten der wirklichen Welt erklären können, macht ihre Kontingenz sie auch kompatibel mit der Koexistenz von (optimistischen) Bullen und (pessimistischen) Bären auf den Märkten für Vermögenswerte und der Rationalität beider Positionen trotz ihren widersprüchlichen Vorhersagen für die Kursbewegungen.

Dass auf dem Markt zu jedem Zeitpunkt sowohl Bullen als auch Bären anzutreffen sind, erklärt unser IKE-Modell dadurch, dass kein Teilnehmer mit Gewissheit vorhersagen kann, wann Trends bei den Fundamentaldaten ihre Richtung ändern oder wann andere Teilnehmer aufhören könnten, ihre Prognosestrategien auf zurückhaltend moderate Weise zu revidieren. Da ein Kursauf- oder -abschwung jederzeit anhalten oder enden kann, involviert ein Wetten in die eine oder andere Richtung keine offensichtliche Irrationalität aufseiten der Teilnehmer, die entweder optimistische oder pessimistische Ansichten haben.

Nachhaltige Umschwünge

Selbst wenn die Trends bei den Fundamentaldaten weiter in dieselbe grobe Richtung verlaufen, kann die qualitative Regelmäßigkeit zurückhaltend moderater Revisionen der Prognosestrategien in Momenten aussetzen, die weder die Marktteilnehmer noch sonst irgendwer vollständig vorsehen können. Die Teilnehmer können den Satz ihrer relevanten Fundamentaldaten oder die Gewichtungen, die sie ihnen beimessen, so drastisch verändern, dass der Effekt ihrer aktualisierten Prognosen die Auswirkung der Trends bei den Fundamentaldaten überwiegt. Wenn eine ausreichende Zahl von Teilnehmern ihre Prognosen auf so radikale Weise revidiert und ihr Vermögen auf einen solchen Umschwung der Prognosen setzt, dann werden auch die Kurse der Aktien und anderer Vermögensgegenstände einen Umschwung erleben.

Nicht moderate Revisionen der Prognosestrategien ereignen sich oft in der Nähe von Punkten, an denen sich auch die Trends bei Fundamentaldaten umkehren oder es größere Veränderungen in Wirtschaftspolitik und Institutionen gibt.[8] Schließlich liefern, wie Keynes hervorhob, soeben erfolgte oder bevorstehende Veränderungen in der Tendenz von Fundamentaldaten spezifische Gründe, eine Veränderung zu erwarten, weshalb nach Profit strebende Individuen ihnen große Aufmerksamkeit widmen.

Wenn es Hinweise gibt, dass sich die Fundamentaldaten in neue Richtungen entwickeln könnten, werden die Teilnehmer beschließen, welche Gewichtung sie ihnen bei der Prognose der Zukunft beimessen sollen. Wenn sie das getan haben, werden sie dann aber wahrscheinlich wieder dazu übergehen, ihre Strategien auf zurückhaltend moderate Weise zu revidieren. Und wenn ausreichend Vermögen auf solche Prognosen gesetzt wird, folgt wiederum eine nachhaltige Umkehr des Auf- oder Abschwungs. Der Schwung in der neuen Richtung hält an, bis die Marktteilnehmer wieder das Vertrauen verlieren, dass die neuen Trends der Fundamentaldaten anhalten werden, oder bis sie Gründe (oder die Intuition) haben, zu glauben, dass andere davorstehen, ihre Strategien radikal zu revidieren. An solchen Zeitpunkten erlebt der Markt einen neuen Umschwung, der sich zu einer nachhaltigen Bewegung der Kurse in die entgegengesetzte Richtung entwickeln kann oder auch nicht.

Wir erwarten daher, dass Dauer und Größe der Kursschwankungen auf unregelmäßige Weise variieren werden, da auch die Zeitabschnitte, in denen die Fundamentaldaten anhaltend tendieren und die Revisionen zurückhaltend moderat sind, auf ähnlich unregelmäßige Weise variieren. Die Abbildungen 5.1 und 5.2 präsentieren nicht nur solche unregelmäßigen Kursschwankungen, sondern zeigen auch, dass die Instabilität der Kurse von Vermögenswerten begrenzt ist: Auf- und Abwärtsbewegungen der Kurse enden zwar manchmal zu spät, aber schließlich erleben sie doch nachhaltige Umschwünge. Als Nächstes zeigen wir, wie ein solcher Exzess erklärt werden kann, und entwickeln ein IKE-Modell des Risikos, das erklärt, warum die Instabilität von Kursen begrenzt ist.

---

8 Für ökonometrische Belege im Zusammenhang mit diesem Punkt siehe Frydman und Goldberg (2007, Kapitel 15).

10.
Begrenzte Instabilität: Verbindung zwischen Risiko und Kursschwankungen

Wir haben bereits diskutiert, wie Trends bei den Fundamentaldaten und zurückhaltend moderate Revisionen der Prognosestrategien von Marktteilnehmern sowie die Kontingenz solcher qualitativer Charakterisierungen von Veränderungen die Kursschwankungen erklären können, die auf den Märkten für Vermögenswerte zu beobachten sind. Wir haben außerdem skizziert, wie Schwankungen weit gefasster Kursindizes aus Bewegungen der relativen Kurse entstehen. In diesem Kapitel erklären wir nun, wie diese Schwankungen eine unerlässliche Rolle in dem Prozess spielen, mit dem die Finanzmärkte für eine Allokation des Kapitals auf alternative Projekte und Unternehmen sorgen. Wir zeigen aber auch, warum Kursschwankungen aufgrund des unvollkommenen Wissens mitunter exzessiv werden können: Die Kurse bewegen sich dann aus dem Bereich der Werte hinaus, den die meisten Wertspekulanten für vereinbar mit den längerfristigen Aussichten der betreffenden Projekte und Unternehmen halten. Wir illustrieren unsere Argumente im Kontext der Entwicklungen an den US-Märkten für Anteilskapital in den 1990er- und frühen 2000er-Jahren.

Wären die Märkte einzig von Wertspekulanten bevölkert, dann würden sie jeden Exzess bei den Kursen relativ schnell selbst korrigieren, sobald er allgemein wahrgenommen wird. Durch die Anwesenheit von Kurzfristspekulanten kann diese Korrektur jedoch beträchtlich verzögert werden, was zu erheblichen Fehlallokationen von Kapital führt. Gefördert wird diese Möglichkeit längerer exzessiver Kursschwankungen noch durch etwas, was Soros (1987, 2009) »reflexive« Beziehungen nennt, oder Kanäle, durch die sich Kursauf- und -abschwünge und fundamentale Trends eine Zeit lang gegenseitig verstärken.

Wie der Preisboom der 2000er-Jahre bei Wohnimmobilien und Anteilskapital in den USA zeigt, korrigieren die Märkte solche exzessiven Kursschwankungen allerdings letztlich auch dann von selbst, wenn Kurzfristspekulanten und reflexive Beziehungen im Spiel sind. Wie wir jetzt sehen, ist das Problem dabei, dass der Umschwung dann schließlich ebenso scharf

185

Begrenzte
Instabilität:
Verbindung
zwischen Risiko und
Kursschwankungen

ausfallen kann, wie die Kursschwankung zuvor exzessiv war, wodurch Finanzsystem und Wirtschaft im Ganzen enormen Schaden erleiden. Überdies kann es Jahre dauern, bis die Fehlallokationen wieder korrigiert sind, die durch die Verzerrungen aufgrund der exzessiven Schwankungen entstanden waren.

Zur Erklärung dieser sich selbst begrenzenden Natur von Kursschwankungen bei Vermögenswerten bauen wir auf einer weiteren Erkenntnis von Keynes (1936) auf: Die Einschätzung möglicher Verluste – des Risikos – durch die Teilnehmer, die mit ihrer jeweiligen spekulativen Position verbunden sind, bewegt sich entweder im Gleichschritt mit der Kursbewegung oder gegenläufig dazu, je nachdem, ob der Teilnehmer Bulle oder Bär ist. Wir kombinieren diese Erkenntnis mit der Neuen Erwartungstheorie von Kahneman und Tversky (1979) und formalisieren, unter Berücksichtigung des unvollkommenen Wissens, ihre Beobachtung, dass das Wohlergehen der Teilnehmer von potenziellen Verlusten stärker beeinflusst wird als von potenziellen Gewinnen in derselben Größenordnung. Indem wir eine Verbindung herstellen zwischen dem Risiko, das sich durch den Handel und Besitz von Vermögenswerten auf den Finanzmärkten ergibt, und dem Abstand des Kurses dieses Vermögenswerts von den Einschätzungen für das Niveau seiner Bezugsgröße, liefert unser Ansatz ein ganz anderes Maß für das Risiko, als es von den heutigen Modellen impliziert wird, die eine Verbindung zwischen dem Risiko und der kurzfristigen Volatilität des Kurses herstellen.[1]

Unser IKE-Modell des Risikos impliziert, dass sich bei einem Anstieg der Kurse weit über einen bzw. bei einem Sinken der Kurse weit unter einen Wert, der von den meisten Teilnehmern als das Niveau ihrer historischen Bezugsgröße empfunden wird, diejenigen Anleger, die auf eine weitere Bewegung weg vom Niveau dieser Bezugsgröße setzen, sich des zunehmenden Risikos ihres Handelns sehr wohl bewusst sind. Diese Einschätzung bringt die Teilnehmer am Ende dazu, ihre Prognosestrategien auf radikale und nicht verstärkende Weise zu revidieren. Wenn dies passiert, kommen auch die exzessivsten Kursauf- und -abschwünge zu einem Ende und es erfolgt eine nachhaltige Trendumkehr zurück zum Niveau der Bezugsgröße.

---

[1] Wie wir in Frydman und Goldberg (2007, Kapitel 9–13) zeigen, liefert unser IKE-Modell eine erheblich bessere Erklärung für das Risiko auf dem Devisenmarkt als die Modelle rationaler Erwartungen.

186

Begrenzte
Instabilität:
Verbindung
zwischen Risiko und
Kursschwankungen

Die unerlässliche Rolle von Kursschwankungen für die Allokation des Kapitals

Betrachten wir einmal den US-Markt für Anteilskapital in den 1990er-Jahren. In dieser Zeit, und ganz besonders vor 1998, nahmen Unternehmensgewinne, Bruttoinlandsprodukt, Beschäftigung, Export und Produktionsniveau stark zu, während die Inflation zurückging. Auch die politischen und institutionellen Entwicklungen waren, im Verein mit einer lockeren Geldpolitik, dem Wachstum förderlich. Angesichts der damals weitverbreiteten Ansicht, die Wirtschaft der USA und anderer Staaten befinde sich inmitten einer informationstechnischen Revolution, haben sowohl Wert- als auch Kurzfristspekulanten diese anhaltenden Trends vermutlich optimistisch interpretiert.

Die Wertspekulanten konzentrierten sich auf diese kurzfristigen Trends, um einschätzen zu können, wie sich die längerfristigen Aussichten der einzelnen Unternehmen entwickeln könnten. Sie interpretierten die Trends im Kontext gründlicher unternehmensspezifischer und branchenbezogener Analysen und kauften dann solche Unternehmen, die nach ihrer Erwartung längere Zeit einen stetigen Strom an Erträgen erzeugen würden, oder solche, die sie für unterbewertet hielten, verringerten dagegen ihre Positionen in Unternehmen, bei denen das Vertrauen in die Erträge und das Wertpotenzial gesunken war. Diese Handelsentscheidungen trugen mithin zur Bewegung der relativen Kurse bei und halfen der Gesellschaft bei der Allokation ihres knappen Kapitals.

Da sich die Bullentrends bei den gesamtwirtschaftlichen und unternehmensspezifischen Fundamentaldaten in den 1990er-Jahren weiter entfalteten, nahmen die Wertspekulanten zweifellos Neubewertungen und möglicherweise Revisionen ihrer Einschätzung der unterschiedlichen längerfristigen Aussichten vieler Unternehmen vor. Aber da Marktteilnehmer dazu neigen, ihr Denken über die Zukunft nur auf zurückhaltend moderate Weise zu revidieren oder ihre Strategien unverändert zu lassen, beeinflussten die Handelsentscheidungen der Wertspekulanten nicht nur die relativen Kurse, sondern trugen, zumindest in der Anfangsphase, wahrscheinlich auch zu dem ein Jahrzehnt andauernden Aufschwung der allgemeinen Kursindizes bei.

Die Einschätzungen dieser Spekulanten für die längerfristigen Aussichten der Unternehmen, die, sagen wir, dem Aktienindex S&P 500 zugrunde liegen, umfassen natürlich eine ganze Spanne von Werten. Viele Beobachter würden nun argumentieren, dass sich wahrscheinlich die ganze Spanne nach oben bewegte und daher, zumindest eine Zeitlang, der Aufwärtstrend

187

Die unerlässliche
Rolle von
Kursschwankungen
für die Allokation
des Kapitals

der Aktienkurse keine Schwankungsbewegung weg von den Werten war, die als vereinbar mit den längerfristigen Aussichten wahrgenommen wurden, sondern lediglich ihren Anstieg widerspiegelte. Auch wenn die optimistische Wahrnehmung der längerfristigen Vorteile der informationstechnischen Revolution also durchaus gerechtfertigt erschien – und immer noch erscheint –, hieße das noch nicht, dass der Markt deren Auswirkungen auf die längerfristigen Aussichten der Unternehmen korrekt bewertet hätte, auch nicht in der frühen Phase des Aufschwungs der 1990er-Jahre.

Zunächst einmal trugen auch die Kurzfristspekulanten zur Bewegung der relativen Kurse bei, da auch sie sich auf die sich entfaltenden Trends bei den Fundamentaldaten konzentrierten, um die Erträge einzelner Unternehmen zu prognostizieren. Da sie aber an kurzfristigen Erträgen interessiert waren, stützten sie sich im Allgemeinen nicht auf dieselbe Art umfassender Analysen, die ihre längerfristig orientierten Kollegen vornahmen. Folglich überreagierten sie bei der Einschätzung einiger Unternehmen zweifellos auf die Trends bei den Fundamentaldaten und trieben die Kurse exzessiv weit hinauf oder hinunter und verzerrten so die relativen Kurse im Vergleich zu denen, die entstanden wären, hätte der Markt ausschließlich aus Wertspekulanten bestanden.

Wie wir jedoch in Kapitel 8 diskutiert haben, ist die kurzfristige Leistung von Unternehmen, sei sie positiv oder negativ, auch ein Vorbote ihrer längerfristigen Leistung. Durch ihre Reaktion auf die Trends bei den Fundamentaldaten und auf die Leistung der Unternehmen auf kurze Sicht helfen die Kurzfristspekulanten also dem Markt, die unterschiedlichen und inhärent nicht vorhersehbaren längerfristigen Aussichten der Unternehmen einzuschätzen.

In der ersten Hälfte der 1990er-Jahre fanden und nutzten zum Beispiel sowohl neue als auch alte Unternehmen die neuartigen Anwendungen der Informationstechnologie, um ihre Produktionskosten zu senken oder ihre bisherigen Dienstleistungen und Produkte zu verbessern oder neue zu entwickeln. Dell, Microsoft und Google sind hervorragende Beispiele für Firmen, bei denen die kurzfristigen Trends der makroökonomischen und unternehmensspezifischen Fundamentaldaten die längerfristige Leistung ankündigten.

Gewiss wusste niemand im Voraus, ob die Entwicklungsstrategie eines Unternehmens funktionieren oder scheitern würde. Aber als sich der Bullentrend bei den Fundamentaldaten in den 1990er-Jahren entfaltete, kauften Kurzfrist- und Wertspekulanten höchstwahrscheinlich vielfach dieselben Unternehmen. Und da Kurzfristspekulanten ebenso wie Wertspekulanten dazu neigen, ihre Prognosestrategien nur auf zurückhaltend moderate Weise zu revidieren oder unverändert zu lassen, beeinflussten auch ihre Handelsentscheidungen, da der Bullentrend bei den Fundamentaldaten anhielt, nicht nur die relativen Kursbewegungen, sondern trugen auch zum allgemeinen Aufschwung der Aktienkurse bei.

Dieses Beispiel zeigt ebenso wie viele andere historische Ereignisse, dass Auf- und Abschwünge weit gefasster Indizes wesentlich für den Prozess sind, mit dem die Finanzmärkte die sich ständig verändernden kurz- und längerfristigen Aussichten und Erträge von Unternehmen einschätzen – und mithin dafür, wie sie die Allokation des gesellschaftlichen Kapitals vornehmen. Es ist jedoch auch wahr, dass solche Auf- und Abschwünge schließlich exzessiv werden können, verglichen mit den Einschätzungen der meisten Teilnehmer für die längerfristigen Aussichten von Unternehmen und Projekten.

Historische Bezugsgrößen als Indikatoren für die längerfristigen Aussichten

Die Dynamik der modernen Wirtschaft bringt es mit sich, dass jede Analyse des voraussichtlichen Werts einer Aktie, so sorgfältig sie auch erfolgen mag, bestenfalls ein schwaches Licht auf die längerfristige Zukunft werfen kann. Wer zum Beispiel hätte Ende der 1970er-Jahre den phänomenalen Siegeszug des Personalcomputers und des Internets vorhersagen können oder gar ihren Anteil an den wirtschaftlichen Ergebnissen der 1980er- und 1990er-Jahre?

Auch die Prognose der längerfristigen Aussichten eines ganzen Korbes von Unternehmen, wie er etwa dem Aktienindex S&P 500 zugrunde liegt, ist schwierig. Allerdings lehrt uns die Geschichte, dass die unregelmäßigen Schwankungen solcher weitgefassten Kursindizes dazu neigen, sich um das geschätzte Niveau historischer Bezugsgrößen herum zu bewegen. Die Marktteilnehmer betrachten sie daher als einen zwar ungenauen, aber doch hilfreichen Indikator für die Frage, ob die Aktienkurse wohl mit den Schätzungen für die längerfristigen Unternehmensaussichten übereinstimmen.

Verbreitet als Bezugsgrößenniveau ist auf den Märkten für Anteilskapital zum Beispiel der historische Durchschnitt des Kurs-Gewinn- oder des Kurs-Dividenden-Verhältnisses. Abbildung 10.1 stellt den Aktienkurs im Verhältnis zu einem gleitenden 10-Jahres-Durchschnitt der Gewinne und dem historischen Durchschnitt dar (der auch in Abbildung 5.1 dargestellt war),

Kurs-Gewinn-Verhältnis

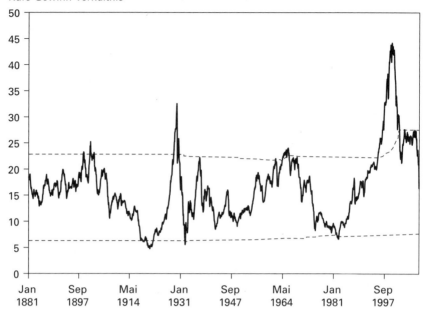

Abb. 10.1 Spanne der mittleren historischen Kurs-
Gewinn-Bewertungen
Quelle: Die Daten stammen von Robert Shillers Website:
www.econ.yale.edu/~shiller.

sowie ein Beispiel für eine historisch hergeleitete Spanne, innerhalb deren
sich die meisten Schwankungen des Kurs-Gewinn-Verhältnisses abgespielt
haben. Kurs-Gewinn-Verhältnisse basieren oft auf einem gleitenden Durchschnitt aktueller und ehemaliger Gewinne, da solche Durchschnitte einen
besseren Maßstab für die längerfristigen Aussichten von Unternehmen liefern als die aktuellen Gewinne in einem gegebenen Quartal. Um die obere
und untere Begrenzung der Spanne abzuleiten, finden wir zunächst die
5- und die 95-Prozent-Marke der Kurs-Gewinn-Verhältnisse in den ersten
50 Jahren der Stichprobe (1881–1931). Nach 1931 schieben wir das 50-Jah-
res-Fenster jeweils monatsweise weiter und finden so die oberen und unte-
ren Kurs-Gewinn-Verhältnisse, die eine 90-Prozent-Spanne der mittleren
Werte implizieren.

Die Kursschwankungen weg vom und hin zum Bezugsgrößenniveau der
Abbildung sind von unregelmäßiger Dauer und Größe; wann eine Kursschwankung beginnen oder enden könnte, kann nicht allein auf Grundlage

Begrenzte
Instabilität:
Verbindung
zwischen Risiko und
Kursschwankungen

mathematischer Berechnungen vorhergesagt werden. Aber die empirischen Daten zeigen: Wenn die Aktienkurse über das mittlere historische Niveau hinaus steigen, das durch die gegenwärtigen und ehemaligen Gewinne markiert wird, dann lassen sich diese hohen Bewertungen wahrscheinlich nicht dauerhaft halten. Letztlich durchlaufen die Aktienkurse wieder nachhaltige Gegenbewegungen zurück zur mittleren historischen Spanne.[2]

Die Spanne der mittleren historischen Werte, die in Abbildung 10.1 dargestellt wird, ist nur ein mögliches Beispiel für eine solche Spanne. Niemand kann vollständig vorhersehen, welche obere oder untere Schwelle bei ihrem Überschreiten exzessive Werte und eine größere Wahrscheinlichkeit für fehlende Nachhaltigkeit implizieren würde. Angesichts der Dynamik der modernen Wirtschaft verändern sich diese Schwellen zweifellos auch mit der Zeit.[3]

Aber weil zunehmende Abweichungen vom Niveau der üblichen Bezugsgrößen letztlich nicht aufrechtzuerhalten sind, verlassen sich die Marktteilnehmer dennoch auf die mittleren historischen Werte um diese herum, um die Plausibilität ihrer eigenen Einschätzungen für die längerfristigen Aussichten zu bewerten. Wie die Individuen zu ihrer Entscheidung für eine bestimmte Definition dieser Bezugsgröße gelangen und wie sie diese bewerten, ist eine offene Frage. Keynes (1936) weist darauf hin, dass Konventionen und historische Daten hier eine wichtige Rolle spielen. So beeinflussen zum Beispiel Kurs-Gewinn-Verhältnisse und Kaufkraftparitäten-Wechselkurse schon lange, wie die Marktteilnehmer und politischen Entscheidungsträger die Nachhaltigkeit der Kurse auf den Märkten für Anteilskapital bzw. Devisen beurteilen.

Die Einschätzung eines Marktteilnehmers für die längerfristigen Aussichten eines Unternehmens wird sich im Allgemeinen von seiner Einschätzung der historischen Bezugsgröße unterscheiden. Schließlich sind historische Bezugsgrößen rückwärtsgewandt und können schon per Definition

2 Es gibt eine Menge formaler Untersuchungen, die wir in Kapitel 11 diskutieren werden und die zeigen, dass die Aktienkurse in der Tat eine Tendenz haben, zu einem mittleren historischen Niveau zurückzukehren, das auf den gegenwärtigen und ehemaligen Gewinnen oder Dividenden beruht. Es gibt natürlich viele Methoden, um ein Kurs-Gewinn-Bezugsgrößenniveau zu berechnen. So ergibt zum Beispiel ein gleitender Durchschnitt dieses Verhältnisses eine andere Einschätzung für das Bezugsgrößenniveau

als ein fester historischer Durchschnitt. Ebenso würden Kurs-Dividenden-Verhältnisse und andere Indizes andere Bezugsgrößenwerte liefern. Die Untersuchungen zeigen jedoch, dass auf Abweichungen vom mittleren historischen Niveau auch dann nachhaltige Gegenbewegungen folgen, wenn diese auf solchen alternativen Maßstäben beruhen.

3 Dieses Thema wird in Kapitel 12 angesprochen, in dem wir die politischen Implikationen unserer IKE-Erklärung für Kursschwankungen und Risiko diskutieren.

nicht die längerfristigen Auswirkungen innovativer Aktivitäten und nicht routinemäßiger Veränderungen auf die Unternehmen erklären. Teilnehmer, die mit längerfristiger Perspektive handeln, entwerfen zu jedem Zeitpunkt ihre eigene Prognose für die Aussichten und stützen sich dabei im Allgemeinen auf historische Informationen (einschließlich der eigenen Einschätzung für die historische Bezugsgröße), aktuelle Informationen über Fundamentaldaten und alle Innovationen und anderen Veränderungen im sozialen Kontext, die sie für relevant erachten. Tatsächlich können aktuelle Informationen Individuen zur Annahme veranlassen – und tun das auch –, dass die künftigen Erträge sich von dem unterscheiden könnten, was von der historischen Bezugsgröße impliziert wird.

Es scheint unstrittig, anzunehmen, dass der Unterschied zwischen der Prognose eines Individuums für die längerfristigen Aussichten eines Unternehmens und seiner Einschätzung der historischen Bezugsgröße begrenzt ist. Schließlich gibt es für den Wert des US-Anteilskapitals im Ganzen in, sagen wir, 10 oder 20 Jahren im Verhältnis zu den gegenwärtigen und ehemaligen Gewinnen einen Boden und eine Decke.[4] Wenn die Aktienkurse also ihre mittleren historischen Werte über- oder unterschreiten, dann haben sie sich folglich wahrscheinlich über die Spanne hinaus bewegt, die mit der Einschätzung der meisten Teilnehmer für die längerfristigen Aussichten der Unternehmen vereinbar ist.

Solche exzessiven Kursschwankungen können aus den Handelsentscheidungen sowohl der Kurzfrist- als auch der Wertspekulanten erwachsen. Es sind jedoch die Kurzfristspekulanten, deren Handel eine exzessive Kursschwankung aufrechterhalten kann, obwohl ihnen und ihren längerfristigen Kollegen klar ist, dass die Kurse bereits historisch hoch stehen und mit den meisten Einschätzungen für die längerfristige Bewertung nicht mehr vereinbar sind.

Die Entfaltung exzessiver Kursschwankungen

Kursschwankungen können sich schneller oder langsamer entfalten als die aktuellen Gewinne. Abbildung 7.1 (hier der Übersicht halber noch einmal als Abbildung 10.2 wiedergegeben) zeigt, dass in den 1990er-Jahren der Aufwärtstrend bei den Kursen für Anteilskapital steiler war als der Anstieg der aktuellen Gewinne, während für den Auf- und Abschwung zwischen

4 Ähnliche Grenzen, wenn auch auf anderen Erwägungen beruhend, existieren auch auf anderen Märkten.

192

Begrenzte
Instabilität:
Verbindung
zwischen Risiko und
Kursschwankungen

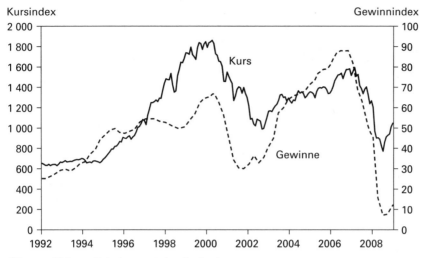

Kursindex **Gewinnindex**

Abb. 10.2 S&P-500-Aktienkurs und aktuelle Gewinne
1992–2009
Quelle: Die Daten stammen von Robert Shillers Website:
www.econ.yale.edu/~shiller.

2003 und 2007 das Gegenteil galt. Wie Abbildung 10.1 zeigt, beinhalten die Kursschwankungen, die wir auf den Finanzmärkten beobachten, jedoch anhaltende Bewegungen weg von und hin zu den gleitenden Durchschnitten der Gewinne, die sich weit langsamer verändern als die aktuellen Gewinne.

Betrachten wir noch einmal den US-Aktienmarkt in den 1990er-Jahren. Angesichts der positiven Wahrnehmung der längerfristigen Vorteile der informationstechnischen Revolution in diesem Zeitraum sowie der Bullentrends bei vielen fundamentalen Basisfaktoren erhöhten die Wertspekulanten wahrscheinlich ihre Einschätzung für die Kapazität vieler Unternehmen, künftig höhere Gewinne zu erzielen – und damit für das Kurs-Gewinn-Verhältnis, das diese Unternehmen verdienten. Auch die Kurzfristspekulanten konzentrierten sich auf die Bullen-Trends bei den Fundamentaldaten im Kontext der informationstechnischen Revolution. Da beide Teilnehmergruppen zu zurückhaltend moderaten Revisionen ihrer Prognosestrategien neigen, trugen beide zur Aufwärtsbewegung der Aktienkurse im Verhältnis zu den aktuellen und ehemaligen Gewinnen bei.

Die Entfaltung
exzessiver
Kursschwankungen

Reflexivität, Spekulation und Exzess

Natürlich kann die Einschätzung der längerfristigen Aussichten von Unternehmen im Verhältnis zu ihren aktuellen und ehemaligen Gewinnen nicht unbegrenzt weiterwachsen. Letztlich werden die Wertspekulanten erkennen, dass die Aussichten der Unternehmen trotz anhaltender Bullentrends bei den Basis-Fundamentaldaten keine höheren Kurs-Gewinn-Verhältnisse mehr rechtfertigen. Die Zeitdauer, bevor die Wertspekulanten als Gruppe zu der Überzeugung gelangen, dass ein solcher Punkt erreicht ist, kann aber durch die Existenz von Feedbacks bzw. reflexiver Beziehungen zwischen den Aktienkursen und den Trends der Fundamentaldaten verlängert werden.

Die meisten Individuen halten ihr Vermögen ganz oder größtenteils im eigenen Haus und/oder auf dem Aktienmarkt. Wenn die Kurse bzw. Preise für Anteilskapital und Wohnimmobilien steigen, dann gilt dies auch für den Reichtum der Individuen. In der Folge verspüren sie weniger Notwendigkeit, zu sparen, und sind auch in der Lage, sich mehr Geld zu leihen, was sie veranlasst, ihre Konsumausgaben zu erhöhen. Ganz ähnlich erhalten auch Betriebe bei steigenden Aktienkursen besseren Zugang zu Finanzkapital, was sie in die Lage versetzt, die Investitionsausgaben für neue Anlagen und Ausrüstungen zu erhöhen. Steigende Konsum- und Investitionsausgaben stimulieren die gesamtwirtschaftliche Aktivität, wodurch die günstigen Trends bei den Unternehmensgewinnen und anderen fundamentalen Basisfaktoren noch verstärkt werden, auf die sich sowohl Wert- als auch Kurzfristspekulanten bei ihren Prognosen der Marktergebnisse stützen. Anhaltende Bullentrends wirken sich wiederum positiv auf die Aktienkurse aus. Und natürlich fördern anziehende Börse und Gesamtwirtschaft auch Vertrauen und Optimismus von Verbrauchern, Betrieben und Finanzmarktteilnehmern hinsichtlich der Zukunft, was noch weiter zu positiven reflexiven Effekten beiträgt.

Wenn dieser reflexive Prozess aber lange genug anhält, dann kehrt er sich schließlich um, wenn die Verbraucher feststellen, dass sie sich finanziell übernommen haben, und die Firmen zu erkennen beginnen, dass ihre Kapitalanlagen zu Überkapazitäten geführt haben.[5] Natürlich weiß niemand, wann das Schuldenniveau und die Investitionen nicht mehr aufrechterhal-

---

5 Diese mangelnde Nachhaltigkeit ist der Hauptmechanismus in Soros' Erklärung dafür, wie Kursschwankungen schließlich nach einem Zeitraum enden, in dem reflexive Feedbacks ihre Bewegung dominiert haben. Siehe zum Beispiel Soros (2009).

Begrenzte
Instabilität:
Verbindung
zwischen Risiko und
Kursschwankungen

ten werden können. Wertspekulanten müssen solche reflexiven Erwägungen zusammen mit ihren mühevollen unternehmensspezifischen Recherchen mit ins Kalkül ziehen, wenn sie die Konsequenzen kurzfristiger Trends bei den Fundamentaldaten für die längerfristigen Aussichten der Unternehmen interpretieren.

Die Schwierigkeiten, die reflexive Beziehungen bereiten, legen nahe, dass in den 1990er-Jahren ein Punkt erreicht worden sein könnte, an dem die Wertspekulanten zur Überzeugung gelangten, dass ihre eigene Einschätzung der längerfristigen Auswirkungen der kurzfristigen Trends bei den Fundamentaldaten sowie der Vorteile der informationstechnischen Revolution überzogen war. An diesem Punkt gelangten sie zur Überzeugung, dass die Gewichtung der kurzfristigen Bullentrends bei den Fundamentaldaten unrichtig war, und revidierten sie auf eine radikale Weise, die ihre längerfristigen Einschätzungen widerspiegelte.

Kurzfristspekulation und Exzess

Wäre der Markt ausschließlich aus Teilnehmern zusammengesetzt, die ihren Handel mit einer längerfristiger Perspektive betreiben, dann würden deren nicht moderate Revisionen der Prognosestrategien dazu führen, dass ihre exzessiv positive Einschätzung der Auswirkungen fundamentaler Trends auf die Unternehmensaussichten korrigiert würde, wodurch der Aufschwung zu Ende ginge. Auf die Marktkurse haben jedoch auch Kurzfristspekulanten bedeutenden Einfluss. Ihr Hauptinteresse gilt eher der Frage, ob die jüngsten Trends bei den Fundamentaldaten wohl noch ein paar Monate oder Quartale lang anhalten werden, als der Überlegung, ob sie längerfristig aufrechtzuerhalten sind. Folglich werden die Kurzfristspekulanten, solange die Basis-Fundamentaldaten sich weiter mit unverändertem Trend entfalten und sie selbst ihre Strategien weiter nur auf zurückhaltend moderate Weise revidieren, die Aktienkurse über die Wertspanne hinaustreiben, die mit der Einschätzung ihrer längerfristigen Kollegen für die Unternehmensaussichten vereinbar ist.

Die empirischen Daten legen nahe, dass der Aufschwung der 1990er-Jahre von solchen Exzessen charakterisiert war. Tatsächlich stand Robert Shillers Kurs-Gewinn-Verhältnis schon Ende 1996 bei 28 – fast dem Doppelten des zeitgenössischen historischen Durchschnitts von 15. Das letzte Mal, dass der Markt so hohe Kurs-Gewinn-Verhältnisse gesehen hatte, war während der sechs Monate vor dem großen Crash 1929.

Trotzdem entfalteten sich die Trends vieler Basis-Fundamentaldaten, einschließlich der aktuellen Gewinne, noch weitere drei Jahre in günstiger Richtung. Natürlich wusste niemand zu irgendeinem Zeitpunkt, ob die günstigen Trends bei den Fundamentaldaten anhalten und ob die Revisionen der anderen Teilnehmer zurückhaltend moderat bleiben würden. Während des ein Jahrzehnt anhaltenden Aufschwungs konnten die Trends der Fundamentaldaten jederzeit ihre Richtung wechseln oder die Revisionen radikal werden, was impliziert, dass einige Kurzfristspekulanten steigende Kurse prognostizierten, während zu jedem Zeitpunkt andere einen Absturz vorhersagten.

Wie wir aber in Kapitel 9 argumentiert haben, besteht der Schlüssel zur Erklärung der Kursbewegungen von Vermögenswerten darin, wie sich die Kursprognosen der Marktteilnehmer über die Zeit entfalten. Angesichts der günstigen Trends bei den Fundamentaldaten und der Neigung der Kurzfristspekulanten zu zurückhaltend moderaten Revisionen erhöhten die Kurzfrist-Bullen und -Bären im Aggregat ihre Prognosen und fuhren damit fort, die Kurse weit über ein Niveau hinaus zu treiben, von dem sie selbst wussten, dass es wahrscheinlich nicht mehr mit der Einschätzung der meisten Wertspekulanten für die längerfristigen Aussichten vereinbar war.

In Kapitel 8 haben wir diskutiert, wie die Handelsentscheidungen der Kurzfristspekulanten positiv zur Fähigkeit der Finanzmärkte beitragen, die Allokation des knappen gesellschaftlichen Kapitals vorzunehmen, und dennoch können sie die relativen Kurse auch verzerren, da ihre Entscheidungen nicht auf den mühevollen Recherchen beruhen, welche die Wertspekulanten vornehmen. Innerhalb einer Wertspanne, die mit der Einschätzung der meisten Spekulanten für die längerfristigen Aussichten vereinbar ist, bleibt der verzerrende Einfluss der Kurzfristspekulanten wahrscheinlich relativ gedämpft. Tatsächlich veranlassten die günstigen Trends bei den Basis-Fundamentaldaten in der frühen Phase des Kursaufschwungs der 1990er-Jahre sie höchstwahrscheinlich, viele derselben Unternehmen zu kaufen wie die Wertspekulanten.

Sobald eine Kursbewegung hingegen extrem wird, schwinden die Vorteile der Handelsentscheidungen der wertorientierten Investoren, da die Kurzfristspekulanten die Bewertungen aufblasen. Überdies implizieren die reflexiven Beziehungen in der Wirtschaft, dass die Bullentrends der Fundamentaldaten schließlich fehlerhafte und nicht mehr aufrechtzuerhaltende Signale für die unterschiedlichen längerfristigen Aussichten der Unternehmen senden. Da die Handelsentscheidungen der Kurzfristspekulanten weitgehend auf diesen Signalen basieren, entsteht auf dem Markt viel Raum für

Begrenzte
Instabilität:
Verbindung
zwischen Risiko und
Kursschwankungen

Verzerrungen der relativen Kurse und Fehlallokationen von Kapital. In den 1990er-Jahren sind die Überinvestitionen in Technologieaktien ein Zeichen solcher Fehlallokationen.

Natürlich gilt der Prozess, durch den Aufschwünge mitunter exzessiv werden, auch für Abschwünge, die ebenso wahrscheinlich zu Fehlallokationen von Kapital führen, indem fehlerhafte Signale dafür gesendet werden, welche Unternehmen gegründet, erweitert, umstrukturiert, verkleinert oder liquidiert werden sollten. Eine weitere, noch ernstere Gefahr in Verbindung mit exzessiven Abschwüngen besteht, wie Keynes (1936) betonte, jedoch darin, dass der Gesamtumfang der Investitionen schlagartig abstürzt und längere Zeit niedrig bleibt (siehe Kapitel 7 und 8).

Aber auch wenn die Kurzfristspekulanten die Aktienkurse mitunter weit über die Spanne der nicht exzessiven Werte hinaustreiben, machen sie damit doch nicht unbegrenzt weiter. Unsere IKE-Erklärung des Risikos impliziert, dass schließlich auch sie ihre Prognosestrategien radikal revidieren, was zu einem nachhaltigen Kursumschwung führt – selbst wenn die Fundamentaldaten unverändert weiter in die gleiche Richtung tendieren. Dieser Prozess hilft zu verstehen, warum sich die Märkte letztlich selbst korrigieren.

Verbindung zwischen Risiko und Abstand zum Niveau einer Bezugsgröße

Finanzökonomen stellen das Risiko für das Halten spekulativer Positionen typischerweise mit Standardmaßen der kurzfristigen Volatilität dar, zum Beispiel der Varianz der Erträge. Sie verwenden diese Modelle, um die Prämie – einen erwarteten positiven Überschussertrag – zu erklären, den Marktteilnehmer dafür verlangen, dass sie spekulative Positionen halten. Wie wir in Kapital 5 diskutiert haben, ist die empirische Leistung der Risikoprämienmodelle der Ökonomen äußerst dürftig.

Keynes' (1936) Gedanken über Spekulation auf den Märkten für Vermögenswerte führen zu einer alternativen Charakterisierung, wie die Teilnehmer das finanzielle Risiko einschätzen. Er argumentierte, Spekulanten seien sich der Tendenz der Kurse bewusst, ungleichmäßige Schwankungen zu durchlaufen, und die Spekulanten nutzten dieses Merkmal ihres sozialen Kontexts bei ihren Versuchen, die Marktergebnisse zu prognostizieren. Bei der Diskussion, warum ein Individuum lieber Bargeld als riskante zinsbringende Wertpapiere halte, bemerkte Keynes: »Von Bedeutung ist nicht das absolute Niveau [des Zinssatzes], sondern der Grad seiner Abweichung von dem, was als relativ sicheres [Bezugsgrößen-]Niveau betrachtet wird, bezogen auf Wahrscheinlichkeitsberechnungen, auf die man sich verlässt« (Keynes, 1936, S. 201).[6]

Diese Erkenntnis legt nahe, dass ein Kurzfristspekulant sich auf den Abstand zwischen den Aktienkursen und seiner Wahrnehmung des historischen Bezugsgrößenniveaus konzentrieren wird, wenn er den potenziellen Kapitalverlust durch seine spekulative Position einschätzt:

> Sofern man nicht glaubt, dass Gründe bestehen, warum künftige Erfahrungen ganz anders sein werden als frühere Erfahrungen, lässt ein ... Zinssatz [der viel niedriger ist als der sichere Satz] mehr fürchten als hoffen und bietet gleichzeitig einen laufenden Ertrag, der nur dazu ausreicht, ein sehr kleines Maß an Furcht [vor Kapitalverlust] aufzuwiegen. [Keynes, 1936, S. 202]

Diese Erkenntnis führt zu einer alternativen Charakterisierung der Risikoprämien der Marktteilnehmer.[7] Wie ein Teilnehmer bei der Einschätzung des Risikos den Abstand zwischen den Kursen und den Bezugsgrößenwerten interpretiert, verändert sich natürlich mit der Zeit auf eine Weise, die weder er noch ein Ökonom im Voraus vollständig spezifizieren kann. Tatsächlich legen wir weiter unten Belege vor, dass die Bedeutung, die Individuen diesem Abstand beimessen, viel höher ist, wenn er historisch groß als wenn er historisch klein ist. Allerdings kann niemand die Schwellen vollständig vorhersehen, über oder unter denen die Teilnehmer das Ausmaß

6 Für eine frühe Formalisierung dieser Erkenntnis in einem Modell der Entscheidung von Spekulanten, ihr Vermögen zwischen Bargeld und festverzinslichen Wertpapieren aufzuteilen, siehe Tobin (1958).

7 In Frydman und Goldberg (2007, Kapitel 9) entwickeln wir, was wir als eine Theorie endogener Aussichten bezeichnen, die auf Kahneman und Tversky (1979) aufbaut und eine endogene Verlustaversion annimmt: Ein Individuum ist nicht nur verlustaversiv (sein negativer Nutzen durch die Verluste ist größer als sein Nutzen aus Gewinnen in derselben Größenordnung), sondern es ist dies auch endogen (der Grad seiner Verlustaversion nimmt mit der Größe seiner offenen Position zu). Noch wichtiger ist, wie Kahneman und Tversky selbst hervorhoben, dass die ursprüngliche Formulierung ihrer Theorie der Aussichten auf einer Versuchsanordnung beruhte, die unvollkommenes Wissen konstruktionsbedingt ignorierte. Bemerkenswerterweise anerkennen andere Verhaltensökonomen dieses fundamentale Problem nicht. Die Theorie endogener Aussichten spricht dieses Problem explizit an und bietet eine Methode, mit der sich alle experimentellen Entdeckungen Kahnemans und Tverskys formalisieren lassen, ohne dabei die Unvollkommenheit des Wissens außer Acht zu lassen.

des Abstands als groß oder klein ansehen könnten, oder wie ein Überschreiten dieser Schwellen ihre Einschätzung potenzieller Verluste durch Spekulation beeinflussen könnte. Folglich formalisieren wir Keynes' Erkenntnis als qualitative Regelmäßigkeit: Abhängig davon, welche Seite des Marktes ein Kurzfristspekulant einnimmt, erhöht oder senkt er seine Einschätzung potenzieller Verluste – und damit seine Risikoprämie –, wenn sich die Kurse von seiner Wahrnehmung des Bezugsgrößenniveaus weg oder darauf zu bewegen.[8]

Betrachten wir zum Beispiel einen Aufschwung der Aktienkurse, sagen wir, über die Einschätzung der Teilnehmer für das Bezugsgrößenniveau hinaus. Ein Kurzfrist-Bulle prognostiziert, dass der Kursaufschwung auf kurze Sicht anhalten wird, während ein Bär das Gegenteil prognostiziert. Trotzdem denken beide über die potenziellen Verluste nach, die sie verzeichnen müssten, wenn sich der Kurs gegen sie entwickelte. Wenn die Trends bei den Fundamentaldaten die Bullen überzeugen, dass sie ihre Prognosen für die künftigen Kurse noch erhöhen sollten, dann werden sie ihre offenen Positionen vergrößern wollen. »Sofern man nicht glaubt, dass Gründe bestehen, warum künftige Erfahrungen ganz anders sein werden als frühere Erfahrungen«, werden sie auch ihre Einschätzung dafür erhöhen, dass die potenziellen Verluste falsch sein könnten: Je größer der Abstand von ihrer Einschätzung der Bezugsgröße, desto besorgter sind sie tendenziell über einen Umschwung. Bären dagegen reagieren umgekehrt auf einen weiteren Anstieg der Kurse: Bei ihnen steigt tendenziell die Zuversicht, dass es schließlich zu einem Umschwung kommt, daher senken sie ihre Einschätzung der potenziellen Verluste durch ihre offenen Positionen.

Wie sich die Märkte letztlich selbst korrigieren

Wenn die Risikoprämie eines Marktteilnehmers vom Abstand zwischen dem Kurs des Vermögenswerts und seiner eigenen Einschätzung des Bezugsgrößenniveaus abhängt, dann wird er während eines Kursauf- oder -abschwungs die Prämie ändern, die er verlangt, wenn er eine offene Position

---

8 Es gibt zweifellos noch andere Faktoren, auf die sich Spekulanten stützen, wenn sie das Risiko ihrer offenen Postionen einschätzen. Auf den Devisenmärkten könnten sich die Teilnehmer zum Beispiel auf das Ausmaß der Leistungsbilanzungleichgewichte oder der internationalen Schuldenpositionen der Länder konzentrieren, wenn sie das Risiko einschätzen. Siehe Frydman und Goldberg (2007, Kapitel 12), wo wir solche Überlegungen in ein IKE-Modell des Risikos integrieren.

hält – in die eine Richtung, wenn er Bulle, in die andere, wenn er Bär ist. Diese Veränderungen der Prämien helfen die Tatsache zu erklären, dass lange Schwankungen auf den Märkten für Vermögenswerte letztlich begrenzt sind.

Um zu sehen, wodurch sie begrenzt werden, nehmen wir an, anhaltende Trends bei den fundamentalen Faktoren und zurückhaltend moderate Revisionen ihrer Prognosestrategien veranlassten die Bullen, ihre Prognosen für die künftigen Kurse zu erhöhen; das heißt, sie erwarten, der Ertrag von Aktienkäufen habe sich erhöht. Wenn sie dann gemäß dieser Überzeugung handeln, erhöhen sie ihre spekulativen Positionen und treiben damit die Kurse, sagen wir, weiter über die Spanne derjenigen Werte hinaus, die mit den meisten Einschätzungen für die längerfristigen Aussichten der Unternehmen und somit den meisten Einschätzungen des Bezugsgrößenniveaus vereinbar wären.

Aber auch wenn die Bullen höhere Erträge erwarten, so ist ihnen doch klar, dass solche exzessiven Kurstrends irgendwann einmal enden, daher steigt ihre Einschätzung des Risikos, dass es zu einem Umschwung und zu Kapitalverlusten kommen könnte. Die daraus folgende Erhöhung ihrer Prämien trägt dazu bei, ihre Neigung zu zügeln, die spekulativen Positionen weiter zu erhöhen. Halten die Trends bei den Fundamentaldaten an und verlängern so den exzessiven Kurstrend, wird schließlich eine Schwelle erreicht, an der die Bullen so besorgt sind, dass ein Umschwung eintreten könnte, dass sie ihre Prognosestrategien nicht mehr nur auf zurückhaltend moderate Weise revidieren. An diesem Punkt verringern sie ihre Long-Positionen oder geben sie ganz auf, was einen Kursumschwung auslöst. Auch die Bären werden ihre Prämien verändern, aber in der umgekehrten Richtung, und tragen so ebenfalls zu der sich selbst begrenzenden Natur langer Bewegungen weg von Bezugsgrößenniveaus bei.

Unsere IKE-Erklärung des Risikos impliziert, dass die Marktprämie im Aggregat gleich Bullenprämie minus Bärenprämie ist. Wie in Kapitel 5 erwähnt, hängt die Marktprämie somit eindeutig davon ab, wie die Teilnehmer den Abstand zu den Einschätzungen für das Bezugsgrößenniveau bewerten. Abbildung 5.4 zeigt, dass diese qualitative Vorhersage auf den Devisenmärkten bestätigt wird,[9] während Abbildung 5.3 nahelegt, dass auf den Aktienmärkten der Zusammenhang weit weniger klar ist.

9 Zeitdiagramme für andere wichtige Wechselkurse zeigen ein ähnliches Muster und formale statistische Analysen stützen die Schlussfolgerung einer positiven Beziehung. Siehe Frydman und Goldberg (2007, Kapitel 12).

Allerdings liefern Mangees (2011) in Kapitel 7 diskutierte Bloomberg-Daten Belege dafür, dass auch die Teilnehmer an den Aktienmärkten durchaus auf Abweichungen der Aktienkurse von historischen Bewertungsniveaus achten, wenn dieser Abstand groß wird. Drei Auszüge illustrieren, wie Bloomberg News über die Bedeutung dieser Erwägung berichtete:

US-Aktien fielen gegen Ende der Sitzung in einem Kursrutsch, begleitet von der Sorge, die Aktienkurse könnten über die Gewinnaussichten hinausgeschossen sein. ... »Eine zunehmende Anzahl von Leuten meint, dieser Markt sei überbewertet«, sagte David Diamond, Geldmanager bei Boston Company Asset Management mit Vermögenswerten von 17 Mrd. Dollar. Gemäß einer Untersuchung von Zacks Investment notiert der Index Standard and Poor's 500 beim 19-Fachen der Gewinne des Jahres 1997, das ist 25 Prozent höher als das durchschnittliche Kurs-Gewinn-Verhältnis von 15,2 seit 1980. [19. Februar 1997]

»Anleger suchen nach Gründen, um zu verkaufen«, sagte Gene Grandone, Direktor der Anlageberatung bei der Northern Trust Co., die 130 Mrd. Dollar verwaltet. »In einem Markt im Bereich von 7900 sehen die Leute einen Markt, der ein bisschen satt ist.« ... Viele Anleger fühlen sich unbehaglich bei einem Kurs-Gewinn-Verhältnis des Marktes, das sich am oberen Rand seiner historischen Spanne befindet. [7. Juli 1997]

US-Aktien notierten uneinheitlich. ... Die Unternehmen werden für jedes Defizit bestraft, da sich die Aktien im Verhältnis zu den Gewinnprognosen auf historischen Höchstständen befinden. Der S&P 500 notiert zum Beispiel beim 35-Fachen der Gewinne. [7. April 1999]

Abbildung 10.3 zeigt einen gleitenden 12-Monats-Durchschnitt für den Anteil der Tage in jedem Monat, an denen erwähnt wurde, dass solche Erwägungen hinsichtlich des Abstands zu Bezugsgrößenwerten den Markt beeinflusst hätten. In einem großen Teil des Zeitraums waren sie unbedeutend und verdienten nur an durchschnittlich 2 Prozent oder weniger der Tage jedes Monats Erwähnung. Ab 1997 jedoch nahm die Bedeutung dieser Erwägungen zu und Ende 1999 erreichte der Anteil der Nennungen pro Monat grob 10 Prozent – genau in der exzessivsten Phase des Marktaufschwungs. Ein ähnlicher Anstieg ereignete sich ab der zweiten Hälfte 2008, als die Finanzkrise zu einem scharfen und lang anhaltenden Abschwung führte, der das Kurs-Gewinn-Verhältnis von 21 im August des Jahres auf 13 im März 2009 sinken ließ.

Häufigkeit (%)

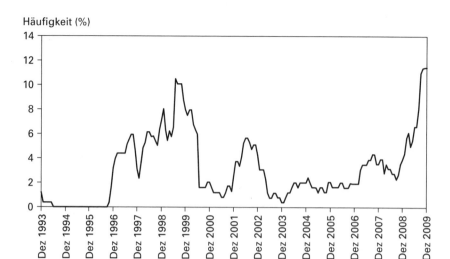

Abb. 10.3 Durchschnittliche monatliche Häufigkeit der
Nennung in Marktberichten: Abstand der Kurse zu Be-
zugsgrößenwerten
Quelle: Mangee (2011).

Die Rückkehr der Fundamentaldaten

Die Einschätzung des finanziellen Risikos durch die Marktteilnehmer anhand des Abstands zwischen den Kursen und dem Niveau historischer Bezugsgrößen verweist auf Bewegungen bei den fundamentalen Faktoren als
Schlüssel zum Verständnis der Hauptmerkmale von Finanzmärkten. In Kapitel 8 und 9 haben wir gezeigt, wie Trends bei den Fundamentaldaten, zum
Beispiel Unternehmensgewinne und Zinssätze, die Allokation des Kapitals
auf Projekte beeinflussen und Kursschwankungen untermauern. In diesem
Kapitel haben wir gezeigt, wie Trends bei den Fundamentaldaten die Märkte
dazu bringen können, die Kurse auf ein exzessives Niveau hinauf- oder hi-
nunterzutreiben. Wir haben auch gezeigt, wie diese Trends, durch ihren
Einfluss auf die Kurse – und somit auf den Abstand zwischen Kurs und Bezugsgröße –, das finanzielle Risiko beeinflussen und die Tatsache zu erklären helfen, dass sich die Märkte letztlich selbst korrigieren.

Wir waren in der Lage, die Schlüsselrolle der Fundamentaldaten für das
Verständnis der Finanzmärkte aufzudecken, weil wir im krassen Gegensatz
zu den bestehenden Ansätzen nicht routinemäßige Veränderungen und un-

Begrenzte
Instabilität:
Verbindung
zwischen Risiko und
Kursschwankungen

vollkommenes Wissen in den Annahmen nicht einfach ausblenden. Indem wir diese Merkmale ins Zentrum unserer Analyse stellen, sind wir überdies in der Lage, die Rolle psychologischer Faktoren bei der Bestimmung der Ergebnisse zu erkennen. In Kapitel 11 zeigen wir, wie eine Rückkehr der Fundamentaldaten uns in die Lage versetzt, die beiden extremen Ansichten über die Märkte zu vermeiden, die von den heutigen Ökonomen vertreten werden: dass sie entweder die Kurse nahezu perfekt gemäß ihren angeblich wahren Werten bestimmen oder zu psychologisch verursachten Blasen neigen, welche die Kurse weit weg von Niveaus treiben, die mit fundamentalen Erwägungen vereinbar sind.

11.
Kontingenz und Märkte

Gemäß unserem IKE-Modell haben Kurse und Risiko die Neigung, Schwankungen zu durchlaufen, wenn Trends bei Fundamentaldaten einige Zeit lang anhalten, was sie recht oft tun, und die Marktteilnehmer keine spezifischen Gründe haben, mit einer Änderung zu rechnen, und ihre Prognosestrategien daher wahrscheinlich nur auf zurückhaltend moderate Weise revidieren. Wir würden daher erwarten, dass fundamentale Faktoren eine bedeutende Rolle bei der Verursachung von Schwankungen der Kurse und des Risikos spielen. Wir würden außerdem erwarten, dass sich der Satz der fundamentalen Faktoren und deren Einfluss über die Zeit verändern.

Und dennoch berücksichtigen nahezu alle der buchstäblich Tausenden von empirischen Studien nicht, dass es zu Veränderungen bei der Art und Weise kommen könnte, wie Fundamentaldaten ihre Bedeutung für die monatlichen oder vierteljährlichen Kursbewegungen entfalten. Stattdessen bewerten diese Studien statistische Modelle mit festen Parametern über sehr lange Zeiträume (in vielen Fällen Jahrzehnte). So überrascht es nicht, dass diese empirischen Studien keine Belege dafür finden, dass Fundamentaldaten von Bedeutung sind.

Die einzig sinnvolle Schlussfolgerung, die man aus solchen Studien mit festen Parametern ziehen könnte, wäre, dass es keinen Sinn hat, auf den Märkten für Vermögenswerte nach übergreifenden Beziehungen zu suchen. Stattdessen folgert der Großteil der Ökonomen, dass andere Faktoren als Fundamentaldaten die Märkte bewegen müssten. Diejenigen unter ihnen, die argumentieren, Blasen und Irrationalität bestimmten die Kurse von Vermögenswerten, berufen sich zur Untermauerung ihrer Position routinemäßig auf diese Ergebnisse.

Ökonomen, die immer noch die Hypothese effizienter Märkte aufgreifen, räumen zwar weitgehend ein: »Wir haben noch kein ... Modell [rationaler Erwartungen]« (Cassidy, 2010b, S. 3), das Schwankungen der Kurse und des Risikos erklären könnte. Aber sie verweisen auf eine enorme Menge statistischer Untersuchungen, von denen sie glauben, dass sie eine starke empiri-

Jenseits rationaler Märkte Roman Frydman und Michael D. Goldberg
Copyright © 2012 WILEY-VCH Verlag GmbH & Co. KGaA, Weinheim

sche Unterstützung für die Behauptung der Hypothese effizienter Märkte lieferten, die verfügbaren Informationen könnten nicht dazu verwendet werden, konsequent überdurchschnittliche Erträge zu verdienen (für Übersichtsartikel siehe Fama, 1970, 1991). In den 1960er- und 1970er-Jahren untersuchten Forscher die kurzfristigen (täglichen, wöchentlichen und monatlichen) Erträge von Vermögenswerten und berichteten generell, es gäbe keine erkennbaren Korrelationen in den Daten, die verwendet werden könnten, um den Markt zu schlagen. Die Forscher fanden außerdem heraus, dass mechanische Handelsregeln, die auf Kurstrends der Vergangenheit beruhen, im Durchschnitt generell nicht in der Lage wären, Profite herbeizuführen, und dass die Investmentfondsmanager als Gruppe nicht in der Lage wären, höhere Durchschnittserträge herbeizuführen als passive Fonds, die auf einem weitgefassten Index basieren. Die Ökonomen folgerten aus diesen frühen Belegen: »Es gibt in der Ökonomie keinen Vorschlag, der von mehr soliden empirischen Belegen gestützt wird als die Hypothese effizienter Märkte« (Jensen, 1978, S. 95).

Jüngere Studien, die leistungsfähigere Verfahren und längere Stichproben verwenden, kommen zu Ergebnissen, die der Hypothese effizienter Märkte widersprechen. Die Forscher haben bei den Aktienerträgen anscheinend sowohl auf kurze als auch auf lange Sicht (drei bis fünf Jahre)[1] starke Korrelationen gefunden. Sie haben außerdem herausgefunden, dass die Erträge, wenn die Aktienkurse gegenüber den Gewinnen oder Dividenden im Vergleich zum historischen Durchschnitt hoch stehen, in den folgenden drei bis zehn Jahren tendenziell unterdurchschnittlich ausfallen, was schlicht ein Spiegelbild der Tendenz der Kurse von Vermögenswerten ist, weite Schwingungsbewegungen um das Niveau ihrer Bezugsgrößen herum auszuführen (siehe Campbell und Shiller, 1988; Fama und French, 1988). Und von den Devisenmärkten berichten Studien, dass künftige Devisenerträge mit den verfügbaren Informationen über die Terminprämie (die wir gleich definieren werden) korrelieren; sie legen nahe, dass die einfache Regel, gegen die vom Terminkurs implizierte Vorhersage zu wetten, überdurchschnittliche Erträge bringen würde.

Finanzökonomen haben sich auf eine intensive Suche nach einem REH-basierten Risikoprämienmodell begeben, das diese jüngeren empirischen Ergebnisse erklären könnte. Bisher sind sie gescheitert, aber sie halten wei-

---

1 Für kurzfristige Korrelationen siehe Jegadeesh und Titman (1993) sowie Lo und MacKinlay (1999). Für langfristige Korrelationen siehe De Bondt und Thaler (1985) sowie Fama und French (1988).

ter an der Möglichkeit fest, dass es letztlich gelingen könnte. Wie John Cochrane von der University of Chicago es ausdrückte: »Das ist die Herausforderung. Daran arbeiten wir alle« (Cassidy, 2010b, S. 3).

Aber das ist nicht die Herausforderung (und daran arbeiten wir nicht alle). Denn abgesehen davon, dass die Hypothese effizienter Märkte weder die Kursschwankungen von Vermögenswerten noch das Risiko erklären kann, ist an dieser Hypothese in Wirklichkeit auch etwas ganz Grundlegendes absurd: Sie beruht zwar auf der Idee, dass die Individuen nach Profit streben, nimmt dann aber an, dass die Unmengen an Marktteilnehmern, die tatsächlich versuchen, durch die Nutzung verfügbarer Informationen überdurchschnittliche Erträge zu erzielen, einfach nur ihre Zeit verschwenden.

Die Verhaltensökonomen ihrerseits verweisen im Unterschied dazu auf die angeblich systematischen Muster in den Erträgen und auf das Scheitern der standardmäßigen Risikoprämienmodelle, diese zu erklären, als zusätzliche Belege dafür, dass die Märkte für Vermögenswerte krass irrational wären. Aber auch hier liegt eine grundlegende Absurdität vor. Denn die Verhaltensökonomen bestreiten zwar nicht, dass die professionellen Teilnehmer an den Märkten nicht nur nach Profit streben, sondern auch äußerst clever sind und für die Entdeckung von Möglichkeiten, den Markt zu übertreffen, hoch vergütet werden. Und doch nehmen ihre Theorien an, dass die Märkte zwar Profitmöglichkeiten böten – die so leicht auszunutzen sind, dass man nur gegen den Terminkurs wetten muss –, diese Herrscher des Universums sie aber aus irgendwelchen Gründen schlicht übersähen.

Genau wie die bizarre Folgerung, Fundamentaldaten wären unwichtig für die Kurse von Vermögenswerten, geht auch die Absurdität sowohl der Hypothese effizienter Märkte als auch der behavioristischen Ansichten auf die Suche nach vollständig prädeterminierten Modellen für die Erträge von Vermögenswerten zurück. Fast alle empirischen Belege, die beide Lager heranziehen, um ihre Positionen zu untermauern, beruhen auf der Suche nach festen Mustern in den Daten. Neue Techniken, institutionelle und politische Entwicklungen, neue Denkweisen bezüglich Markt und Wirtschaft sowie unzählige weitere nicht routinemäßige Veränderungen führen jedoch zu nur zeitweiligen, aber dennoch bedeutsamen Korrelationen in den Daten.

Die zeitweiligen überdurchschnittlichen Erträge, die davon herrühren, dass man solche Korrelationen vorwegnimmt oder früh genug entdeckt, bieten den Individuen gewaltige Anreize, die verfügbaren Informationen zu diesem Zweck zu nutzen. Wenn man diese zeitweiligen Erträge einfach in den Annahmen ausblendet, wie es die Befürworter der Hypothese effizienter Märkte tun, dann heißt das nichts anderes, als dass man die eigentliche Grundlage nicht beachtet, auf der man an den Finanzmärkten Profite machen kann. Überdies impliziert die Bedeutung nicht routinemäßiger Veränderungen auch, dass es keine stabilen Muster in den Erträgen gibt, und die Behauptung der Verhaltensökonomen, sie hätten zwar mechanische Regeln entdeckt, die ganz einfach Profite lieferten, aber die Teilnehmer ließen diese ungenutzt, ist schlicht Unfug.

Die Hypothese kontingenter Märkte

Märkte spielen in den modernen Volkswirtschaften eine wesentliche Rolle, und zwar genau aus dem Grund, dass die Veränderungen »kontingent« sind – sie werden »von unvorhergesehenen Ursachen und Bedingungen beeinflusst« (*Webster's Unabridged Dictionary*) – und das Wissen unvollkommen ist. Dies führt uns zum Vorschlag der Hypothese kontingenter Märkte als Alternative zur Hypothese effizienter Märkte. Ebenso wie Letztere nimmt auch die Hypothese kontingenter Märkte an:

> Der kausale Prozess, der den Kursbewegungen zugrunde liegt, hängt von den verfügbaren Informationen ab, zu denen Beobachtungen über fundamentale Faktoren gehören, die für jeden Markt spezifisch sind.

Jedoch im scharfen Gegensatz zur Hypothese effizienter Märkte:

> Dieser Prozess kann nicht adäquat durch ein übergreifendes Modell charakterisiert werden, das als Regel definiert ist, nach der die Marktergebnisse, abgesehen von einem vollständig prädeterminierten Zufallsfehler, exakt mit den verfügbaren Informationen in Beziehung stünden, und dies in sämtlichen Zeitabschnitten der Vergangenheit, Gegenwart und Zukunft.

Kapitel 8, 9 und 10 haben gezeigt, wie bei kontingenten Veränderungen Kursschwankungen dem Prozess inhärent sind, mit dem die Finanzmärkte eine Kapitalallokation vornehmen, allerdings mitunter auch exzessiv werden. Die Hypothese kontingenter Märkte hat drei zusätzliche Implikationen. Bei deren Vorstellung werden wir jeweils ausführlicher diskutieren, wie diese alternative Hypothese die empirischen Belege erklärt, welche die

Standardtheorie über den Haufen geworfen haben, und wie sie zu einem neuen vorläufigen Blick auf die Rolle der Kursschwankungen von Vermögenswerten führt.

Kontingenz und Instabilität ökonomischer Strukturen

Bedeutsame Veränderungen des Prozesses, der die Kurse von Vermögenswerten bestimmt, ereignen sich zu Zeitpunkten und auf eine Weise, die nicht vollständig vorhergesehen werden können. Solche kontingenten Veränderungen bringen es mit sich, dass die statistischen Schätzungen vollständig prädeterminierter Modelle für die Kurse von Vermögenswerten beträchtlich variieren, sobald der untersuchte Zeitabschnitt verändert wird. Korrelationen zwischen Kursveränderungen und Informationsvariablen, die vielleicht in den Daten eines bestimmten Zeitabschnitts gefunden werden, verändern sich schließlich oder verschwinden und werden durch neue Beziehungen ersetzt.

Zeitweilige Instabilität ist an den Märkten für Vermögenswerte nicht schwer zu finden. So berichten zum Beispiel Fama und MacBeth (1973) und andere von positiven Schätzungen des Capital Asset Pricing Model, das in akademischen und industriellen Kreisen breite Anwendung findet, für eine Stichprobe, die bis 1965 reicht. Als die Stichprobe dann aber zur Aktualisierung um die 1970er- und 1980er-Jahre erweitert werden sollte und die Analyse um weitere Variablen ergänzt wurde, veranlassten die Ergebnisse Fama in einem Interview der *New York Times*, beim Capital Asset Pricing Model von einem »grauenhaften ... empirischen Modell« (Berg, 1992, S. D1) zu sprechen. In einem Kommentar zur zeitweiligen Instabilität der Korrelationen in den Kursdaten von Vermögenswerten witzelte Nobelpreisträger William Sharpe in einem Interview mit *Institutional Investor*: »Es ist wirklich fast so: Wenn Ihnen ein empirisches Ergebnis nicht gefällt und Sie so lange warten können, bis jemand einen anderen [Zeit-]Abschnitt wählt ... dann erhalten Sie auch eine andere Antwort« (Wallace, 1980, S. 24).

Angesichts dieser zeitweiligen Instabilität zieht man mit einer Suche nach stabilen Korrelationen zwischen den Kursen und den Variablen in jedem Satz von Informationen, wie es die meisten empirischen Forscher tun, einfach nur Daten aus verschiedenen Unterstichproben, von denen jede bestimmte unterschiedliche Korrelationen mit sich bringt. Wenn man das tut, ist die Wahrscheinlichkeit hoch, dass man die Natur der Korrelationen verschleiert, die während bestimmter Zeitabschnitte, zwischen bedeutsamen Veränderungen des kausalen Prozesses, in den Daten bestehen können.

Das Rätsel abgekoppelter Wechselkurse

Nirgendwo ist die Sinnlosigkeit des Versuchs, mit vollständig prädeterminierten Modellen nach der Rolle der Fundamentaldaten zu suchen, offensichtlicher als auf den Devisenmärkten. Internationale Makroökonomen untersuchen feste Wechselkursbeziehungen routinemäßig innerhalb von Stichproben, die mehr als zwei bis drei Jahrzehnte umfassen. Solche empirischen Analysen setzen aber voraus, dass die Marktteilnehmer ihre Prognosestrategien niemals änderten und die politischen und institutionellen Rahmenbedingungen unverändert blieben. Die Ergebnisse dieser Untersuchungen sind kläglich und veranlassen die meisten Forscher auf diesem Gebiet zu der Schlussfolgerung: »Wechselkurse werden weitgehend von anderen Faktoren bewegt als den offensichtlichen, beobachtbaren, makroökonomischen Fundamentaldaten« (Dornbusch und Frankel, 1988, S. 16).[2]

Wenn diese angebliche Abkoppelung der Wechselkurse von den Fundamentaldaten gezeigt werden soll, ist die vielleicht meistzitierte Studie die von Meese und Rogoff (1983). Diese untersuchten die Leistung der am weitesten verbreiteten Modelle, die Bezüge zwischen Wechselkursen und Zinssätzen, Volkseinkommen, Handelsbilanzen oder sonstigen Fundamentaldaten herstellten, von denen gemeinhin angenommen wird, dass sie Währungsschwankungen zugrunde liegen. Die Autoren nahmen eine Einschätzung aller Modelle im Rahmen einer Anfangsstichprobe vor, die von März 1973 bis November 1976 reichte. Sie interessierten sich dafür, wie gut ein Modell, das auf der Basis von Daten aus diesem Anfangszeitraum eingeschätzt wurde, den Einfluss der Fundamentaldaten außerhalb dieses Zeitraums erfassen würde.

Zur Beantwortung dieser Frage verwendeten sie ihre anfänglichen Parameterschätzungen, um Prognosen des Wechselkurses auf nahe Zeithorizonte von einem, sechs und zwölf Monaten vorzunehmen. Eine echte Prognoseübung müsste hier natürlich auch den Wert der Fundamentaldaten für die zukünftigen Zeitpunkte der Prognosen abbilden. Um aber den Fokus auf die Frage zu richten, ob die Schätzungen innerhalb der Stichpro-

---

2 Siehe Frankel und Rose (1995) und Frydman und Goldberg
   (2007, Kapitel 7) für eine Übersicht über diese Literatur.

be den Einfluss der Fundamentaldaten außerhalb der Stichprobe erklären können, verwendeten sie einfach die tatsächlichen Zukunftswerte der Fundamentaldaten zur Ermittlung der Wechselkursvorhersagen. Um aus diesen Modellen eine Serie kurzfristiger Wechselkursprognosen zu gewinnen, erweiterten Meese und Rogoff ihre anfängliche Stichprobe monatsweise bis Juni 1981 durch Beobachtungen, die über den November 1976 hinausgingen, und kombinierten bei jedem Schritt die Parameterabschätzungen von innerhalb der Stichprobe mit den tatsächlichen Zukunftswerten der Fundamentaldaten.

Die Ergebnisse von Meese und Rogoff hatten tief greifende Auswirkungen auf die Literatur. Sie fanden heraus, dass keines der untersuchten Modelle Wechselkursvorhersagen erzeugte, die es einem Prognostiker ermöglichen würden, besser abzuschneiden, als wenn er einfach eine Münze würfe. Und dies, obwohl die Vorhersagen der Modelle sogar auf den tatsächlichen Zukunftswerten der Fundamentaldaten beruhten. Die Ergebnisse legten mithin nahe, dass der Besitz solcher Informationen dem Prognostiker keinerlei Nutzen brächte. Die Schlussfolgerung, die von den meisten Forschern auf diesem Gebiet gezogen wurde, erschien offensichtlich: Fundamentaldaten spielten überhaupt keine Rolle bei Währungsschwankungen.

Es gibt buchstäblich Hunderte von Studien, welche die Analyse von Meese und Rogoff (1983) erweitert und durch neuere Wechselkursmodelle, leistungsstärkere statistische Techniken, längere Stichprobenzeiträume und zusätzliche Wechselkurse ergänzt haben. Die Ergebnisse sind weitgehend dieselben wie bei der ursprünglichen Studie (für einen Überblick siehe Cheung et al., 2005). Unter Berufung auf diese Belege argumentieren viele internationale Makroökonomen noch immer, die kurzfristigen Schwankungen auf den Devisenmärkten hingen nicht von makroökonomischen Fundamentaldaten ab.

Die Hypothese kontingenter Märkte impliziert eine plausiblere Interpretation der empirischen Befunde. Zeitlich invariable und andere vollständig prädeterminierte Wahrscheinlichkeitsmodelle sind einfach ein ungeeigneter Filter, um die Bedeutung fundamentaler Faktoren für die Kursschwankungen auf den Finanzmärkten zu untersuchen. Auf diesen Märkten – auf denen die Unvollkommenheit des Wissens und psychologische Erwägungen den Handelsentscheidungen der Teilnehmer zugrunde liegen und die politischen und institutionellen Rahmenbedingungen nicht routinemäßige Veränderungen erleben – sind Fundamentaldaten sehr wohl von Bedeutung, allerdings in unterschiedlichen Zeitabschnitten jeweils auf unterschiedliche Weise.

Kontingente Veränderungen auf den Devisenmärkten

Auch wenn der kausale Prozess, der die Ergebnisse an den Devisenmärkten bestimmt, sich zu Zeitpunkten und auf eine Weise verändert, die niemand vollständig vorhersehen kann, so kann es doch längere Perioden geben, in denen zwar durchaus nicht routinemäßige Veränderungen auftreten, diese jedoch so moderat sind, dass sich eine relativ stabile Beziehung zwischen dem Wechselkurs und einem Satz von Fundamentaldaten ergibt. Allerdings kann niemand vorhersehen, wann sich solche unterscheidbaren Perioden ergeben und wie lange sie dauern könnten, ganz zu schweigen von der genauen Natur der fundamentalen Beziehungen in diesen Perioden.

Tatsächlich gibt es nicht einmal streng objektive Kriterien statistischer oder anderer Art, mit denen sich die genaue Natur der fundamentalen Beziehungen und die Wendepunkte – Brüche in den Daten, an denen eine neue Beziehung entsteht – in den historischen Daten bestimmen ließen. Unterschiedliche Modelle und Testverfahren werden hier zu jeweils unterschiedlichen Bruchstellen und geschätzten Beziehungen führen. Wie bei den Schätzungen des Capital Asset Pricing Model auf dem Aktienmarkt hängen auch bei den Wechselkursen die empirischen Schätzungen in den Modellen der Ökonomen vom verwendeten Stichprobenzeitraum ab.

So nehmen wir zum Beispiel in Frydman und Goldberg (2007, Kapitel 15) an, dass die fundamentale Beziehung, die den Wechselkurs zwischen Deutscher Mark und US-Dollar in jedem gegebenen Zeitabschnitt bestimmt, mit einer oder mehreren der fundamentalen Variablen in Beziehung steht, die in den von Meese und Rogoff (1983) untersuchten Wechselkursmodellen enthalten ist. Wir verwenden dabei statistische Verfahren, die uns ermöglichen abzuschätzen, wann sich diese Beziehung im Verlauf unserer Stichprobe verändert haben könnte, ohne dabei Zeitpunkte oder Natur dieser Veränderungen vorab zu spezifizieren. Abbildung 11.1 stellt den Wechselkurs dar und berichtet über die Ergebnisse der Veränderungstests; die gepunkteten vertikalen Linien zeigen die Bruchstellen an.[3]

3 Die Analyse verwendet den CUSUM-Test aus Brown et al. (1975). Für weitere Details siehe Frydman und Goldberg (2007, Kapital 12 und 15).

Insgesamt finden wir sechs Bruchstellen in unserer Stichprobe, welche die 1970er-, 1980er- und 1990er-Jahre umfasst.[4] Einige der Brüche liegen in der Nähe größerer Veränderungen in der Wirtschaftspolitik. Im Oktober 1979 beispielsweise verschob die U. S. Federal Reserve den Schwerpunkt von der Federal Funds Rate hin zu monetären Aggregaten als primäres operatives Ziel. Und der Oktober 1985 war der Monat nach dem Plaza-Abkommen, das darauf abzielte, den Wert des Dollars zu senken. Für andere Bruchstellen gilt das jedoch nicht. Niemand kann Veränderungen in der Geld- und Fiskalpolitik vollständig vorhersehen, ganz zu schweigen von den Faktoren, die den anderen Bruchstellen zugrunde liegen.

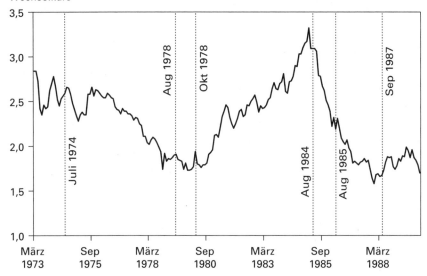

Abb. 11.1 Ergebnisse struktureller Veränderungen: Die Wechselkursbeziehung zwischen Deutscher Mark und US-Dollar

4 Auch viele andere Studien finden zeitweilige Instabilität auf den Devisenmärkten. Siehe Boughton (1987), Meese und Rogoff (1988), Goldberg und Frydman (1996a, b, 2001), Rogoff und Stavrakeva (2008) sowie Beckman et al. (2010).

Kontingenz
und Instabilität
ökonomischer
Strukturen

Das Abkoppelungsrätsel als Artefakt des heutigen Ansatzes

Die Ergebnisse der Tests zu strukturellen Veränderungen ergeben, dass es unterscheidbare Unterzeiträume in den Daten oder Regimes gibt, innerhalb derer der Wechselkursprozess annähernd stabil ist. Es macht daher wenig Sinn, ein festes Wechselkursmodell für unsere gesamte Stichprobe anzunehmen. Tatsächlich erzielen wir bei einem solchen Vorgehen die gleichen kläglichen Ergebnisse, die auch frühere Forscher erzielt haben und die nahelegten, dass Fundamentaldaten überhaupt keine Rolle spielten.

Ein völlig anderes Bild entsteht jedoch, wenn wir die unterscheidbaren fundamentalen Beziehungen in den beiden längeren Regimesverläufen der 1970er- und der 1980er-Jahre getrennt voneinander untersuchen. In diesem Fall stellen wir fest, dass in jedem der Regimesverläufe viele der Fundamentaldaten, die in den Wechselkursmodellen der Ökonomen enthalten sind, in qualitativer Hinsicht eine Bedeutung entfalten, die mit den Vorhersagen der Modelle übereinstimmt.[5] Wir stellen außerdem fest, dass in beiden Regimes jeweils unterschiedliche Fundamentaldaten mit unterschiedlichem Einfluss die Wechselkurse bestimmen.[6]

Das Ergebnis struktureller Veränderungen in Abbildung 11.1 zeigt, dass es innerhalb der Stichprobenperiode, die der Prognoseübung von Meese und Rogoff (1983) zugrunde lag, drei Bruchstellen gegeben hat. Ihre Ergebnisse haben daher wenig Bedeutung für das Verständnis von Wechselkursschwankungen. Tatsächlich übertraf die Prognoseleistung unserer Strategie einer geschätzten fundamentalen Beziehung für das Regime der 1970er-Jahre (das von Juli 1974 bis September 1978 reicht) die eines Münzwurfs mit beträchtlichem Abstand, allerdings nur, wenn wir die Analyse strikt auf

---

5 Um diese qualitativen Vorhersagen zu spezifizieren, machen wir Gebrauch von der Hypothese theorienkonsistenter Erwartungen, die von Frydman und Phelps (1990) vorgeschlagen wurde. Diese Hypothese beruht auf dem Gedanken, dass die Modelle der Ökonomen deren qualitative Erkenntnisse hinsichtlich des kausalen Mechanismus, der den Marktergebnissen zugrunde liegt, zusammenfassen und dass diese Erkenntnisse von den Marktteilnehmern vermutlich geteilt werden. Ökonomen haben für gewöhnlich mehrere verschiedene Modelle für ein aggregiertes Ergebnis. Daher nutzen

Darstellungen des Prognoseverhaltens, die auf dieser Hypothese beruhen, lieber mehrere verschiedene Modelle, statt sich nur auf eines zu stützen. In Frydman und Goldberg (2007, Kapitel 10) zeigen wir, wie dies selbst dann durchgeführt werden kann, wenn die qualitativen Merkmale eines Satzes bestehender Modelle sich gegenseitig widersprechen.

6 Für eine jüngere Studie, die ebenfalls feststellt, dass in unterschiedlichen Zeiträumen unterschiedliche Fundamentaldaten von Bedeutung sind, siehe Beckman et al. (2010).

das Regime der 1970er-Jahre beschränken. So war das Fundamentaldaten-Modell zum Beispiel sowohl beim 6- als auch beim 9- und 12-Monats-Prognosehorizont in der Lage, die Richtungsänderungen des Wechselkurses in 100 Prozent der Fälle korrekt vorherzusagen.[7]

Abbildung 11.2 zeigt das Grundproblem, das Instabilität für die Analyse von Meese und Rogoff (1983) darstellt. Die Abbildung zeigt ein Maß für den Prognosefehler des Fundamentaldaten-Modells in den Schätzungen für das 1970er-Jahre-Regime bei dreimonatigem Horizont.[8] Vor dem Regimewechsel im Oktober 1978 liegt der Prognosefehler des Modells konsequent unter 2,5 Prozent, was weniger als die Hälfte der 6 Prozent Prognosefehler eines Münzwurfs ausmacht. Nach diesem Wendepunkt bestimmt jedoch ein anderer Satz von Fundamentaldaten mit unterschiedlichem Einfluss den Wechselkurs. Und wie nicht anders zu erwarten, verschlechtert sich der

Häufigkeit (%)

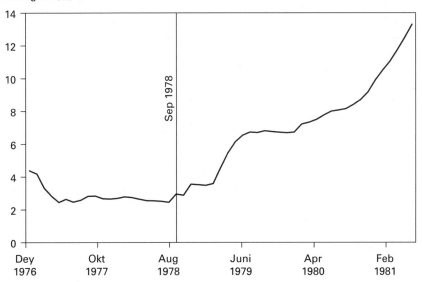

Abb. 11.2 Leistung des Fundamentaldaten-Modells vor und nach einer Bruchstelle

7 Für eine jüngere Studie, die ebenfalls feststellt, dass die Prognoseleistung von der untersuchten Periode abhängt, siehe Rogoff und Stavrakeva (2008).
8 Die Abbildung beruht auf der Wurzel der mittleren quadratischen Abweichung. Siehe Meese und Rogoff (1983) für Details.

Kontingenz
und Instabilität
ökonomischer
Strukturen

Prognosefehler des geschätzten Modells aus der Zeit vor dem Wendepunkt deutlich, sobald die Veränderung eintritt, und übersteigt den Prognosefehler des Münzwurfs nun bei Weitem.

Meese und Rogoff (1983) weisen aber lediglich den Durchschnitt der Prognosefehler aus, den die Wechselkursmodelle über die gesamte Stichprobe produzieren, was die großartige Prognoseleistung vor dem Wendepunkt mit den kläglichen Fehlern kombiniert, die sich danach ergeben. Dieses Vorgehen verschleiert lediglich die Bedeutung, die Fundamentaldaten für den nicht routinemäßigen Einfluss auf Währungen sowohl vor als auch nach dem Wendepunkt haben.

Die flüchtige Profitabilität mechanischer Handelsregeln

Wie bei den geschätzten Beziehungen zwischen den Kursen und den Fundamentaldaten implizieren die kontingenten Veränderungen auch bei allen vorab spezifizierten Handelsregeln, dass die durch sie erfolgende Generierung überdurchschnittlicher Erträge in einem gewissen zurückliegenden Zeitabschnitt unter Berücksichtigung des Risikos schließlich zum Erliegen kommt. Diese Implikation kann eines der wichtigsten »Rätsel« der Finanzökonomie lösen.

Frühe Studien über die Leistung von Handelsregeln, die Kurstrends der Vergangenheit extrapolieren, fanden kaum Belege dafür, dass diese überhaupt Profite lieferten (für einen Überblick siehe Fama, 1970). Jüngere Studien, die ein viel weiteres Spektrum von technischen Regeln und Handelshorizonten betrachten, behaupten jedoch, dass Regeln, die auf Innertageshorizonten beruhen, doch überdurchschnittliche Erträge unter Berücksichtigung des Risikos generieren.[9] Ökonomen haben auch Festparametermodelle für die Erträge von Vermögenswerten geschätzt und berichten von stabilen Mustern in den Daten, die verwendet werden könnten, um überdurchschnittliche Erträge unter Berücksichtigung des Risikos zu verdienen.

Nach der Hypothese effizienter Märkte müssten alle Profite aus Handelsregeln und alle entsprechenden Muster schnell durch Arbitrage ausgeglichen werden. Dass Ökonomen sie aber offensichtlich entdeckt haben, legt allerdings nahe, dass dies nicht der Fall ist. Konventionelle Ökonomen suchen schon seit Jahrzehnten nach einem REH-basierten Risikoprämienmodell, das die angenommene Profitabilität ihrer Regeln und die stabilen Mus-

9 Siehe Schulmeister (2006). Für einen Überblick siehe Menkhoff und Taylor (2007).

ter in den Erträgen erklären könnte. Und nachdem die Verhaltensökonomen die Hypothese rationaler Erwartungen als Standard für Rationalität akzeptiert hatten, interpretierten sie das Scheitern dieser Bemühung als einen weiteren Hinweis auf die Irrationalität der Märkte. Sie arbeiten ebenfalls seit zwei Jahrzehnten daran, eine ganze Reihe vollständig prädeterminierter Erklärungen für solches Verhalten zu entwickeln.

Natürlich kann man nach festen Handelsregeln suchen, die profitabel sind, und nach Korrelationen zwischen den Erträgen und den verfügbaren Informationen innerhalb eines Zeitabschnitts der Vergangenheit und dabei etwas finden, das nach Profitabilität und stabilen Mustern aussieht. Aber die kontingenten Veränderungen, die Märkte charakterisieren (und im weiteren Sinne auch kapitalistische Wirtschaften), implizieren, dass letztlich feste Handelsregeln ihre Profitabilität verlieren und Korrelationen der Vergangenheit sich zu Zeitpunkten und auf eine Weise verändern, die niemand vollständig vorhersehen kann.

Gewiss nutzen viele Teilnehmer an den Finanzmärkten technische Handelsregeln. Es gibt jedoch viele Belege, dass diese Regeln auf nicht mechanische Weise verwendet werden. Selbst die Händler auf Devisenmärkten, die auf sehr kurze Sicht handeln, verbinden sie mit Erwägungen, die auf fundamentalen und psychologischen Faktoren beruhen, und auf eine Weise, die sich mit der Zeit verändert.[10] Die Verwendung technischer Regeln erfordert Intuition und das Geschick, zu wissen, welche Regeln zu verwenden sind und wann; wie Menkhoff und Taylor (2007, S. 947) in ihrem Übersichtsartikel schlussfolgern: »Die Leistung technischer Handelsregeln ist über die Zeit höchst instabil.«

Dieses Ergebnis ist nicht überraschend angesichts der Tatsache, dass auch die Festparametermodelle der Ökonomen für die Erträge in zeitlicher Hinsicht instabil sind. Fama und French (1988) berichten zum Beispiel, dass Aktienportfolios, die drei bis fünf Jahre lang positive Erträge lieferten, in den folgenden drei bis fünf Jahren tendenziell negative Erträge produzieren – und umgekehrt.[11] Wenn sie aber den ersten Teil ihrer Stichprobe wegließen, verschwand diese negative Beziehung weitgehend.

Campbell und Shiller (1988) berichten, dass bei einem im historischen Durchschnitt hohen Kurs-Gewinn- oder Kurs-Dividenden-Verhältnis die

---

10 Siehe die Übersichtsstudien von Cheung et al. (1999), Cheung und Chinn (2001) sowie Menkhoff und Taylor (2007).

11 De Bondt und Thaler (1985) zeigten weitgehend dasselbe Ergebnis.

realen Erträge in den folgenden drei bis zehn Jahren tendenziell unterdurchschnittlich sind.[12] Aber diese Ergebnisse liefern keine mechanische Möglichkeit, um den Markt zu schlagen. So stand zum Beispiel das Kurs-Gewinn-Verhältnis für den Aktienkorb des S&P 500 im Januar 1997 auf dem Rekordhoch von 28. Campbell und Shiller (1988) berichten, dass bei diesem Niveau ihre Analyse für ein Halten der S&P-500-Aktien über die nächsten zehn Jahre die Voraussage negativer Realerträge von 40 Prozent impliziert hätte. Obwohl die Aktienkurse nun von 2000 bis 2003 tatsächlich beträchtlich sanken, standen sie im Januar 2007 aber wieder hoch: Über den Zehnjahresabschnitt hätte ein Anleger einen anständigen realen jährlichen Ertrag von 4,6 Prozent erzielt. Das Timing von Kauf und Verkauf ist ganz wesentlich und man würde sich nicht ausschließlich auf eine mechanische Beziehung zwischen Kurs-Gewinn-Verhältnissen und Erträgen auf der Grundlage historischer Daten verlassen wollen.

Was den Ökonomen als leichte Möglichkeit zum Geldverdienen erscheint, sind nichts weiter als flüchtige Trugbilder. Dass die Teilnehmer an den Finanzmärkten diese angeblichen Gelegenheiten nicht nutzen, ist kein Beweis ihrer Irrationalität, sondern ihres gesunden Menschenverstands: Sie können es sich schlicht nicht leisten, endlos einer festen Regel anzuhängen. Der gewaltige Aufwand an Zeit, Energie, Geld und sonstigen Ressourcen, den Ökonomen getrieben haben, um ihre Befunde über die Erträge zu erklären, ist ein ausgezeichnetes Beispiel dafür, wie das Beharren der Ökonomen auf der Suche nach vollständig prädeterminierten Modellen den Fortschritt in der Ökonomie behindert hat.

Die Anomalie des Terminabschlags

Die vielleicht beste Illustration der flüchtigen Natur der Profitabilität von festen Handelsregeln – und davon, wie ein Beharren auf vollständig prädeterminierten Modellen in eine gedankliche Sackgasse führt – ist in der Literatur zur modellhaften Darstellung der Erträge auf den Devisenmärkten zu finden.

In Hunderten von Studien haben internationale Makroökonomen in den Monatsdaten nach einer festen Korrelation zwischen dem Wert der Terminprämie zu Beginn des Monats und dem künftigen Ertrag für das Halten der

12 Fama und French (1988) finden ähnliche Ergebnisse.

fremden Währung über diesen Monat gesucht.[13] Fast alle diese Studien berichten von einer signifikant negativen Korrelation zwischen diesen Variablen. Wie es zwei der führenden Forscher auf diesem Gebiet ausdrückten: »Was überrascht, ist der verbreitete Befund, dass die erzielten [Devisenerträge] ... wenn überhaupt, dann in die entgegengesetzte Richtung gehen, die von der Terminprämie vorhergesagt wird« (Obstfeld und Rogoff, 1996, S. 589; für Übersichten siehe Lewis, 1995; Engel, 1996).

Um zu sehen, was dieses Ergebnis bedeuten würde, wäre es durchweg zutreffend, betrachten wir einmal einen typischen Devisenterminkontrakt. Dieser Kontrakt ermöglicht es dem Inhaber, heute schon den Preis festzulegen, zu dem er in Zukunft einen bestimmten Dollarwert an fremder Währung kaufen oder verkaufen kann, zum Beispiel in einem Monat. Dieser Preis, sagen wir 1,20 Dollar für einen Euro, wird Terminkurs genannt. Ist der heutige Terminkurs höher als der heutige Kassakurs, dann sagt man, dass die fremde Währung (in unserem Beispiel der Euro), mit einem Terminaufschlag gehandelt wird. Könnte man heute zum Beispiel einen Spotkontrakt über den Kauf von Euro zum Preis von 1,00 Dollar – dem Kassakurs – abschließen, dann würde der Euro also mit einem Terminzuschlag von 20 Prozent gehandelt. Wäre die Prämie negativ statt positiv, dann würde man sagen, der Euro wird mit einem Terminabschlag gehandelt.

Ob man mit Terminkontrakten im Durchschnitt Profite machen kann, hängt davon ab, wie die Terminprämie über die Zeit mit dem künftigen Einmonatsertrag für den Besitz der fremden Währung kovariiert. Wenn ein Anstieg der Terminprämie tendenziell mit einem negativen Ertrag verbunden ist und wenn diese Korrelation stabil ist, wie die Ökonomen behaupten, dann »kann man vorhersagbare Profite machen, indem man gegen den Terminkurs wettet« (Obstfeld und Rogoff, 1996, S. 589). Diese Handelsstrategie ist besonders einfach: Ist die Terminprämie positiv, sollte man auf ein Sinken des Kassakurses im Laufe des kommenden Monats wetten; ist das Gegenteil der Fall, setzt man auf einen Anstieg des Kassakurses. Diese Regel beinhaltet keinerlei raffinierte statistische Analysen und man benötigt dazu nur eine einzigen Information, die Terminprämie.

13 Die meisten Studien in der Literatur untersuchen die Korrelation zwischen der Terminprämie und der künftigen Veränderung beim Kassakurs. Die Korrelation mit den Erträgen, die ja von den Veränderungen beim Kassakurs abhängen, liefert jedoch eine exakt äquivalente Möglichkeit, um die Anomalie des Terminabschlags darzustellen, vereinfacht aber unsere Diskussion.

Die flüchtige
Profitabilität
mechanischer
Handelsregeln

Internationale Ökonomen haben enorme Anstrengungen unternommen, um die angeblich negative Korrelation zwischen den Erträgen und der Terminprämie mit einem REH-basierten Risikoprämienmodell zu erklären. Jedoch:

> Es gibt keine positiven Belege, dass die [Korrelation] der Terminprämie auf das Risiko zurückzuführen wäre. ... Umfragedaten zu den erwarteten Wechselkursen legen vielmehr nahe, dass die Tendenz gänzlich auf irrtümliche Erwartungen zurückzuführen ist. ... Alles in allem legen die Belege nahe, dass Erklärungen ernsthaft untersucht werden sollten, welche die Möglichkeit einer Marktineffizienz zulassen. [Froot und Thaler, 1990, S. 190]

In der Folge haben Ökonomen verschiedene vollständig prädeterminierte Erklärungen für die angebliche Irrationalität der Devisenmärkte entwickelt (siehe zum Beispiel Mark und Wu, 1998; Gourinchas und Tornell, 2004).

Aber in Wirklichkeit sind es solche Bemühungen, die infrage gestellt werden sollten, nicht das Motiv des Profitstrebens auf den Devisenmärkten. Man beachte, dass der Devisenmarkt der größte Finanzmarkt der Welt ist, mit einem täglichen Volumen, das inzwischen auf 3 Billionen Dollar geschätzt wird. Die Einsätze auf diesem Markt sind, wie auf jedem anderen großen Markt für Vermögenswerte auch, äußerst hoch. Finanzinstitute, die viele der Teilnehmer anwerben, welche die Märkte bewegen, zahlen enorme Summen, um die Besten und Cleversten anzuziehen. Ist es wirklich möglich, dass diese Individuen Geld verdienen könnten, indem sie eine so simple Regel wie eine Wette gegen den Terminkurs befolgen würden, und dass ihnen diese Chance entweder nicht klar ist oder sie diese einfach nicht nutzen?

In Wirklichkeit entfalten sich die Devisenerträge nicht in Übereinstimmung mit einer übergreifenden Regel. Stattdessen führen Revisionen der Prognosestrategien der Teilnehmer oder Veränderungen im Prozess, der die Terminprämie bestimmt, zu nicht routinemäßigen Veränderungen der Korrelation zwischen den Erträgen und der Terminprämie (und im Grunde auch allen anderen Informationsvariablen).[14] Wie nicht anders zu erwarten, wird dies durch die Daten bestätigt: Die Korrelation ist während mancher Zeitabschnitte weitgehend negativ und während anderer weitgehend positiv, was impliziert, dass ein stetiges Wetten gegen den Terminkurs mitunter

---

14 Wir zeigen dieses Ergebnis formal in Frydman und Goldberg (2007, Kapitel 13).

Profite und zu anderen Zeiten Verluste bringt.[15] Niemand kann präzise im Voraus spezifizieren, wann und wie lange die Korrelation negativ sein könnte, daher kann auch niemand vorhersehen, wann es profitabel sein könnte, gegen den oder mit dem Terminkurs zu wetten.

Wie wir dies angesichts solcher kontingenter Veränderungen auch erwarten würden, ist erfolgreiches Spekulieren auf den Devisenmärkten nicht so einfach, wie es die umfangreiche akademische Literatur zum Thema internationale Finanzen nahelegt. Tatsächlich berichten wir in Frydman und Goldberg (2007, Kapitel 13), dass keine »vorhersagbaren Profite« gemacht werden können, indem man einfach gegen den Terminkurs wettet. Auch wenn diese Regel in manchen Unterperioden und für manche Währungen Profite liefert, so hört sie doch zu Zeitpunkten auf, profitabel zu sein, die von niemandem vorhergesehen werden können. Und wir finden auch, dass alle Profite, die von dieser Regel erbracht werden, nicht groß genug sind, um eine vernünftige Kompensation für die Ungewissheit zu liefern.

Abbildung 11.3 illustriert die flüchtige Natur der Profitabilität der Terminkursregel der Ökonomen. Sie stellt die monatlichen Profite dar, die man verdient hätte, wenn man gegen den Terminkurs auf dem Markt für das britische Pfund in den 1970er-Jahren gewettet hätte. Es gibt durchaus Perioden der Profitabilität, aber sie sind flüchtig. Über die gesamte Periode betrachtet ist der Durchschnittsertrag gleich null.

Von den Hunderten von Studien, die von der angeblichen negativen Korrelation zwischen den Währungserträgen und der Terminprämie berichtet haben, untersuchen nur sehr wenige das Verhalten dieser Korrelation über getrennte Unterzeiträume der Stichprobe oder testen gar, ob sie über die gesamte Stichprobe hinweg stabil ist. Diejenigen, die das tun, finden natürlich Belege für Instabilität.[16] Aber genau wie bei den Belegen für instabile Wechselkursbeziehungen bringt das Beharren darauf, lediglich vollständig prädeterminierte, zumeist unveränderliche Beziehungen zu betrachten, die Ökonomen dazu, ihre eigenen Befunde zu ignorieren.

---

15 Wir finden solche Instabilität auf den Märkten für das britische Pfund, die Deutsche Mark und den japanischen Yen über einen Stichprobenzeitraum, der die 1970er-, 1980er- und 1990er-Jahre umfasst. Zu weiteren Studien, die ebenfalls zu Ergebnissen kommen, die von der untersuchten Unterperiode abhängen, zählen Bekaert und Hodrick (1993), Lewis (1995), Engel (1996) sowie Mark und Wu (1998).

16 Zu Studien, die ihre Stichproben splitten, zählen Bekaert und Hodrick (1993), Lewis (1995), Engel (1996) sowie Mark und Wu (1998). Nur Bekaert und Hodrick (1993) testen formal auf Stabilität.

Die flüchtige
Profitabilität
mechanischer
Handelsregeln

Profit (%)

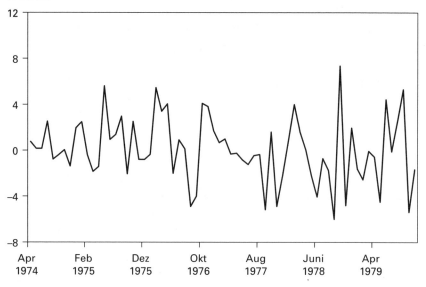

Abb. 11.3 Profite auf dem Markt für das britische Pfund,
1970er-Jahre
Quelle: Frydman und Goldberg (2007).

Zeitweilige Profitmöglichkeiten

Auch wenn die Kontingenz der Veränderungen impliziert, dass mechanische Handelsregeln letztlich aufhören, profitabel zu sein, modifizieren solche Veränderungen die Korrelationen in den Daten, was eine Zeit lang zeitweilige Profitmöglichkeiten eröffnet. Wer Informationen sammelt und das Geschick und die Flexibilität besitzt, das eigene Denken so zu ändern, dass er in der Lage ist, diese Chancen zu entdecken oder vorauszusehen, kann nach Berücksichtigung des Risikos überdurchschnittliche Erträge verdienen.

Als wir in Kapital 9 und 10 die Kursschwankungen von Vermögenswerten modellhaft nachbildeten, nutzten wir Keynes' (1936, S. 152) Erkenntnis, dass die Teilnehmer sich bei der Prognose künftiger Kurse und Risiken auf eine Konvention verlassen » ... anzunehmen, dass der gegenwärtige Stand der Dinge unbegrenzt anhält, außer sofern wir spezifische Gründe haben, eine Veränderung zu erwarten«. Da aber der Prozess, der die Marktergebnisse bestimmt, kontingente Veränderungen durchläuft, ist unklar, wie viele

Kontingenz und
Märkte

Daten aus der Vergangenheit ein Teilnehmer verwenden sollte, um den gegenwärtigen Stand der Dinge zu verstehen oder gar um zu prognostizieren, wie lange er anhalten könnte. Wie wir gesehen haben, bestimmen selbst ausgefeilteste statistische Techniken nicht automatisch genau, wann der gegenwärtige Stand der Dinge eingesetzt hat. Die Auswahl unter verschiedenen alternativen Modellen erfordert natürlich auch subjektive Urteile. Selbst wenn es nur um eine Beschreibung der Vergangenheit geht, variieren zwischen den Individuen bereits die Interpretationen, abhängig von ihren persönlichen Kenntnissen, Erfahrungen und Intuitionen.

Die Teilnehmer verstehen, dass sich der »gegenwärtige Stand der Dinge« letztlich ändern wird. Auf den Aktienmärkten zum Beispiel entfalten sich die Aussichten eines Unternehmens über die Zeit auf eine nicht routinemäßige Weise, die umso schwieriger einzuschätzen ist, je weiter man in die Zukunft schaut. Bewegungen bei den Fundamentaldaten – wie Gewinne, Zinssätze und gesamtwirtschaftliche Aktivität – liefern Hinweise auf die potenziellen Veränderungen dieser Aussichten. Indem die Anleger ihr Verständnis und ihre Einschätzung bezüglich der Zukunft verändern, beeinflussen sie auch den Prozess, der die Kurse bestimmt. Solche kontingenten Veränderungen führen zu einem neuen Stand der Dinge: Neue Korrelationen zwischen den Fundamentaldaten und den künftigen Ergebnissen tauchen auf und alte Denkweisen verlieren ihre Prognosekraft.

Die Entdeckung solcher neuer Korrelationen ist nicht einmal dann einfach, wenn sie bereits aufgetreten sind. Ein Teilnehmer kann sich hier zwar auf statistische Techniken verlassen, es ist aber unklar, welche man anwenden sollte und wie man sie einsetzt. Überdies muss auch erst eine gewisse Zeit nach dem Auftreten der Veränderung vergangen sein, bevor solche Techniken eine Chance haben, verwendet zu werden. Daher könnten sich die Teilnehmer im Hinblick auf die jüngsten Nachrichten mehr auf ihre Intuition verlassen wollen, wenn sie erkennen möchten, welche bedeutende Veränderung eingetreten ist.

Und Veränderungen vorauszusehen ist sogar noch schwieriger. Wie Keynes (1936, S. 163) so klar erkannte: Wir »stellen zwar, wo wir nur können, Berechnungen an«, wenn wir unsere Entscheidungen treffen, aber die Teilnehmer greifen auch auf andere Erwägungen zurück, darunter Intuition, »die *Zuversicht*, mit der wir ... prognostizieren« oder Optimismus.

Neue Korrelationen implizieren überdurchschnittliche Erträge für diejenigen, die sie unter Nutzung der verfügbaren Informationen schnell erkennen können, und noch höhere Erträge für diejenigen, die sie in gewissem Maße voraussehen. Das Versprechen überdurchschnittlicher Erträge liefert den Anreiz, Unternehmensdaten zu durchkämmen, Branchentrends zu studieren oder die Dienste von Bloomberg LP und anderen Unternehmen zu abonnieren, die sich der Nachrichtenübermittlung und Marktanalyse widmen. Die Teilnehmer kombinieren quantitative Modelle oft mit ihren eigenen Erkenntnissen zum Verhalten anderer Händler, mit historischen Daten zu Kursschwankungen und ihrer Einschätzung der Auswirkungen früherer und künftiger Entscheidungen politischer Handlungsträger. Und da sie auf der Grundlage unterschiedlicher Erfahrungen, Interpretationen der Vergangenheit und Intuitionen über die Zukunft handeln, schlagen sie auch unterschiedliche Strategien ein, um kontingente Veränderungen zu erkennen und vorauszusehen. Es ist äußerst schwierig, aber nicht unmöglich, dies konsequent zu tun. Als Beispiele für Anleger, die solche Fähigkeiten gezeigt haben, fallen einem sogleich Warren Buffet oder George Soros ein.

Für Befürworter der Hypothese effizienter Märkte ist ein solches Sammeln von Informationen und Analysieren von Fundamentaldaten allerdings reine Zeit- und Ressourcenverschwendung; die Individuen sollten stattdessen lieber in ein gut diversifiziertes Portfolio investieren. Sie gestehen aber bereitwillig zu, dass sich viele Teilnehmer mit der Analyse von Fundamentaldaten befassen und manche von ihnen auch in der Lage waren, konsequent überdurchschnittliche Erträge zu erzielen. Wie Michael Jensen, ein führender Vertreter der Hypothese effizienter Märkte, in einer Debatte mit Warren Buffet dazu argumentierte: »Wenn ich ein Feld untalentierter Analytiker beobachte, von denen alle ... Münzen werfen, dann erwarte ich auch durchaus, dass ich dabei einige sehe, ... die zehnmal hintereinander Kopf werfen« (Lowenstein, 1995, S. 317).

Warren Buffet lehnte die Münzwurfgeschichte als Erklärung für seinen Erfolg jedoch ab. Wie er es ausdrückte: »Wenn 225 Millionen Orang-Utans sich damit befassten, [Aktien auszuwählen] ..., dann wären die Ergebnisse zwar wohl ziemlich dieselben [wie beim Münzenwerfen]«, aber von den erfolgreichen Orang-Utans kämen doch zu viele »aus ›demselben Zoo‹« (Lowenstein, 1995, S. 317).

Gewiss wollte Buffet nicht behaupten, dass allein die Verwendung fundamentaler Analysen schon notwendigerweise die Fähigkeit impliziere, den Markt zu schlagen. Denn letztlich ist gutes Prognostizieren gutem Unternehmertum sehr ähnlich: Es beinhaltet eigene Kenntnis, Intuition und harte Arbeit, um die Profitmöglichkeiten zu erkennen und vorherzusehen, die aus den kontingenten Veränderungen entstehen. Die Erkenntnis, dass solche Bemühungen nicht programmiert werden können, stand auch hinter Hayeks Argument, dass zentrale Planung prinzipiell unmöglich sei.

Daher würden wir auch nicht erwarten, dass alle oder auch nur die meisten Investmentfondsmanager künftige Veränderungen am Markt oder in der Wirtschaft über die Zeit hinweg konsequent richtig vorhersehen können, was auch genau dem entspricht, was die Literatur herausgefunden hat. Aber die Tatsache, dass dies möglich ist und dass manche Individuen damit tatsächlich Erfolg haben, liefert mächtige Anreize, nach Zeichen für Veränderungen Ausschau zu halten und zu versuchen, darauf zu spekulieren.

Ein intermediärer Blick auf die Märkte und ein neuer Rahmen für kluge Politik

Sobald wir einmal erkannt haben, dass Fundamentaldaten von Bedeutung sind, und zwar auf nicht routinemäßige Weise, sehen wir, dass die Märkte weder nahezu perfekt und rational sind, wie von der Hypothese effizienter Märkte angenommen, noch krass irrational und ineffizient, wie von den Finanzmodellen der Verhaltensökonomen impliziert.

Unser intermediärer Standort erlaubt uns vielmehr, die zentrale Bedeutung nicht routinemäßiger Bewegungen der Fundamentaldaten sowie die Vermittlerrolle der Psychologie zu entdecken, wenn es um das Verständnis der Schwankungen von Kursen und Risiko auf den Finanzmärkten geht. Darüber hinaus ermöglicht er uns, zu zeigen, dass es sich bei vielen der empirischen Rätsel, die von Forschern erkannt wurden, nicht um Anomalien handelt – sie sind schlicht reine Artefakte, die durch eine fehlende Verbindung zwischen vollständig prädeterminierten Modellen und den tatsächlichen Vorgängen auf den Märkten der wirklichen Welt entstanden sind.

Unser intermediärer Blick auf die Märkte wirft aber nicht nur neues Licht auf die angeblichen empirischen Rätsel, die von vollständig prädeterminierten Modellen impliziert werden, sondern er führt auch zu einer neuen Denkweise im Hinblick auf die Beziehung zwischen Markt und Staat. Die nicht routinemäßige Rolle der Fundamentaldaten bei der Verursachung von Schwankungen und des finanziellen Risikos sowie unsere Analyse der Implikationen für Instabilität, Exzessivität und Allokationsfunktion der Finanzmärkte führen zu neuen Argumenten für staatliche Interventionen. Unsere Sichtweise eröffnet den politischen Entscheidungsträgern auch neue Kanäle, durch die sie das Ausmaß der langen Schwankungen auf den Märkten für Vermögenswerte begrenzen können, und gibt den Aufsichtsbehörden neue Möglichkeiten an die Hand, systemische und andere Risiken im Finanzsystem einzuschätzen.

225

Ein intermediärer
Blick auf die Märkte
und ein neuer
Rahmen für kluge
Politik

12.
Wiederherstellung des Gleichgewichts
Markt – Staat

In einer viel diskutierten Aussage vor dem US-Kongress im Oktober 2008 äußerte der frühere Vorsitzende der US-amerikanischen Notenbank, Alan Greenspan, sein »fassungsloses Entsetzen« darüber, dass das Eigeninteresse der Marktteilnehmer so spektakulär dabei versagt habe, die Gesellschaft vor den krassen Exzessen des Finanzsystems zu »schützen«, die in der größten Krise seit der großen Depression kulminierten.[1] Anschließend gestand Greenspan ein, dass er »einen Fehler gefunden« habe in der Ideologie, uneingeschränkte Finanzmärkte würden ihre Exzesse selbst begrenzen.

Obwohl die 2007 ausgebrochene Finanzkrise die Gefahren anschaulich aufgezeigt hat, die es mit sich bringt, wenn man sich darauf verlässt, dass die Finanzmärkte sich selbst regulieren, haben die politischen Reformen, die rings um die Welt durchgeführt wurden, doch weitgehend auf Maßnahmen verzichtet, die vom Staat fordern, dass er versuchen solle, direkten Einfluss auf den Preisbildungsprozess an den Märkten auszuüben. Obwohl anerkannt wird, dass excessive Schwankungen an den Märkten für Wohnimmobilien, Anteilskapital und andere Werte die Krise ausgelöst haben, herrscht doch verbreitet die Überzeugung, der Staat könne die Kursbewegungen nicht effektiv beeinflussen, und selbst wenn er es könnte, würden seine Maßnahmen letztlich nur zu noch gravierenderen Kapitalfehlallokationen und weiteren unerwünschten wirtschaftlichen und politischen Konsequenzen führen.

Die Wichtigkeit einer Reform der Finanzmarktpolitik

Die heutige Makroökonomie und Finanztheorie mit ihren vollständig prädeterminierten Grundlagen hatten kaum Relevanz, als es darum ging, die Debatte zu leiten, ob und in welchem Ausmaß der Staat eine aktivere Rolle

---

[1] Wie in Faisenthal (2008) berichtet.

an den Märkten für Vermögenswerte spielen sollte. In den Augen vieler Beobachter hat die Krise die orthodoxen Modelle rationaler Erwartungen diskreditiert, die implizieren, dass der Staat sich aus den Finanzmärkten heraushalten sollte. Die verführerische Behauptung des behavioristischen Ansatzes dagegen, das Problem der orthodoxen Theorie sei ihr Mangel an psychologischem Realismus, hat diesem zwar im Anschluss an die Krise viele Anhänger verschafft. Aber auch wenn psychologische Erwägungen wie Zuversicht und Intuition der Marktteilnehmer bei der Entscheidungsfindung in der Tat eine Rolle spielen, so liefern sie doch allein noch keine Grundlage zur Formulierung vernünftiger Maßnahmen für Finanzreformen und eine vorsorgende Politik.[2]

Über die inhärenten Schwierigkeiten hinaus, politische Maßnahmen zur Beeinflussung der Marktpsychologie zu formulieren, formalisieren die behavioristischen Finanzmodelle aber ihre psychologischen Erkenntnisse auch noch mit mechanischen Regeln. Solche Formalisierungen verkennen jedoch nicht nur, welche Bedeutung die Erkenntnisse für die Marktergebnisse haben, sondern führen auch zu politischen Auswirkungen, die bei ihrer Umsetzung die allokative Leistung der Finanzmärkte gefährden würden.

Die politischen Implikationen der behavioristischen Blasenmodelle sind ein Beispiel. Diesen Modellen zufolge sind Schwankungsbewegungen weitgehend unabhängig von Bewegungen der wirtschaftlichen Fundamentaldaten. Ihr Auftreten impliziere mithin eine enorme Verzerrung der jeweiligen Kurse und eine krasse Kapitalfehlallokation. Von daher setzen die existierenden Blasenmodelle dem Ausmaß und der Intensität staatlicher Interventionen auf den Finanzmärkten keine Grenzen. Ganz gleich, wie stark die erforderlichen Maßnahmen zur Beseitigung von Kursschwankungen bei Vermögenswerten auch wären, die Blasenmodelle implizieren, dass ihre schnellstmögliche Durchführung die langfristige Kapitalallokation unzweifelhaft verbessern würde.

Die politischen Entscheidungsträger sind allerdings nicht geneigt, die Wegweisungen dieser Blasenmodelle zu beherzigen. Wie Bernanke (2002, S. 6) uns erinnert, bringt es wohl eher unzweifelhafte soziale Kosten als den von der Theorie implizierten unzweifelhaften sozialen Nutzen, wenn man Blasen schnell platzen lässt:

---

2 Für eine frühe Diskussion dieses Punkts siehe Friedmans (2009) Übersicht über wichtige Bücher, welche die Finanzkrise und ihre Auswirkungen aus der Perspektive der Verhaltensökonomen untersuchen.

Wiederherstellung
des Gleichgewichts
Markt – Staat

Das Problem einer Fed, die Blasen platzen lassen will, ist viel schwieriger, als nur zu entscheiden, ob es irgendwo eine Blase gibt. ... Aus meiner Sicht hätte eine Verhinderung des Aktienbooms zwischen 1995 und 2000, wenn diese denn irgendwie machbar gewesen wäre, auch eine Menge technischen Fortschritt sowie nachhaltiges Wachstum von Produktivität und Produktion abgewürgt.

Bernankes Argument, dass man Blasen nicht gleich platzen lassen sollte, sobald sie auftreten, erscheint unstrittig. Es ignoriert jedoch die Möglichkeit, dass Kursschwankungen ab einem bestimmten Punkt auch exzessiv werden können: Ihre Fortsetzung führt dann eher zu Kapitalfehlallokationen, als dass sie der Gesellschaft dabei helfen, die Allokation des Kapitals gemäß den ständig sich verändernden langfristigen fundamentalen Werten vorzunehmen. Wie die 2007 ausgebrochene Krise zeigt, zählen zu den wichtigsten Auslösern von Finanzkrisen (einschließlich Banken- und Währungskrisen) tatsächlich exzessive Kursaufschwünge bei zentralen Vermögenswerten – Anteilskapital, Wohnimmobilien und Devisen –, denen ein scharfer und lang anhaltender Abschwung folgt.[3]

Schon bevor die Finanzkrise 2007 begann, reifte unter politischen Entscheidungsträgern und Wissenschaftlern zunehmend die Einsicht, dass die gelungene Schaffung eines Umfelds niedriger Inflation in vielen Ländern durch die Geldpolitik bei Weitem nicht ausreichte, um das Finanzsystem vor exzessiven Kursschwankungen und Krisen zu schützen. In Kreisen politischer Entscheidungsträger besteht weitgehend Einigkeit, dass die Systemrisiken im Finanzsystem wachsen, wenn Aufschwünge in der Wirtschaft und an den Märkten für Vermögenswerte längere Zeit anhalten, und dass es grundlegender Reformen des Regelungsrahmens Basel II für

---

3   In einer bedeutenden Studie betrachten Reinhart und Rogoff (2009) bis zu acht Jahrhunderte zurückliegende Daten von 66 Ländern auf sechs Kontinenten. Sie stellen fest, dass die zwei wichtigsten Vorzeichen für Bankenkrisen exzessive Bewegungen bei den realen Wechselkursen und den realen Wohnimmobilienpreisen sind; vervollständigt wird die Liste der fünf wichtigsten Vorzeichen durch exzessive kurzfristige Kapitalzuflüsse, Leistungsbilanzungleichgewichte und Bewegungen bei den realen Aktienkursen. Auch Borio und Lowe (2002a, b) stellen fest, dass exzessive Bewegungen bei den Kursen für Anteilskapital ein entscheidendes Vorzeichen für Finanzkrisen sind, insbesondere in Verbindung mit einem exzessiven Gesamtwachstum der Kredite.

die Banken bedürfe, um mit einer solchen prozyklischen Entwicklung umzugehen.[4]

Tatsächlich wurde Basel III beim G-20-Treffen in Seoul/Südkorea im November 2011 vorläufig verabschiedet; das im September 2010 neu formulierte Regelwerk fordert eine gegenüber Basel II erhöhte Eigenkapitalbasis.[5] Diese Anforderungen enthalten eine antizyklische Komponente, die während Wirtschaftsaufschwüngen die Schutzmechanismen der Banken aufbaut und diese in Abschwüngen nutzt.[6] Diese und andere Vorsorgemaßnahmen auf Gesamtbankenebene (»makroprudenzielle Maßnahmen«) zielen darauf ab, den Aufbau von Risiken im Bankensystem aktiv zu begrenzen und dessen Widerstandsfähigkeit gegen negative Gesamtentwicklungen zu stärken.[7]

Eine Verringerung der Systemrisiken ist ein wichtiges Anliegen der Finanzreformen sowohl in den USA als auch in Europa. Sowohl das Dodd-Frank-Gesetz, 2010 von US-Präsident Barack Obama durch Unterzeichnung verabschiedet, als auch die Reformvorschläge der Europäischen Union, die 2011 in Kraft traten, führten zur Schaffung unabhängiger Aufsichtsbehörden – des Financial Stability Oversight Council bzw. des Europäischen

---

4 Siehe Borio (2003), Borio und Shim (2007) und BIZ (2010). Die Bank für Internationalen Zahlungsausgleich definiert systemisches Risiko im Finanzsystem als das »Risiko einer Störung der Finanzdienste, die von einer vollständigen oder teilweisen Behinderung des Finanzsystems verursacht wird und das Potenzial hat, ernsthafte negative Konsequenzen für die Realwirtschaft zu haben« (BIZ, 2010, S. 200). Basel II revidierte den Satz der Regeln, der als Basel I bekannt ist und 1988 vom Basler Komitee (das mit der Bank für Internationalen Zahlungsausgleich assoziiert ist und aus Bankenaufsehern industrialisierter Länder besteht) verkündet worden war, um die Bankenregeln der Länder zu harmonisieren. Die Basler Abkommen sind keine formalen Verträge und die Länder setzen sie nicht immer vollständig um, aber die meisten bauen ihre Bankenregeln doch auf den Basler Regeln auf. In der Europäischen Union werden sie durch Richtlinien und Vorschriften voll-

ständig und für alle Kreditinstitute umgesetzt.

5 Die Gruppe der Zwanzig besteht aus den Finanzministern und Zentralbankchefs der 19 Länder mit den größten Volkswirtschaften plus der Europäischen Union.

6 Spanien implementiert seit 2000 ein solches dynamisches System für die Vorsorge gegen Kreditverluste. Siehe Fernández de Lis et al. (2001).

7 Viele Länder, besonders in Europa und Asien, begannen Anfang der 2000er-Jahre mit der Implementierung von Vorsorgemaßnahmen auf Gesamtbankebene. Das Ziel bestand darin, die Kreditmenge zu begrenzen, die an spezielle Branchen vergeben wird, die als anfällig für exzessives Kreditwachstum gelten, besonders Immobilieninvestitionen und -erschließung. Siehe BIZ (2010) sowie Borio und Shim (2007), die berichten, dass viele dieser Länder die Maßnahmen nützlich finden.

Ausschusses für Systemrisiken –, die damit betraut sind, Systemrisiken zu überwachen und zu bekämpfen. Auch eine Reihe von Vorsorgemaßnahmen auf Gesamtbankebene wird verlangt.[8]

Alles in allem sind diese Reformen wichtige Schritte auf dem Weg zur Verringerung der Krisenanfälligkeit des Banken- und Kreditsystems. Die Konzentration von Basel III auf eine Stärkung der Widerstandsfähigkeit des Systems gegen negative Gesamtentwicklungen statt auf ein direktes Angehen dieser Entwicklungen bedeutet jedoch, dass das Abkommen die Notwendigkeit weitgehend verkennt, dass der Staat exzessive Auf- und Abschwünge auf den Schlüsselmärkten für Vermögenswerte dämpft, sobald sie auftreten.[9]

Auch das Dodd-Frank-Gesetz und die Reformvorschläge der Europäischen Union ignorieren die Notwendigkeit staatlichen Handelns. Sie greifen stattdessen Verzerrungen auf der Informationsebene auf, wie etwa die Verwendung außerbilanzieller strukturierter Instrumente, die Marktverlustrisiko und Gesamtfremdfinanzierung verschleiern. Außerdem wenden sie sich gegen die Undurchsichtigkeit und Komplexität solcher Instrumente sowie anderer hochgradig konstruierter derivativer Produkte und erlassen Beschränkungen für die Freiverkehrsmärkte für Derivate, wie etwa Kreditausfall-Swaps, welche die Vernetzung der Risiken der Finanzinstitute kaschieren.

Gewiss werden Regeln für den Derivate-Freiverkehr der Banken und die Vorschrift, dass ein großer Teil davon über Clearinghäuser abzuwickeln ist, dazu beitragen, die Krisenanfälligkeit des Finanzsystems zu reduzieren. Auch viele andere Vorkehrungen, einschließlich der Volcker-Regel, die den Banken Eigenhandel untersagt, und das Recht des Financial Stability Oversight Council, große Finanzfirmen zu zerschlagen, werden die Systemrisiken gleichermaßen verringern. Aber keine dieser Maßnahmen geht die

---

8 Das US-Reformgesetz wurde nach Senator Chris Dodd und dem Abgeordneten Barney Frank benannt. Zu seinen vielen Vorkehrungen zählt auch die Ermächtigung der Aufsichtsbehörde, Basel III vollständig umzusetzen. Diese Ermächtigung ist deshalb von Bedeutung, weil der US-Kongress Basel II nie zugestimmt hat, obwohl US-Aufsichtsbehörden bei der Entwicklung von Basel II eine Hauptrolle spielten.

9 Das Kreditwachstum zählt zu den Schlüssel-Fundamentaldaten, welche die Preise von Wohnimmobilien und anderen Vermögenswerten bestimmen. Folglich könnten die antizyklischen Kapitalbestimmungen in Basel III indirekt dazu beitragen, exzessive Kursschwankungen auf diesen Märkten zu dämpfen. Wir kommen auf diesen Punkt später in diesem Kapitel zurück.

Die Wichtigkeit
einer Reform der
Finanzmarkt-
politik

ernste Bedrohung direkt an, die exzessive Kursschwankungen auf den Märkten für Schlüsselvermögenswerte für das Finanzsystem darstellen.

Abgesehen von der Verringerung der Krisenanfälligkeit des Finanzsystems zeigen unser IKE-Ansatz sowie empirische Belege auch noch einen weiteren wichtigen Grund, warum der Staat exzessive Schwankungen an den Märkten für Schlüsselvermögenswerte dämpfen sollte. In Kapitel 8 und 10 haben wir diskutiert, wie solche Schwankungen mit Verzerrungen der relativen Kurse und einer Fehlallokation des Finanzkapitals verbunden sind. Die Überinvestitionen in Technologieunternehmen Ende der 1990er-Jahre und auf dem Wohnimmobiliensektor Mitte der 2000er-Jahre sind nur zwei Beispiele für Fehlallokationen, die entstehen, wenn Kursschwankungen exzessiv werden. Die Geschichte legt nun nahe, dass die Schwierigkeiten umso größer werden, je exzessiver die Kursschwankungen sind. Wenn exzessive Kursaufschwünge bei Anteilskapital und Wohnimmobilien dann ein Niveau erreichen, das eine Kapitalfehlallokation in Schlüsselsektoren verursacht, folgen oft scharfe und verlustreichen Umschwünge. Selbst wenn diese Umschwünge also keine Finanzkrise auslösen, führen sie oft zu schmerzlichen Wirtschaftabschwüngen, die typischerweise mit langen Perioden gedämpfter Investitionsausgaben verbunden sind und damit das langfristige Wachstumspotenzial moderner Volkswirtschaften beträchtlich verringern.[10]

Konzentration auf die Dämpfung von Exzessen

Die Ökonomie des unvollkommenen Wissens bietet einen alternativen gedanklichen Rahmen für die Überlegung, wie kapitalistische Wirtschaften mit Kursschwankungen auf den Schlüsselmärkten für Vermögenswerte umgehen sollten, zum Beispiel Anteilskapital, Wohnimmobilien und Devisen. Da Kursschwankungen dem Prozess inhärent sind, mit dem die Märkte der Gesellschaft bei der Suche nach lohnenden Investitionen helfen,

---

10 Bordo (2003) betrachtet zum Beispiel die US-amerikanischen und britischen Daten für zwei Jahrhunderte und stellt fest, dass die meisten Börsen-Crashs (definiert als Kursrückgang von 20 Prozent oder mehr zwischen Gipfel und Talsohle) mit Rezessionen verbunden sind. Bordo und Jeanne (2004) stellen fast, dass die scharfen und langen Abschwünge bei den Preisen für Wohnimmobilien und Anteilskapital in 15 Ländern, die der Organisation für wirtschaftliche Zusammenarbeit und Entwicklung angehören, mit scharfen Produktionseinbrüchen verbunden sind. Solche Abschwünge folgen exzessiven Aufschwüngen bei diesen Preisen bzw. Kursen.

schlagen IKE-fundierte politische Reformen vor, dass der Staat, solange sich die Schwankungen weitgefasster Marktindizes in Schlüsselsektoren innerhalb der Leitlinien vernünftiger Werte bewegen, seine Einmischung auf die Schaffung und Durchsetzung des institutionellen Grundrahmens für Markttransaktionen beschränkt. Darüber hinaus stände er aber wachsam bereit, um vorsichtig und schrittweise Maßnahmen zur Dämpfung der Kursschwankungen zu ergreifen, wenn diese die staatlichen Leitlinien überschreiten würden, sei es nach oben oder unten. Der Zweck ist dabei nicht, die Grenzen der staatlichen Leitlinien mit allen Mitteln zu verteidigen, sondern vielmehr Umfang und Dauer der auftretenden Abweichungen zu mäßigen.

Durch eine Verminderung von Umfang und Dauer exzessiver Kursschwankungen bei Vermögenswerten – einer der zentralen Gesamtentwicklungen, die Finanz- und Wirtschaftskrisen zugrunde liegen – würden die von uns vorgeschlagenen Maßnahmen zur Dämpfung von Exzessen die Risiken im Finanzsystem reduzieren. Die Verbindung zwischen exzessiven Kursschwankungen und Systemrisiko legt nahe, dass die Aufsichtsbehörden beim Entwurf eines dynamischen Rahmens für die Kapitalanforderungen die Veränderungen dieser Anforderungen nicht nur an die Bewegungen der Gesamtwirtschaft koppeln sollten, sondern auch an Kursschwankungen bei den Vermögenswerten, denen Banken stark ausgesetzt sind.

Das Prinzip, nur exzessive Kursschwankungen zu dämpfen, ist bei der Inkraftsetzung eines solchen dynamischen Rahmens wichtig. Denn eine Anhebung der Kapitalanforderungen der Banken erhöht deren Kapitalkosten, zumindest kurzfristig, und kann sie veranlassen, die Zinsen zu erhöhen, die sie von ihren Kreditnehmern verlangen, und die Neukreditvergabe zu verringern.[11] Bei der Konzeption antizyklischer Polster würden die Aufsichtsbe-

---

11 Die unter Schirmherrschaft des Basler Komitees für Bankenaufsicht und des Finanzstabilitätsrats eingerichtete Macroeconomic Assessment Group hat die kurzfristigen Kosten einer Erhöhung der Kapital- und Liquiditätsanforderungen der Banken als gering eingeschätzt. So wurde zum Beispiel geschätzt, dass eine einprozentige Erhöhung der Kapitalanforderungen das reale Bruttoinlandsprodukt über vier Jahre um 0,04 Prozent pro Jahr senken würde (siehe Macroeconomic Assessment Group, 2010). Branchengruppen schätzen diese Kosten na-

türlich bedeutend höher ein (siehe Institute of International Finance, 2010). Auf längere Sicht dürften höhere Kapitalanforderungen die Banken aber weniger risikoanfällig machen und damit ihre Mittelbeschaffungskosten senken sowie die Häufigkeit und Schwere von Finanzkrisen vermindern. Das Basler Komitee für Bankenaufsicht schätzt, dass langfristig die vorgeschlagene Erhöhung der Kapital- und Liquiditätsanforderungen an die Banken zu großem wirtschaftlichem Nettonutzen führen würde.

hörden also nicht schon in der Frühphase eines Wirtschaftsaufschwungs anfangen wollen, diese zu erhöhen. Denn damit würde nicht nur die Erholung behindert, sondern auch, wie es Bernanke (2002, S. 6) ausdrückte, wahrscheinlich »eine Menge technischer Fortschritt sowie nachhaltiges Wachstum von Produktivität und Produktion abgewürgt«.

Stattdessen sollte die dynamische Komponente der Kapitalpolster der Banken erst dann in Kraft treten, wenn die wirtschaftliche Expansion auf den Märkten für Vermögenswerte und beim Kreditwachstum Zeichen des Exzesses zu zeigen beginnt. Man könnte sich auch vorstellen, dass eine Durchführung von Makrostresstests zu Zeiten solcher Exzesse den Behörden dabei helfen würde, den Banken und der Gesamtwirtschaft die wachsenden Gefahren für das Finanzsystem zu vermitteln.[12]

Durch die Konzentration der schwankungsdämpfenden und antizyklischen Maßnahmen allein auf exzessive Kursbewegungen würden die aus unserem IKE-basierten gedanklichen Rahmen hervorgegangenen Maßnahmen wahrscheinlich dazu beitragen, das Potenzial für krasse Kapitalfehlallokationen, scharfe und ausgedehnte Abschwünge der gesamtwirtschaftlichen Aktivität sowie künftige Finanzkrisen zu verringern. Ebenso wichtig ist, dass diese Maßnahmen den Hauptvorteil kapitalistischer Volkswirtschaften gegenüber anderen Wirtschaftssystemen mit hoher Wahrscheinlichkeit nicht beeinträchtigen würde – ihre Fähigkeit, Innovationen und nachhaltiges Wachstum zu fördern.

Verzerrte Information und unvollkommenes Wissen

Eine Betrachtung der 2007 ausgebrochenen Finanzkrise durch die Brille vollständig prädeterminierter Modelle hat viele Ökonomen veranlasst, Informationsprobleme, falsche Anreize und unzureichenden Wettbewerb zu betonen. Und gewiss haben beklagenswert mangelnde Transparenz und überzogene Boni für Schlüsselteilnehmer der Finanzmärkte beträchtlich zur Entfaltung der Krise beigetragen. Eine Regulierungsreform, die diese Prob-

---

12 Auch wenn Borio und Shim (2007) den Begriff Exzessdämpfung nicht ausdrücklich erwähnen, ist ihr Vorschlag, die Aufsichtsbehörden sollten zunächst Warnungen herausgeben, wenn Zeichen für übertriebenes Wachstum auftreten, und erst dann zusätzliche Schritte unternehmen, wie zum Beispiel Stresstests und verschärfte Standards, unserem Vorschlag doch sehr nahe. Siehe auch Borio (2003).

lemfelder angeht, ist daher wesentlich, damit der Markt seine allokative Rolle spielen kann.

Aber selbst wenn alle diese Verzerrungen beseitigt wären, würden die Marktteilnehmer, ebenso wie die Aufsichtsbehörden und Ratingagenturen – die alle für das ordnungsgemäße Funktionieren der modernen Wirtschaft wesentlich sind –, die Informationen immer noch mit einem zwangsläufig unvollkommenem Verständnis davon interpretieren, wie sich Kurse und Risiko zeitlich entfalten. Angesichts ihres unvollkommenen Wissens können die Marktteilnehmer ohne gute Information nicht hoffen, adäquat zu entscheiden, ob und wie sie ihre Prognosestrategien revidieren sollten – und damit auch, die Kurse der Vermögenswerte gut festzusetzen. Wenn man die zentrale Bedeutung unvollkommenen Wissens anerkennt, wird Transparenz für die unerlässliche Funktion des Marktes, die relativen Kurse anzupassen und die Kapitalallokation auf alternative Verwendungszwecke durchzuführen, tatsächlich noch wichtiger.

Trotzdem sind Reformen zur Förderung der Transparenz zwar notwendig, aber nicht ausreichend, um exzessive Kursschwankungen von Vermögenswerten sowie künftige Finanzkrisen zu verhindern. Wir schlagen nicht nur eine Reihe Exzess dämpfender Maßnahmen für den Umgang mit diesen Problemen vor, sondern empfehlen darüber hinaus, auch die Art und Weise zu verändern, wie Ratingagenturen der Öffentlichkeit das Risiko aller Anlageklassen kommunizieren, indem wir nämlich fordern, dass diese ihr unvollkommenes Wissen transparenter machen.

Die Notwendigkeit von Ermessensentscheidungen

Ein Schlüsselmerkmal unserer Vorschläge ist das Ermessen, das den politischen Entscheidungsträgern angesichts der Unvollkommenheit des Wissens eingeräumt werden muss, wenn sie ihre Exzess dämpfenden Maßnahmen im Zeitablauf einsetzen. Im Unterschied dazu haben akademische Ökonomen die letzten drei Jahrzehnte argumentiert, dass Ermessensentscheidungen politischer Funktionsträger wahrscheinlich zu schlechteren makroökonomischen Ergebnissen führen würden (gemessen an einem vorgegebenen Kriterium für die öffentliche Wohlfahrt). Ihr Glaube an den wissenschaftlichen Status der vollständig prädeterminierten Modelle, mit denen sie ihre Schlussfolgerung begründeten, war so stark, dass führende Ökonomen weitreichende institutionelle Änderungen vorgeschlagen haben, um alle Ermessensspielräume aufseiten politischer Entscheidungsträger auszuschalten.[13] In einem bedeutenden Papier befürworten zum Beispiel die Nobelpreisträger Finn Kydland und Edward Prescott

> institutionelle Vorkehrungen, die es schwierig und zeitaufwendig machen, Politikregeln außer in Notfallsituationen zu ändern. Eine mögliche institutionelle Vorkehrung wäre, dass der Kongress geld- und fiskalpolitische Regeln erlässt und diese Regeln dann erst mit zweitägiger Verzögerung in Kraft treten. Dies würde politische Ermessensentscheidungen so gut wie unmöglich machen. [Kydland und Prescott, 1977, S. 487]

Auch wenn die makroprudenziellen Reformen, die letztlich eingeführt werden, vielleicht eingebaute Stabilisatoren enthalten werden, wird von politischen Entscheidungsträgern doch anerkannt, dass »jeder neue Finanzzyklus sowohl einzigartige als auch typische Charakteristika hat ... [und dass für sie] die Notwendigkeit bestehen wird, Urteile zu fällen und qualitative Faktoren zu gewichten ... [sowie] das Timing und die Intensität politischer Interventionen ... mit einem gewissen Ermessen [zu variieren]« (BIZ, 2010, S. 6).[14] Wie es Mervyn King, Vorstandsmitglied der Bank of England, ausdrückte: »Unser Verständnis von Wirtschaft ist unvollständig und entwickelt sich ständig weiter, manchmal in kleinen Schritten, manchmal in großen Sprüngen« (King, 2005, S. 8). Das unvollkommene Wissen der politischen Entscheidungsträger impliziert auch, dass ihre Fähigkeit ähnlich unvollkommen ist, mit einem gewissen Grad an Zuversicht festzustellen, ob sich die Kurse von Vermögenswerten aus einem Wertebereich hinausbewegt haben, der mit den Einschätzungen der Teilnehmer für die längerfristigen Aussichten vereinbar ist, oder ob das Kreditwachstum und andere Ungleich-

13 Um Missverständnisse zu vermeiden, betonen wir, dass das, was wir hier infrage stellen, der wissenschaftliche Status von Regelvorschlägen ist, die auf vollständig prädeterminierten Modellen beruhen. Trotzdem können manche Leitlinien, die dazu bestimmt sind, die Entscheidungen der Marktteilnehmer zu beeinflussen, für politische Entscheidungen eine nützliche Rolle spielen. So berichtet zum Beispiel Atkins (2006), wie die norwegische Zentralbank in dem Versuch, die Entscheidungen der Marktteilnehmer zu beeinflussen, Leitlinien verwendet und langfristige Prognosen verkündet. Um aber Licht auf die Folgen solcher politischer Instrumente für die individuelle Entscheidungsfindung und die aggregierten Ergebnisse zu werfen, müssten sie mit Modellen analysiert werden, die nicht vollständig prädeterminiert sind.

14 Der Bericht der Bank für Internationalen Zahlungsausgleich erwähnt, dass ein Zentralbanker in der Studie feststelle, er »vermeide bewusst den Ausdruck ›makroprudenzielle politische Maßnahmen‹, mit der Begründung, dass die benötigten Instrumente für den Umgang mit finanzieller Instabilität sich ständig weiterentwickeln und sich in jeder Episode finanzieller Instabilität unterscheiden« (BIZ, 2010, S. 9).

gewichte exzessiv sind. Wenn sich Wissen und Wirtschaft weiterentwickeln, werden sie ihre Urteile über Exzesse neu bewerten müssen – ebenso, wie sie Maßnahmen einsetzen, um diese zu dämpfen.

Begründung für aktive staatliche Interventionen an den Finanzmärkten

In seiner Rede über Kursblasen und Geldpolitik im Jahr 2002 argumentierte Ben Bernanke überzeugend gegen eine Fed, die »Schiedsrichter für Wertpapierspekulation und Werte« wäre:

> Um erklären zu können, dass eine Blase existiert, müsste die Fed nicht nur in der Lage sein, die nicht beobachtbaren Fundamentaldaten akkurat einzuschätzen, die den Bewertungen des Anteilskapitals zugrunde liegen, sondern sie müsste auch noch die Zuversicht haben, dies besser zu können als die Finanzprofis, deren kollektive Informationen in den Kursen der Märkte für Vermögenswerte widergespiegelt werden. Ich denke nicht, dass eine solche Erwartung realistisch ist, nicht einmal für die Federal Reserve. [Bernanke, 2002, S. 5]

Bernanke folgerte aus dieser wichtigen Erkenntnis, dass die Geldpolitik nicht dazu eingesetzt werden sollte, um Blasen zum Platzen zu bringen und so das Urteil des Marktes bezüglich der Vermögenswerte zu ersetzen, das zwar unvollkommen, aber immer noch dem jeder Person und jedes Komitees überlegen ist. Eine Anerkennung unvollkommenen Wissens würde natürlich genau zu derselben Ansicht führen. Obwohl diese Unvollkommenheit des Wissens für die Fed ausschließt, die Rolle eines Schiedsrichters über die Werte zu übernehmen, heißt das aber noch nicht, dass der Staat einfach gar nichts tun sollte.

Die Notwendigkeit staatlicher Interventionen auf den Schlüsselmärkten leitet sich nicht daraus ab, dass politische Funktionsträger ein überlegenes Wissen über die Vermögenswerte haben, sondern liegt darin begründet, dass die nach Profit strebenden Marktteilnehmer die gewaltigen sozialen Kosten nicht internalisieren, die mit exzessiven Kursschwankungen an diesen Märkten verbunden sind. Kapitel 10 hat gezeigt, wie anhaltende Trends bei fundamentalen Faktoren die Kurzfristspekulanten als Gruppe dazu verleiten können, die Aktienkurse über ein Niveau hinauszutreiben, das die meisten Teilnehmer noch als vereinbar mit den längerfristigen Aussichten der Unternehmen betrachten würden. So erinnert sich zum Beispiel Bernanke (2002, S. 6), wie »im Dezember 1996 ... John Campbell aus Harvard und Robert Shiller aus Yale in der Fed eine Präsentation durchführten, in der sie Kurs-Dividenden-Verhältnisse und vergleichbare Maßstäbe verwendeten, um zu belegen, dass der Aktienmarkt überbewertet sei«.[15] Und dennoch kletterten die Aktienkurse im Verhältnis zu den Einschätzungen der üblichen Bezugsgrößenniveaus noch dreieinhalb Jahre lang weiter.

Unsere IKE-Erklärung für Kurse und Risiko impliziert, dass die Kurzfristspekulanten die Aktienkurse nicht etwa deshalb weiter in die Höhe trieben, weil ihnen die Abweichung von den Werten der Bezugsgrößen nicht klar gewesen wäre. Denn 1997 konnte jeder sehen, dass diese historisch sehr stark war. Aber Kurzfristspekulanten geht es nun einmal darum, im nächsten Monat oder Quartal Profite zu machen. Und als sich die 1990er-Jahre ihrem Ende entgegenneigten, wiesen Unternehmensgewinne, gesamtwirtschaftliche Aktivität und andere Fundamentaldaten weiter in Richtung Bullentrend. Und diese Trends veranlassten die Spekulanten, ihre kurzfristigen Prognosen weiter zu erhöhen und, da ihr Hauptanliegen Profite waren, die Aktienkurse in die Höhe zu treiben.

Niemand kann genau wissen, wann ein Kursauf- oder -abschwung bei Vermögenswerten exzessiv wird, und wie wir gleich argumentieren werden, müssen politische Entscheidungsträger auch mehr beachten als nur Abweichungen von den Werten historischer Bezugsgrößen. Die Überinvestitionen in Technologie- und Kommunikationsunternehmen sowie der im Jahr 2000 einsetzende, scharfe und lang anhaltende Abschwung bei den Aktienkursen zeigen allerdings, dass der Aufschwung bei den Aktien in der Tat ein exzessives Niveau erreicht hatte. Der Markt korrigierte sich zwar letztlich selbst, aber zu spät. Diese Boom-Krisen-Dynamik führte zu wirtschaftlicher Rezession und einer lang anhaltenden Periode suboptimaler privater Investitions- und Beschäftigungsniveaus. Nur der Staat und kollektives Handeln können die sozialen Kosten von solchen verspäteten Korrekturen exzessiver Kursschwankungen minimieren.

Wir argumentieren im ganzen Buch, dass Finanzmärkte genau deshalb wesentlich sind, weil sie von allen verfügbaren Institutionen am besten geeignet sind, der Gesellschaft beim Umgang mit den Problemen nicht routinemäßiger Veränderungen und unvollkommenen Wissens zu helfen. Denn sobald das unvollkommene Wissen ins Zentrum der Analyse gestellt wird, sehen wir, dass es beim normalen Verlauf der Kursbildung und Allokation

15 Die Analyse wurde veröffentlicht in Campbell und Shiller (1998).

knappen Kapitals Schwingungen unregelmäßiger Dauer und Größe produziert. Eine Beseitigung dieser Instabilität würde bedeuten, das Urteil des Marktes durch das des Staates zu ersetzen.

Aber genau die Tatsache, dass das Wissen unvollkommen ist, macht auch die Märkte unvollkommen: Kursschwankungen bei Vermögenswerten können mitunter exzessives Niveau erreichen und dieser Exzess kann auch noch lange Zeit zunehmen, womit gewaltige soziale Kosten verbunden sind. Der Staat sollte versuchen, diese Kosten durch politische und regulierende Maßnahmen zu begrenzen, die darauf abzielen, Umfang und Dauer exzessiver Schwankungen an den Schlüsselmärkten zu dämpfen. Solange interventionistische Maßnahmen darauf abzielen, Exzesse bei den Marktschwankungen zu dämpfen, statt Blasen früh zum Platzen zu bringen, kann der Staat die Märkte dabei unterstützen, besser zu funktionieren, ohne dabei anzunehmen, er wisse mehr als sie.

Exzess dämpfende Maßnahmen und Leitspannen

Wenn politische Funktionsträger an einem Markt für Vermögenswerte Exzess dämpfende Maßnahmen einsetzen wollen, müssen sie in der Lage sein, mit halbwegs fester Überzeugung zu beurteilen, wann sich die Kurse aus einer Spanne von Werten hinausbewegt haben, die mit den unterschiedlichen Einschätzungen der meisten Teilnehmer für die längerfristigen Aussichten des Marktes vereinbar ist. Wie die Marktteilnehmer müssen auch die Funktionsträger mit dem unvollkommenen Wissen über langfristige Aussichten fertigwerden. Ihre Aufgabe beim Einsatz Exzess dämpfender Maßnahmen unterscheidet sich allerdings von der Aufgabe der Marktteilnehmer mit längerfristigem Horizont, die mit bestimmten Aktien, Wohnimmobilien oder anderen Vermögenswerten spekulieren. Die Funktionsträger interessieren sich umfassender für die Märkte und machen sich Gedanken darüber, ob die aggregierten Wertmaßstäbe (wie Kursindizes an den Gesamtmärkten für Aktien oder Wohnimmobilien oder für bestimmte Schlüsselsektoren) exzessiv von den Einschätzungen der Teilnehmer im Hinblick auf längerfristige Werte abweichen.

Das unvollkommene Wissen der politischen Funktionsträger impliziert, dass ihre Leitspannen weit gesteckt sein müssen; denn niemand kennt die Marktwerte, die mit den längerfristigen Aussichten der Aktien oder anderen Vermögenswerte vereinbar wären. Die Funktionsträger müssen der halbwegs festen Überzeugung sein, dass ihre Exzess dämpfenden Maßnahmen nicht etwa eine Kurschwankung beschneiden, die aus veränderten Markt-einschätzungen dieser Aussichten herrührt, sondern stattdessen Kursbewe-gungen ins Auge fassen, die Abweichungen von diesen Einschätzungen wi-derspiegeln.

Die Historie als unvollkommene Richtschnur für die Einschätzung von Exzessen

Es gibt reichlich Belege dafür, dass die Verwendung historischer Bezugs-größenniveaus bei der Festsetzung von Leitspannen für die Kurse von Ver-mögenswerten ein guter Ausgangspunkt ist. In Kapitel 10 haben wir ein Beispiel für eine 90-Prozent-Spanne historisch moderater Kurs-Gewinn-Verhältnisse für den US-Aktienmarkt präsentiert, das hier als Abbil-dung 12.1 wiedergegeben wird. Wir erinnern uns, dass die oberen und unte-ren Ränder der Leitspanne (die gepunkteten Linien) sich auf die 5- und die 95-Prozent-Marke eines beweglichen 50-Jahres-Fensters beziehen. Dieses bewegliche Fenster liefert eine Grundeinschätzung, wie sich die exzessiven Werte über die Zeit verändert haben könnten. Die empirischen Daten zei-gen, dass beim Erreichen solcher historisch extremer Werte der Markt selbst zum Schluss kam, dass die Kurse zu weit getrieben worden waren, und sich selbst korrigierte.

Die Leitspanne in Abbildung 12.1 ist nur ein Beispiel für eine historische Grundeinschätzung nicht exzessiver Werte. Es gibt alternative Verfahren, Kurs-Gewinn-Verhältnisse sowie das bewegliche Fenster zu berechnen, ebenso alternative Begriffe des Bezugsgrößenniveaus (zum Beispiel das Kurs-Dividenden-Verhältnis), ganz zu schweigen von alternativen Bandbrei-ten.[16] Überdies legen Forschungen von Borio und Lowe (2002a) und ande-ren nahe, dass die Behörden beim Entwurf der Leitspannen auch exzessives Kreditwachstum ins Kalkül ziehen sollten.

Politische Funktionsträger müssen beträchtliche Ressourcen darauf ver-wenden, zu lernen, wie man beim Entwurf von Leitspannen für Schlüssel-märkte oder -sektoren die historischen Daten am besten einkalkuliert. Aber sie können sich auch nicht einzig auf solche Analysen verlassen.

16 Zum Beispiel verwenden Borio und Lo-we (2002a) Abweichungen von einem Echtzeit-Stichprobentrend bei Kursen und beim Kreditwachstum. Sie stellen fest, dass eine Kursabweichung der Ver-mögenswerte von 40 Prozent und eine Kreditabweichung von 4 Prozent kombi-niert die besten Schwellenwerte für die Vorhersage von Finanzkrisen liefern.

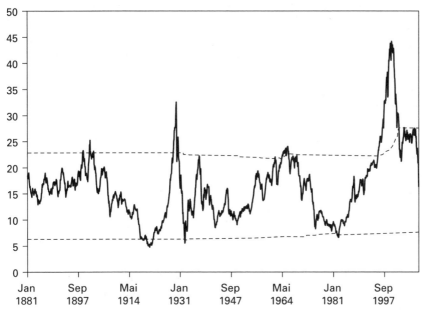

Kurs-Gewinn-Verhältnis

Abb. 12.1 Auf der Historie beruhende Leitspanne für das
Kurs-Gewinn-Verhältnis
Quelle: Die Daten stammen von Robert Shillers Website:
www.econ.yale.edu/~shiller.

Nicht routinemäßige Veränderungen und Leitspannen

Die Dynamik moderner Volkswirtschaften bringt mit sich, dass historische Bezugsgrößenwerte, wenn sie auch wichtig sind, nicht das einzige Kriterium bei der Festsetzung von Leitspannen sein sollten. Funktionsträger müssen bedenken, dass neue Techniken und andere nicht routinemäßige wirtschaftliche, politische und soziale Veränderungen eine Spanne historisch moderater Werte, wie auch immer ermittelt, zum schlechten Indikator für die Teilnehmereinschätzungen der längerfristigen Aussichten machen können. Wenn sich Wirtschaften auch ständig auf neuartige Weise verändern, so gibt es doch gelegentlich Zeiträume, in denen diese Veränderungen besonders weitreichend sind. In solchen Perioden könnte es dann besonders schwierig sein, zu wissen, wie weit man bei der Festsetzung einer Leitspanne von einer Spanne historisch moderater Werte abweichen sollte.

241

Die 1990er-Jahre sind ein Beispiel. Wie Abbildung 12.1 zeigt, bewegten sich die Aktienbewertungen ab Juni 1995 über den oberen Rand unserer historisch fundierten Leitspanne hinaus und stiegen bis auf das 23,7-Fache der Gewinne – ein Niveau, das in den letzten 100 Jahren nur dreimal erreicht wurde (Anfang der 1990er-Jahre, 1928–1929 und Mitte der 1960er-Jahre). Wäre die Geschichte unsere einzige Richtschnur, dann wäre es jetzt vernünftig, zu folgern, dass die Bewertungen über den Einschätzungen der meisten Teilnehmer für die längerfristigen Aussichten lagen. Aber die damalige Wahrnehmung der längerfristigen Vorteile der informationstechnischen Revolution und das folgende rasche Produktivitätswachstum in vielen Wirtschaftsbereichen legen nahe, dass dies nicht der Fall war. Stattdessen stiegen die Einschätzungen für die längerfristigen Aussichten höchstwahrscheinlich über das Niveau früherer Epochen hinaus.

Dies war auch die Sichtweise, die Ben Bernanke in seiner oben zitierten Rede von 2002 vertrat. Bernanke zufolge waren standardmäßige Bewertungsverhältnisse wie etwa die auf Shillers Kurs-Gewinn-Verhältnis beruhenden Anfang 1997 zu pessimistisch, denn »das Anziehen der Aktienkurse *war* Ende der 1990er-Jahre zumindest teilweise durch Fundamentaldaten gerechtfertigt, wie das bemerkenswerte Wachstum von Produktion und Produktivität in den letzten Jahren belegt, der jüngsten Rezession ungeachtet« (Bernanke, 2002, S. 6).

Wie sich zeigt, können Belege dafür, dass sich die Teilnehmereinschätzungen für die längerfristigen Aussichten in den 1990er-Jahren in der Tat im Verhältnis zu denen früherer Perioden erhöht haben, in Bloombergs Marktberichten gefunden werden, die in Kapitel 7 und 10 diskutiert wurden. In Kapitel 10 haben wir einen gleitenden 12-Monats-Durchschnitt für die Zahl der Tage jedes Monats dargestellt, an denen Bloomberg berichtete, dass die Wahrnehmung des Abstands zwischen den Kursen und ihren historischen Bewertungen wichtig für die Marktbewegungen war; hier noch einmal als Abbildung 12.2 wiedergegeben. Die Abbildung zeigt, dass solche Abstandserwägungen vor Ende 1996 keine Rolle spielten, obwohl die Kurs-Gewinn-Verhältnisse das ganze Jahr über ein Niveau erreichten, das seit 1929 nicht mehr gesehen worden war. Die Bedeutung von Abstandserwägungen begann erst Ende 1996 stark zu steigen, als das Kurs-Gewinn-Verhältnis bereits mehr als 27 betrug, was nahelegt, dass ab diesem Punkt die Einschätzungen der Marktteilnehmer für die längerfristigen Aussichten keinen weiteren Anstieg der Bewertungen mehr stützten.

Interessanterweise zeigen die Bloomberg-Daten, dass dieser Aufwärtstrend bei der Spanne der Bewertungen, die noch mit den Einschätzungen

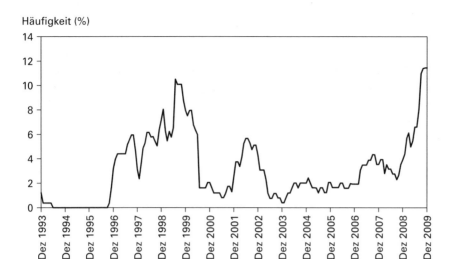

Häufigkeit (%)

Abb. 12.2 Durchschnittliche monatliche Häufigkeit der Nennung in Marktberichten: Abstand der Kurse zu Bezugsgrößenwerten
Quelle: Mangee (2011).

der Teilnehmer für die längerfristigen Aussichten vereinbar wären, durch die Markt- und Wirtschaftsentwicklungen der 2000er-Jahre nicht umgekehrt wurde. Im März 2009 war das Kurs-Gewinn-Verhältnis auf 13,3 gefallen, was kaum unter dem historischen Durchschnitt von 16,3 lag.

Und dennoch legen die Bloomberg-Daten nahe, dass die Besorgnis der Teilnehmer über exzessiv niedrige Bewertungen zu steigen begann und das ganze Jahr 2009 hindurch weiter anstieg, obwohl die Aktienbewertungen im Dezember ein Kurs-Gewinn-Verhältnis von 20,3 implizierten. Bloombergs Berichten zufolge betrachteten die Marktteilnehmer selbst Bewertungen, die um 25 Prozent höher lagen als das historische Bezugsgrößenniveau, immer noch als exzessiv niedrig. Diese Beobachtung legt nahe, dass die Spanne der längerfristigen Einschätzungen der Teilnehmer auf ihrem in den 1990er-Jahren erreichten höheren Niveau verharrt war.

Marktteilnehmer halten immer Ausschau nach technischen Innovationen und anderen nicht routinemäßigen Veränderungen und revidieren ihre Einschätzung der längerfristigen Aussichten, wenn sie deren Einfluss spüren oder vorhersehen. Genauso müssen auch politische Funktionsträger diese Faktoren im Auge behalten, wenn sie brauchbare Leitspannen für

Exzess dämpfende
Maßnahmen und
Leitspannen

Schlüsselmärkte entwerfen wollen. Die Behörden müssen ihre eigenen mühevollen Analysen für das aktuelle Niveau solcher Veränderungen und deren Auswirkungen auf die Ansichten der Teilnehmer über die längerfristigen Aussichten vornehmen und ihre Einschätzungen gegen frühere historische Epochen von Veränderungen abwägen.

Natürlich können sich, wie die Marktteilnehmer selbst, auch die Funktionsträger nicht allein auf Berechnungen verlassen. Sie müssen sich auf ihre eigene Intuition und praktische Erfahrung stützen, wenn sie die Vergangenheit analysieren und die Auswirkungen der Neuigkeiten und jüngsten Trends bei fundamentalen Faktoren für die längerfristigen Aussichten der Unternehmen interpretieren. Und so wie sich das Verständnis und die Zuversicht der Funktionsträger auf nicht routinemäßige Weise weiterentwickeln, so müssen das auch ihre Leitspannen tun. Folglich muss ihnen der Ermessensspielraum eingeräumt werden, die Position und Breite dieser Spannen zu verändern, und sie müssen die Freiheit haben, Vorsorgemaßnahmen zu treffen, wenn die Kurse der Vermögenswerte sich aus diesen Spannen hinausbewegen.

Die Bekanntgabe von Leitspannen

Ein erster Schritt zur Dämpfung exzessiver Kursschwankungen wäre es, wenn die Zentralbank (oder eine andere Institution, die mit der Begrenzung von Instabilität beauftragt ist, wie der U.S. Financial Stability Oversight Council oder der Europäische Ausschuss für Systemrisiken) einfach auf regelmäßiger Grundlage eine Spanne nicht exzessiver Werte für diese Märkte bekannt gäbe. Wie oft die Behörden ihre Leitspannen für Schlüsselmärkte revidieren sollten, wie viel Vorlaufzeit den Märkten eingeräumt werden sollte, bevor Revisionen vorgenommen werden, und die Abwägung, wie häufig diese Veränderungen sein sollen, sind Fragen, die eine gründliche Analyse erfordern, die nur auf der Grundlage von Erfahrung erfolgen kann. Es gibt jedoch gute Gründe, anzunehmen, dass die Bekanntgabe nicht routinemäßiger Leitspannen den Märkten helfen würde, sich selbst früher zu korrigieren, als sie es sonst tun würden.

Das unvollkommene Wissen der Marktteilnehmer bei ihren Prognosen der längerfristigen Aussichten impliziert, dass die regelmäßige Bekanntgabe politischer Maßnahmen dazu beitragen könnte, ihre Ansichten um die offiziellen Einschätzungen herum zu koordinieren, ganz ähnlich wie es die Inflationsziele, die von den Zentralbanken gesetzt werden, bei den Inflationserwartungen tun.[17] Eine stärkere Koordination würde die Marktteilnehmer dazu veranlassen, die Kurse auf ein Niveau zu treiben, das stärker mit den Leitspannen übereinstimmt. Am effektivsten wäre es, wenn eine offizielle Bekanntgabe der Spannen von einer detaillierten Erklärung der zugrunde liegenden Analyse begleitet wäre.

Bullen, Bären und Exzessdämpfung

Wie wir im Verlauf des Buches immer wieder hervorgehoben haben, führt das stets unvollkommene Wissen der Marktteilnehmer dazu, dass sie Kurse und Risiken unterschiedlich prognostizieren. Auf dem Markt sind sowohl Bullen als auch Bären vertreten, die zu jeder Zeit die Kurse in entgegengesetzte Richtungen treiben wollen. Diese offensichtliche Tatsache impliziert ein wichtiges Prinzip für den Entwurf politischer Maßnahmen zur Dämpfung exzessiver Kursschwankungen:

> Interventionistische Maßnahmen sollten das Handelsverhalten jener Marktteilnehmer mäßigen, deren Prognosen sie dazu veranlassen, die Kurse in Richtung noch größerer Exzesse zu treiben. Sie sollten das Handelsverhalten jener Teilnehmer bestärken, welche die Kurse zu einem moderaten Niveau zurückführen.

Fast alle heutigen ökonomischen Modelle missachten diese naheliegende Idee jedoch vollkommen, weil sie Kursschwankungen mit dem Verhalten eines repräsentativen Handelsträgers zu erklären versuchen.

---

17 Die Implikationen und Verdienste von Inflationszielpolitik, die in vielen entwickelten und Entwicklungsländern eingeführt wurde, werden zumeist im Kontext von Modellen rationaler Erwartungen studiert, die für Inflationsziele der Zentralbanken keinerlei koordinierende Rolle vorsehen. Sobald aber die Hypothese rationaler Erwartungen verworfen wird, ist eine solche Rolle wesentlich für den Erfolg einer Inflationsziele setzenden Geldpolitik. Für eine jüngere empirische Studie, die zeigt, dass Inflationsziele der Zentralbanken wichtig für die Koordination der Inflationserwartungen sind, siehe Gürkaynak et al. (2006). Orphanides und Williams (2007) und ihre Quellen stützen diese Schlussfolgerung in Nicht-REH-Modellen, die mechanische Lernalgorithmen verwenden. Auch wenn diese Modelle auf die koordinierende Rolle politischer Bekanntgaben hinweisen, müssen dieses Thema sowie andere Lehren des heutigen Politikrahmens trotzdem noch einmal in Modellen untersucht werden, welche die Bedeutung nicht routinemäßiger Veränderungen anerkennen.

Die Bekanntgabe einer Leitspanne und ihre analytische Untermauerung würde aber dem obigen Schlüsselprinzip folgen: Sie würde die Zuversicht von Teilnehmern verringern, die auf die Fortsetzung eines exzessiven Auf- oder Abschwungs setzen, und die Zuversicht derjenigen erhöhen, die auf einen Umschwung setzen.

Eines der berühmtesten Beispiele der letzten Jahre für eine offizielle Verlautbarung zur Vermögensbewertung, die einen Einfluss auf die Kurse hatte, war Alan Greenspans am 5. Dezember 1996 erfolgte Warnung vor »irrationalem Überschwang« an den US-Aktienmärkten. Anfänglich führte Greenspans Erklärung zu einem jähen Absturz der Aktienkurse. Natürlich nahmen die Kurse ihren Aufwärtstrend bald wieder auf. Hätten die Funktionsträger aber eine Leitspanne bekannt gegeben, wäre das Ausmaß dieses Aufschwungs wohl höchstwahrscheinlich gedämpft worden. Eine Leitspanne würde nicht nur funktionieren, weil sie die Ansichten der Teilnehmer über die längerfristigen Aussichten koordiniert, sondern auch, weil sie Teilnehmer mit kurzfristigem Horizont veranlasst, bei der Einschätzung des Risikos spekulativer Positionen größeres Gewicht auf das Niveau von Bezugsgrößen zu legen.

Rufen wir uns in Erinnerung, dass Marktteilnehmer mit kurzfristigerem Zeithorizont die Kurse wissentlich über ein Niveau hinaustreiben können, das mit den verbreiteten Wahrnehmungen der Bezugsgrößen- und längerfristigen Werte vereinbar ist, und dass dabei ihre Einschätzung potenzieller Verluste steigt. Wie in Kapitel 10 diskutiert, würde bei der Fortsetzung eines Auf- oder Abschwungs letztlich eine unsichtbare Schwelle erreicht werden, deren Überschreiten die Teilnehmer als zu riskant betrachteten und sie begännen, die Kurse wieder zurück in Richtung des wahrgenommenen Bezugsgrößenniveaus zu treiben. Das Problem ist nun, dass diese Schwelle ziemlich weit entfernt liegen kann, wenn die Risikoeinschätzung der Kurzfristspekulanten im Verhältnis zum Auf- oder Abschwung zu langsam steigt – das heißt, wenn sie zu wenig Gewicht auf Abweichungen von den wahrgenommenen längerfristigen Werten legen.[18]

Dies eröffnet die Möglichkeit, dass die offizielle Bekanntgabe einer Leitspanne für einen Markt zusammen mit der zugrunde liegenden Analyse die Individuen veranlassen könnte, bei der Risikoeinschätzung größeres Ge-

---

18 Natürlich würde eine Fortsetzung der reflexiven Beziehungen zwischen Kursen und Fundamentaldaten in derselben Richtung eine exzessive Kursschwankung ebenfalls verlängern. Siehe Kapitel 10.

wicht auf Abstanderwägungen zu legen.[19] Die höhere Risikoeinschätzung würde die Bereitschaft der Teilnehmer mäßigen, die Kurse noch weiter von den Bezugsgrößenniveaus wegzutreiben. Auch würde sie solchen Marktteilnehmern größere Zuversicht verleihen, die trotz ihres kurzfristigen Horizonts auf einen Umschwung setzen. Der sich daraus ergebende Rückgang bei der Einschätzung des Risikos ihrer Positionen würde sie veranlassen, diese Positionen zu stärken und so eine exzessive Schwankung noch weiter zu dämpfen.

Unsere IKE-Erklärungen von Kursschwankungen und Risiko legen nahe, dass sich die Aktien- und Wohnimmobilienmärkte in den 1990er- und 2000er-Jahren beim Vorhandensein eines Rahmens nicht routinemäßiger Leitspannen wahrscheinlich viel früher selbst korrigiert hätten, als sie es taten, auch ohne die Einführung der zusätzlichen Regulierungsmaßnahmen, die wir als Nächstes skizzieren. Eine frühere Korrektur hätte die schlimmsten Exzesse auf diesen Märkten verhindert und vielleicht sogar die globale Finanzkrise abgewendet, die 2007 ausbrach.

Aktive Exzess dämpfende Maßnahmen

Auch wenn die Bekanntgabe von Leitspannen das Potenzial hat, exzessive Kursschwankungen bei Vermögenswerten zu dämpfen, ist doch unsicher, wie effektiv diese Maßnahme rein für sich genommen wäre. Die Fähigkeit politischer Funktionsträger, Exzesse zu dämpfen, würde beträchtlich verbessert, wenn sie vorab bekannt gäben, dass sie bereit sind, ihre Leitspannen mit zusätzlichen aktiven Vorsorgemaßnahmen zu unterstützen. Solche Maßnahmen hätten diverse Schlüsselmerkmale.

Zunächst einmal würden solche aktiven Maßnahmen erst dann zum Einsatz kommen, wenn sich die Kurse auf einem Schlüsselmarkt aus der offiziellen Leitspanne hinausbewegen. Solange die Kurse nur innerhalb dieser Spanne schwanken, würden die Behörden das ohne Einschränkungen zulassen. Offizielle Leitspannen sollten breit sein und die zusätzlichen Maßnahmen, die wir vorschlagen, würden lediglich exzessive Kursbewegungen zu dämpfen versuchen, sodass sie nur relativ selten zum Einsatz kämen.

Überdies besteht das Ziel aktiver Exzess dämpfender Maßnahmen nicht etwa darin, die Kurse auf die offiziellen Leitspannen zu beschränken. Die Ressourcen, die den Marktteilnehmern zur Verfügung stehen, sind so ge-

19 Diesen neuen Kanal für politische Maßnahmen haben wir
in Frydman und Goldberg (2004) vorgeschlagen.

waltig, dass der Markt sich allen Bemühungen der Behörde zum Trotz letztlich durchsetzen würde, falls ihre Handelsentscheidungen sie dazu veranlassen würden, die Kurse weiter in den exzessiven Bereich zu treiben. Folglich würde eine Politik, die darauf abzielt, die Kurse von Vermögenswerten
auf offizielle Spannen zu beschränken, nicht nur zwangsläufig zum Scheitern verurteilt sein, sondern im Falle dieses Scheiterns auch direkt in die
Krise führen.[20] Im Unterschied dazu zielen unsere politischen Maßnahmen, die auf der Ökonomie des unvollkommenen Wissens beruhen, nicht
darauf, exzessive Kursschwankungen an den Schlüsselmärkten für Vermögenswerte zu verhindern, sondern ihre Häufigkeit zu verringern und ihr
Ausmaß zu dämpfen.

Genau wie bei den Leitspannen bedingen auch bei Anwendung dieser zusätzlichen Exzess dämpfenden Maßnahmen die nicht routinemäßigen Veränderungen und das unvollkommene Wissen, dass Funktionsträger auf ihre
Intuition, Erfahrung und Zuversicht angewiesen sind. Folglich brauchen sie
Ermessensspielraum, um die Maßnahmen ändern zu können, die sie auf
bestimmten Märkten anwenden möchten, und um sie zur rechten Zeit stu-
fenweise einzuleiten. Auch bei diesen Maßnahmen können die Auswirkungen auf die Marktkurse und die beste Art der Anwendung nur mit Erfahrung nachvollzogen werden.

Unsere IKE-Erklärung impliziert, dass Trends bei fundamentalen Faktoren Schwankungen bei den Kursen und beim Risiko auf eine nicht routinemäßige Weise bestimmen, und in Kapitel 7 und 11 haben wir statistische
und weniger formale Belege vom Markt für Anteilskapital diskutiert, die
diese Ansicht stützen. Die Verbindung zwischen den Ergebnissen der
Märkte und den Fundamentaldaten bietet so einen wichtigen Kanal, durch
den exzessive Kursschwankungen gedämpft werden können. Abhängig
vom jeweiligen Markt impliziert unsere Erklärung jedoch auch noch andere Kanäle.

---

20 Viele Länder haben über die Jahre hinweg versucht, ihre Währungen auf vorab
spezifizierte Spannen zu beschränken,
oft »Zielzonen« genannt. Mit wenigen
Ausnahmen attackieren Spekulanten
diese Vorkehrungen letztlich mit gewaltigen Mengen Kapital und lösen eine Wäh-
rungskrise aus. Der Zusammenbruch
des Europäischen Währungssystems
1992 und der ostasiatischen Währungs-
vereinbarungen 1997–1998 liefern bekannte Beispiele.

Ein neues Bretton-Woods-Abkommen für die Devisenmärkte?

Auch wenn wir in diesem Buch unseren Akzent nicht auf die Devisenmärkte gelegt haben, sind variable Wechselkurse doch berüchtigt für ihre Neigung zu starken Schwankungen um das Niveau, das der Wettbewerbsfähigkeit im internationalen Waren- und Dienstleistungshandel entspricht. Solche Schwankungen führen zu großen Verschiebungen bei der Wettbewerbsfähigkeit eines Landes und seinem Anteil an der globalen Produktion und Nachfrage und implizieren gewaltige Anpassungskosten und Handelsreibereien zwischen den Ländern. Da Marktteilnehmer nach Profit streben, internalisieren sie solche Kosten nicht in ihren Handelsentscheidungen.

Infolgedessen versuchen viele Länder, große wie kleine, entweder ihre Wechselkurse zu fixieren (die Europäische Währungsunion ist ein bekanntes Beispiel) oder eine Zielzone oder ein anderes halbstarres Regime einzurichten. Eines der Probleme bei der Fixierung eines Wechselkurses besteht darin, dass die monetären Behörden den Einsatz der Geldpolitik zum Erreichen anderer Ziele aufgeben, namentlich niedriger Inflation und Wirtschaftswachstum. Und natürlich enden Versuche, Wechselkurse zu fixieren oder ein halbstarres Regime einzurichten, fast immer in Misserfolgen und Krisen.

In Frydman und Goldberg (2004, 2009) skizzieren wir einen neuen politischen Rahmen für Devisenmärkte, der eine Alternative zum freien Floaten der Währungen oder zur vollständigen Fixierung bieten würde. Das Ziel besteht darin, exzessive Wechselkursschwankungen zu dämpfen, während die Geldpolitik frei bliebe, Inflations- und Wachstumsziele zu verfolgen. Unser vorgeschlagener Rahmen brächte mit sich, dass die Zentralbank regelmäßig eine Leitspanne nicht exzessiver Werte bekannt gibt und ihre Sorge über Abweichungen von dieser Spanne zum Ausdruck bringt. Anschließend stünde sie bereit, um Währungen zu kaufen oder verkaufen, falls es zu solchen Abweichungen käme. Am effektivsten wäre es, wenn sie zu nicht vorhersehbaren Zeitpunkten einschreiten würde, um den Wechselkurs nach Bedarf zu stützen oder zu schwächen.[21] Es ist wichtig, zu betonen, dass das Ziel nicht

---

21 Die Unvorhersehbarkeit des Timings der Interventionen ist deshalb wichtig, weil es die Ungewissheit der Teilnehmer über die potenziellen Verluste erhöht, die dadurch entstehen würden, dass sie auf größeren Exzess setzen, und damit ihre Bereitschaft dämpft, sich mit solcher Spekulation zu befassen.

Aktive Exzess
dämpfende
Maßnahmen

darin besteht, den Wechselkurs auf eine Zielzone zu beschränken, sondern Abweichungen von der offiziellen Leitspanne zu dämpfen. Infolgedessen ist unser Exzess dämpfender Rahmen, anders als Zielzonen und Fixkurs-Regimes, nicht anfällig für Krisen.

Internationale Koordination würde die Auswirkungen der regelmäßigen Bekanntgabe einer Leitspanne und die Interventionen zur Zurückführung der Währung zu dieser Spanne beträchtlich stärken. Eine solche Politik könnte als Grundlage für ein neues Abkommen ähnlich dem Bretton-Woods-Abkommen über floatende, aber kontrollierte Wechselkurse dienen. Anders als sein Vorgänger würde es die Länder aber nicht zwingen, sich auf einen Satz einzelner Paritätenniveaus zu einigen oder eine Bandbreite darum herum zu verteidigen. Die Einigung auf eine weite Spanne nicht exzessiver Werte könnte viele differierende Ansichten über die angemessene Bezugsgröße unter einen Hut bringen. Die Forderung, nur zur Dämpfung über- oder unterbewerteter Währungen zu intervenieren, statt ausgewählte Wechselkursbandbreiten zu verteidigen, wäre für die Länder auch viel leichter zu akzeptieren.

Geldpolitik und Exzess dämpfende Maßnahmen

Es gab die Aufforderung an Zentralbanken und andere Aufsichtsbehörden, direkt an anderen Märkten für Vermögenswerte, zum Beispiel Anteilskapital, zu kaufen und zu verkaufen (siehe zum Beispiel Muelbauer, 2008; Farmer, 2009). Diese Art der Intervention ist zwar auf Devisenmärkten üblich, nicht aber an den Märkten für Anteilskapital und Wohnimmobilien. Die Anwendung einer solchen Politik erweckt offensichtlich politische und andere Besorgnisse, die an den Devisenmärkten nicht so bedeutend sind. Wir überlassen diese Angelegenheit künftiger Forschung.

Eine Möglichkeit für aktive Exzess dämpfende Maßnahmen der Zentralbanken an den Märkten für Anteilskapital und Wohnimmobilien wäre aber die Nutzung der Geldpolitik und ihres Einflusses auf die kurz- wie langfristigen Zinssätze. Bloombergs Marktberichte zeigen, dass die Bedeutung von Zinssätzen und Zentralbankmitteilungen (einschließlich Protokollen des Federal Open Market Committee, Aussagen vor dem Kongress und Konjunkturberichten) für den Aktienmarkt sich zwar mit der Zeit ändert, diese aber doch zu den wichtigsten fundamentalen Erwägungen gehören, die Marktteilnehmer bei ihren Prognosen und Handelsentscheidungen beachten. Die Daten in Tabelle 7.4 zeigen, dass solche Erwägungen in Kombination durchschnittlich fast jeden zweiten Tag die Aktienkurse bestimmten. Mangee (2011) stellt fest, dass die qualitative Beziehung zwischen Zinssätzen und Aktienkursen, wie nicht anders zu erwarten, an 98 Prozent der Tage ihrer Erwähnung negativ war. Das heißt, Aktienkurse und Zinssätze bewegten sich fast immer in entgegengesetzte Richtungen. Auch wenn die Zentralbanken ihre Kontrolle über die kurzfristigen Zinssätze typischerweise zur Bekämpfung von Inflation und Arbeitslosigkeit einsetzen, so impliziert die Bedeutung der Zinssätze für die Kurse des Anteilskapitals also doch, dass die Geldpolitik auch zur Dämpfung exzessiver Bewegungen an den Aktienmärkten genutzt werden könnte.[22]

Natürlich spielen Zinserwägungen auch am Markt für Wohnimmobilien eine Schlüsselrolle; bei sinkenden Zinsen für Hypothekenkredite werden Immobilien erschwinglicher, was zu höherer Nachfrage und Aufwärtsdruck auf die Preise führt. Die traditionellen geldpolitischen Instrumente haben zwar einen viel schwächeren und weniger vorhersagbaren Einfluss auf Hypotheken- und andere langfristige Zinssätze als auf die kurzfristigen Zinssätze. Wie jedoch die Maßnahmen der sogenannten quantitativen Lockerung zeigen, welche die US-amerikanische Notenbank und andere große Zentralbanken 2009 zu ergreifen begannen, haben monetäre Behörden durchaus die Fähigkeit, die langfristigen Zinsen direkter zu beeinflussen.[23] Wie bei den kurzfristigen Zinssätzen und dem Aktienmarkt könnten sie diese Fähigkeit auch dafür nutzen, exzessive Preisschwankungen am Markt für Wohnimmobilien zu dämpfen. Und tatsächlich argumentierten viele Beobachter, dass die niedrigen Zinssätze, die in einem großen Teil der 1990er- und 2000er-Jahre vorherrschten, für die Preisinflation bei den Vermögenswerten in diesem Zeitraum verantwortlich waren und dass die Fed ihren Einfluss auf die Zinssätze hätte nutzen sollen, um sie zu bekämpfen.

---

22 Auch andere haben den Einsatz der Geldpolitik zur Beeinflussung der Kurse von Vermögenswerten befürwortet, jedoch im Kontext des Platzenlassens von Blasen. Siehe zum Beispiel Cecchetti et al. (2000, 2002) sowie Borio und Jeanne (2004).

23 Die Maßnahmen der Federal Reserve zur quantitativen Lockerung einschließlich des Erwerbs längerfristiger Treasury Bonds und hypothekarisch gedeckter Wertpapiere, die von staatlich unter-

stützten Unternehmen wie Fannie Mae und Freddie Mac herausgegeben wurden, haben direkten Einfluss auf die Hypothekenzinsen. Für einen Überblick über diese Maßnahmen und ihren Einfluss auf die langfristigen Zinssätze siehe Sarkar und Shrader (2010) in der Sonderausgabe der *Federal Reserve Bank of New York Economic Policy Review* zum Thema »Central Bank Liquidity Tools and Perspectives on Regulatory Reform«.

Ökonomen debattierten schon lange über das Pro und Kontra einer Nutzung der Geldpolitik zum Beeinflussen der Kurse von Vermögenswerten. In seiner Rede von 2002 argumentierte Ben Bernanke, die Geldpolitik sei das falsche Werkzeug für diese Arbeit, weil es zu stumpf sei, und eine Zentralbank sei am besten beraten, wenn sie ihre »politischen Instrumente auf das Erreichen ihrer Makroziele – Preisstabilität und maximale nachhaltige Beschäftigung« konzentriere (Bernanke, 2002, S. 2).

Das Verständnis der Beziehung zwischen Geldpolitik und den Kursen von Vermögenswerten beruht bei politischen Entscheidungsträgern allerdings weitgehend auf vollständig prädeterminierten Blasenmodellen. Unter Berufung auf diese Modelle argumentiert Bernanke:

> Die Fed kann auch von vornherein dazu beitragen, die Wahrscheinlichkeit des Auftretens von Boom-Krisen-Kreisläufen [bei den Kursen für Vermögenswerte] zu verringern, indem sie Ziele wie transparentere Rechnungs- und Offenlegungspraktiken unterstützt und darauf hinwirkt, die finanzielle Bildung und Kompetenz der Anleger zu verbessern. [Bernanke, 2002, S. 3]

Wie wir argumentiert haben, ist es zwar wichtig, das Thema Transparenz in Angriff zu nehmen, das allein wird aber exzessive Kursschwankungen bei Vermögenswerten nicht eliminieren. Eine Diskussion der Frage, ob die Geldpolitik trotzdem am besten makroökonomischen Zielen vorbehalten bleiben sollte, überschreitet den Rahmen dieses Buches. Es gibt aber auch noch andere Exzess dämpfende Maßnahmen, die Behörden anwenden könnten, um die Wirksamkeit offizieller Leitspannen zu verstärken.

Differenzierte Sicherheitsvorschriften für Bullen und Bären

An den Märkten für Anteilskapital könnten die Behörden bekannt geben, dass Änderungen der Bedingungen für Einschussforderungen und Kreditsicherheiten bevorstehen, falls die Kurse exzessiv werden sollten. Unser Rahmen legt nahe, dass Veränderungen der Bedingungen für Einschussforderungen und Kreditsicherheiten, um effektiv zu sein, für Bullen und Bären unterschiedlich festgesetzt werden sollten: Sie sollten für diejenigen steigen, welche die Kurse von der Leitspanne wegtreiben wollen, und für diejenigen sinken, die auf eine Entwicklung in die andere Richtung wetten. Solche Anpassungen der Bedingungen für Einschussforderungen und Kreditsicherheiten würden die Kosten für Erstere erhöhen und für Letztere senken, was die exzessive Kursbewegung direkt dämpfen würde.

Diese Maßnahmen würden auch die Risikoeinschätzung der Teilnehmer beeinflussen. Teilnehmer, die auf größeren Exzess setzen, würden ihre Einschätzung der potenziellen Verluste erhöhen, während diejenigen, die auf eine Entwicklung in die andere Richtung wetten, sie senken würden. Die daraus entstehenden Veränderungen bei den Risikoprämien würden dazu beitragen, die exzessive Schwankung zu dämpfen. Eine solche aktive Politik in Verbindung mit einer offiziellen Leitspanne wäre für die Behörden nicht schwierig umzusetzen. Denn die Behörden in den USA und anderen Ländern bestimmen bereits fest vorgegebene Bedingungen für Einschussforderungen und Kreditsicherheiten.

Eine ähnliche Politik würde auch am Markt für Wohnimmobilien dazu beitragen, exzessive Kursschwankungen zu dämpfen. Viele Teilnehmer am Wohnimmobilienmarkt haben, anders als auf dem Aktienmarkt, wenig Erfahrung, da sie zum ersten Mal ein Haus kaufen. Die Bekanntgabe offizieller Leitspannen für regionale Schlüsselmärkte könnte viele Teilnehmer veranlassen, noch einmal zu überdenken, ob sie zu exzessiven Preisen kaufen wollen. Zumindest würde es ihre Position am Verhandlungstisch stärken.

Während des Aufschwungs der Wohnimmobilienpreise in den 2000er-Jahren vergaben die Kreditgeber Hypothekenkredite oft ohne Eigenkapital und verlangten in vielen Fällen nicht einmal einen Einkommens- oder Beschäftigungsnachweis. Es besteht wenig Zweifel, dass die US-amerikanischen und anderen Behörden dem Markt geholfen hätten, sich weit früher selbst zu korrigieren, als es der Fall war, wenn sie Leitspannen bekannt gegeben und schrittweise die Kapitalvorschriften für Hypothekenkredite an denjenigen regionalen Märkten erhöht hätten, die Exzesse aufwiesen.[24]

Exzessive Kursschwankungen und das Bankensystem

Auf einer ganz grundlegenden Ebene ist die 2007 ausgebrochene Finanzkrise nicht schwer zu verstehen. Der Verkauf ihrer Darlehensforderungen (sogenanntes Originate-to-distribute financing) und eine Welt, die in US-Dollar schwamm, erlaubten den Banken und anderen Finanzinstituten eine immer höhere Fremdfinanzierung – in einem Maße, das ihr Kapital selbst

24 Tatsächlich erließen viele Länder mit dem Ziel, die Risiken im Bankensystem zu vermindern, in den 2000er-Jahren Maßnahmen zur Verringerung der verfügbaren Immobilienkredite, zum Beispiel ein niedrigeres Verhältnis von Darlehensbetrag zu Beleihungswert oder von Schuldendienst zu Einkommen. Siehe Borio und Shim (2007) und BIZ (2010).

im Fall moderater Kursumschwünge bei Vermögenswerten verlustanfällig machte, insbesondere bei Wohnimmobilien. Einen solchen Preisaufschwung hatte es auf dem Wohnimmobilienmarkt noch nicht gegeben. Der anschließende Umschwung war dann schließlich besonders bitter und die Finanzinstitute waren gezwungen, ihre Fremdfinanzierung herunterzufahren. Wenn ein solcher Abbau von Fremdfinanzierung verbreitet und simultan erfolgt, wird eine Finanzkrise unausweichlich.

Dieser Kurzabriss impliziert, dass die Beherrschung der Systemrisiken nicht nur erfordert, die Fremdfinanzierung im System zu steuern, sondern auch zu erkennen, dass diese Risiken mit dem Wert der Vermögensportfolios der Institute variieren.[25] Der Anstieg der Preise für Wohnimmobilien und Anteilskapital hätte Finanzinstitute, deren Portfolios von diesen Märkten stark abhängig waren, veranlassen sollen, ihre Risikomaßnahmen sowie ihr Kapital und ihre Polster gegen Kreditverlust zu verstärken. Das haben sie leider nicht getan.

Der Grund ist einfach: Die Art, wie Banken ihr Risiko messen und den Umfang ihres Kapitals und ihrer Kreditverlustvorkehrungen berechnen, kalkuliert exzessive Kursschwankungen an den Märkten für Vermögenswerte nicht explizit mit ein. Bei der Einschätzung des Risikos in ihren Handelsbüchern, wo das Wachstum in der Endphase vor der Krise konzentriert war (siehe Turner, 2009), verlassen sich die Banken vielmehr auf Berechnungen des »Werts im Risiko« (Value at Risk), der das Risiko in Verbindung zur kurzfristigen Marktvolatilität setzt. Das Problem ist, dass dabei stillschweigend angenommen wird, das Risiko nehme ab, wenn die Märkte stabil sind: Während ruhiger Phasen werde weniger Kapital benötigt, während volatiler Phasen mehr. Damit missachten solche Berechnungen die zunehmenden potenziellen Verluste (das Risiko), wenn ein Kursaufschwung exzessiver wird.

Tatsächlich hebt Turner (2009, S. 19) bei seiner Analyse der Finanzkrise hervor, dass in der Endphase vor dem Beinahezusammenbruch des Bankensystems die »VaR [Value at Risk]-Maßstäbe für das Risiko, das mit dem Eingehen von Eigenhandelspositionen verbunden ist, im Allgemeinen naheleg-

---

25 Hintergrunddokumente für Basel III (siehe Website der Bank für Internationalen Zahlungsausgleich: www.bis.org) unterstreichen die Notwendigkeit, die Gesamtfremdfinanzierung der Banken zu überwachen, und fordern die Verwendung eines Maßstabs für das Verhältnis des Kapitals einer Bank zu den Gesamtaktiva ohne jede Risikogewichtung der Aktiva. Berichte, die während des Verfassens dieser Zeilen erschienen, deuteten jedoch an, dass die Verwendung eines solchen Fremdfinanzierungsverhältnisses verschoben werden wird, bis weitere Studien durchgeführt sind.

ten, das Risiko habe sich im Verhältnis zum Bruttomarktwert der Positionen verringert«. Und da auf diesen Maßstäben die Kapitalpolster beruhten, »war ein Handel mit Buchkapital inadäquat«, weshalb das Bankensystem schlecht auf die heraufziehende Krise vorbereitet war. Die Verbindung zwischen Risiko und Kursschwankungen legt nahe, dass die Risikosteuerungsmaßnahmen der Banken erheblich verbessert würden, wenn sie diese explizit in Betracht zögen. Die Aufsichtsbehörden könnten Banken, deren Handelsbücher stark von bestimmten Märkten abhängen, zum Beispiel vorschreiben, Abweichungen von Schätzungen für das Bezugsgrößenniveau in ihre Risikoberechnungen aufzunehmen.

Die Risikobemessung der Kreditportfolios von Banken (nicht gehandelte Aktiva) beruht auf der Häufigkeit von Ausfällen in der jüngeren Vergangenheit, »Ausfallwahrscheinlichkeit« genannt. Politikforscher und andere Beobachter heben hervor, dass diese Ausfallwahrscheinlichkeit sinkt, wenn es in der Wirtschaft gut läuft, und steigt, wenn dies nicht der Fall ist, womit impliziert wird, dass Kapitalvorschriften und Kreditausfallvorkehrungen, die darauf basieren, tendenziell prozyklisch sind (siehe zum Beispiel Borio, 2003; Heid, 2007; Repullo und Suarez, 2008; BIZ, 2010). Wie bei den Kursschwankungen auf den Finanzmärkten folgen jedoch auf Phasen der wirtschaftlichen Expansion Phasen der Kontraktion, in denen die Ausfallwahrscheinlichkeit stark steigt. Infolgedessen nahmen die Kapitalpolster der Banken, gerade als die Risiken im Bankensystem vor 2007 stiegen, im Verhältnis zu den Gesamtaktiva ab.

Angeblich will Basel III eine Revision der Methode fordern, wie die Kapitalpolster der Banken berechnet werden, damit sie antizyklisch zur Gesamtwirtschaft variieren. Die dynamischen Vorkehrungen, die 2000 in Spanien eingeführt wurden, liefern ein Beispiel für ein solches System. Den spanischen Banken wird vorgeschrieben, Kreditverlustvorkehrungen in Phasen aufzubauen, in denen die Ausfallraten unter dem Durchschnitt liegen, der für die vorausgegangen 14 Jahre verzeichnet wurde. Sie können diese Vorkehrungen abbauen, wenn die Ausfallraten über diesen Durchschnitt steigen.

Auch wenn die spanischen antizyklischen Vorkehrungen ein Schritt in die richtige Richtung zur Behebung der Probleme des alten Systems sind, so sehen sie doch keine explizite Verbindung zwischen Risiko und Kursschwankungen vor. Gewiss legen die verstärkenden reflexiven Beziehungen zwischen Kursen von Vermögenswerten und Gesamtwirtschaft, die in unserer IKE-Erklärung exzessiver Kursschwankungen eine wichtige Rolle spielen, nahe, dass die Ausfallraten tendenziell entgegengesetzt zu Auf- und Abschwüngen an den Märkten für Anteilskapital und Wohnimmobilien steigen bzw. fallen könnten. Die spanischen dynamischen Vorkehrungen könnten so immerhin indirekt die Verbindung zwischen Risiko und Kursschwankungen auf diesen Märkten erfassen.

Trotzdem förderte der scharfe Abschwung der Preise für Wohnimmobilien verbreitete Insolvenzen unter den spanischen *cajas* (regionalen Sparkassen), die vom Wohnimmobilienmarkt des Landes stark abhängig sind. Dies legt nahe, dass bei den Vorsorgevorschriften für die Banken die Variation nicht nur an Ausfallraten geknüpft sein sollte, sondern auch direkt an die Abhängigkeit der Banken von bestimmten Märkten (oder Sektoren) – und daran, ob die Kursschwankungen auf diesen Märkten exzessiv sind.

Unvollkommenes Wissen und Kreditrating

Lehman Brothers Holdings erklärten sich am 18. September 2008 für insolvent. Standard and Poor's hatte jedoch noch sechs Tage zuvor eine Anlagebenotung mit solidem A aufrechterhalten, erst dann stuften sie die Firma abrupt hinunter auf »selektiver Zahlungsverzug«. Moody's wartete sogar noch länger und stufte Lehman erst einen Geschäftstag vor dem Zusammenbruch herab. Wie konnte es passieren, dass die angesehensten Ratingagenturen und eine bei der Emission von Wertpapieren so erfahrene Investmentbank am Ende so schlecht aussahen?

Viel Aufmerksamkeit wurde hier den rücksichtslosen Praktiken bei der Schöpfung neuer Immobilienkredite gewidmet oder der »vertraulichen« Beziehung zwischen Investmentbanken und Ratingagenturen, die mit der Bewertung ihrer »strukturierten Aktiva« beauftragt waren. Gewiss sind das wichtige Mängel, die angegangen werden müssen. Aber es gibt noch eine weitere, viel grundlegendere Ursache: Die Bewertungsverfahren der Ratingagenturen haben das potenzielle Schadensausmaß einer Umkehr der Kurstrends bei den Aktiva nicht berücksichtigt. Daher hätten die Bewertungen der Agenturen das Risiko der von ihnen bewerteten Wertpapiere auch dann massiv unterschätzt, wenn sie einzig nach den aktuellen Regeln der Kunst vorgegangen wären, statt ausschließlich den eigenen Geschäftsinteressen zu folgen.

Zu dieser Unterschätzung musste es kommen, weil die statistischen Modelle, auf die sich die Ratingagenturen stützen, einfach die Zahlungsverzugsmuster der Vergangenheit in die Zukunft fortschrieben. Diese Muster zeigten, aufgrund stets steigender Wohnimmobilienpreise, sehr niedrige

Verlustraten. Bei niedrigen Verlustraten schien eine Benotung mit AAA gerechtfertigt. Aber diese Modelle ignorierten die eigentliche Natur der Kursschwankungen an Märkten für Vermögenswerte: Die Trends kehren sich letztlich um, und je exzessiver die Schwankung, desto schärfer der Umschwung. Je länger der Boom andauerte, desto mehr posaunten die Ratingagenturen die Überlegenheit einer »strukturierten Finanzwirtschaft« gegenüber Geschäftsdarlehen in die Welt hinaus und desto mehr Kapitalanleger verließen sich auf diese Bewertungen. Schöne neue Modelle, welche die sich wandelnde Struktur der Prozesse, die das Risiko bestimmen, weitgehend ignorierten, verlockten im Verein mit einer radikalen Deregulierung die Immobilienfinanzierungsbranche, erprobte Vorsorgeverfahren aufzugeben, die eigenes Urteil und formale Kriterien kombinierten. Sie vergaben ihre Kredite nicht an den »Mann, der sich am Morgen sorgfältig rasierte« (um Camus' wunderbaren Satz zu verwenden), sondern ganz mechanisch an einen FICO-Wert.[26] Und die Immobilienkäufer reagierten, indem sie lernten, wie man den eigenen FICO-Wert manipuliert.

Natürlich wusste niemand, wann der Umschwung einsetzen würde. Hätte man den Ratingagenturen aber vorgeschrieben, zu zeigen, wie sich ihre Bewertungen unter der alternativen Annahme ändern würden, dass die Preise für Wohnimmobilien dramatisch fallen, sobald der unvermeidliche Umschwung einmal eingesetzt hat, dann wären die prognostizierten Verlustraten für die Wertpapiere der Investmentbanken weit höher ausgefallen und ihre Ratings und Preise weit niedriger. Stattdessen scheiterten die Ratingagenturen durch die Vergabe von Einzelratings an Aktiva damit, den zwangsläufig kontingenten Charakter ihrer Modelle und die ihnen zugrunde liegenden Annahmen zu vermitteln.

Diese Beobachtungen führen zu einem einfachen Vorschlag.[27] Ratingagenturen sollten verpflichtet werden, für jedes Wertpapier zumindest zwei Ratings vorzulegen, und gleichzeitig die Methode offenlegen, mit der sie zu diesen Bewertungen gelangt sind. Eines der Ratings sollte davon ausgehen, dass die historischen Muster sich fortsetzen, und mindestens ein weiteres sollte annehmen, dass es zu einer Trendumkehr bei wichtigen Variablen und den Kursen der zugrunde liegenden Vermögenswerte kommt. Gewiss unterziehen Moody's, S&P und Fitch ihre laufenden Verfahren Belastungs-

---

26 Wir danken Richard Robb für diese wunderbare Metapher. Die Ergebnisse von Bonitätsbewertungen werden in den USA oft »FICO-Wert« genannt, weil sie von einer Software erzeugt werden, die von Fair Isaac and Company entwickelt wurde.

27 Wir haben diesen Vorschlag zusammen mit Edmund Phelps in Frydman et al. (2008) unterbreitet.

tests. Aber diese Belastungstests sind in Ratingberichten versteckt und, wie die jüngsten Ereignisse schmerzlich gezeigt haben, erschreckend unzulänglich. Darüber hinaus würde die Vorschrift, Wertpapiere auch im Rahmen eines oder mehrerer pessimistischer Szenarien zu bewerten, es den Agenturen erschweren, rosige Bewertungen als Gegenleistung für Aufträge von Investmentbanken abzuliefern.

Natürlich kann kein Individuum und keine Institution allein ein definitives Urteil über das Risiko von Wertpapieren abgeben. Wie Hayek überzeugend argumentierte, können nur die Märkte ein Wissen aggregieren, das in seiner Gesamtheit niemandem gegeben ist. Trotzdem sollte ein effektives Regelwerk fordern, dass Ratingagenturen und Wertpapieremittenten die Märkte für Vermögenswerte bei der Erfüllung dieser Funktion unterstützen, statt sie zu behindern.

Epilog

> Wenn es so etwas gibt wie ein
> zunehmendes menschliches Wissen, dann
> können wir heute noch nicht vorhersehen,
> was wir erst morgen wissen werden.
>
> *Karl R. Popper, Das Elend des Historizismus*

Was können Ökonomen wissen?

Marktergebnisse (wie etwa die Kurse von Vermögenswerten) und das Gesamtniveau der wirtschaftlichen Aktivitäten, des Konsums, der Investitionen etc. erwachsen aus den Entscheidungen vieler Individuen. Bei der Analyse, wie sich diese Ergebnisse im Zeitablauf entfalten, setzten Hayek, Knight, Keynes und andere frühe moderne Ökonomen ihre Erklärungen in eine Beziehung zur individuellen Entscheidungsfindung. Ihre tief greifende Erkenntnis war, dass nicht routinemäßige Veränderungen und das unvollkommene Wissen der Marktteilnehmer ins Zentrum der ökonomischen Analyse zu stellen sind. Diese Fokussierung ließ sie die Grenzen des Wissens der Ökonomen *selbst* erkennen – und damit der Ökonomie insgesamt.

Knights Argumente hinsichtlich der Bedeutung einer »radikalen Ungewissheit« ließen ihn die Relevanz standardmäßiger Wahrscheinlichkeitstheorie für das Verständnis profitorientierter Entscheidungen infrage stellen. Er argumentierte, solche Entscheidungen »haben mit Situationen zu tun, die viel zu [nicht routinemäßig] ... sind, als dass irgendwelche [einzigartigen] statistischen Tabellarisierungen dafür irgendeinen Leitwert haben könnten« (Knight, 1921, S. 198). Die entscheidende Implikation dieser Behauptung ist, dass standardmäßige Wahrscheinlichkeitsdarstellungen individueller Entscheidungen – die davon ausgehen, dass die künftigen Konsequenzen und die ihnen zuzuschreibenden Wahrscheinlichkeiten vollständig im Voraus spezifiziert werden könnten – nicht adäquat charakterisieren können, wie nach Profit strebende Individuen auf Veränderungen reagieren und wie sich die Marktergebnisse im Zeitablauf entfalten.

Keynes (1921, 1936) teilte Knights starke Zweifel am Nutzen der standardmäßigen Wahrscheinlichkeitstheorie für das Verständnis von Veränderungen in der individuellen Entscheidungsfindung und bei den Marktergebnissen: Wir »können uns nicht auf strikte mathematische Erwartungen verlassen, weil die Basis für das Anstellen solcher Berechnungen gar nicht existiert« (Keynes, 1936, S. 162–63). Das Gewicht, das Keynes auf die Rolle der Ungewissheit legte, sowohl hinsichtlich der Ergebnisse als auch der Wahrscheinlichkeiten, spielte eine Schlüsselrolle für seine Analyse der Finanzmärkte und ihres gesamtwirtschaftlichen Einflusses, insbesondere auf die Investitionen.

Ähnlich argumentierte Hayek (1945, S. 519–20), »das ökonomische Problem der Gesellschaft ist das Problem der Verwendung eines Wissens, das in seiner Gesamtheit niemandem gegeben ist«, was impliziert, dass kein mathematisches Modell vollständig nachahmen kann, was die Märkte tun. Diese Beobachtung veranlasste ihn, in seiner Ansprache nach Verleihung des Nobelpreises die wissenschaftliche Anmaßung einer ökonomischen Analyse zurückzuweisen, die vorgibt, individuelle Entscheidungsfindung und Marktergebnisse mit Modellen erklären zu können, die das unvollkommene Wissen in ihren Annahmen einfach ausblenden:

> Unsere Fähigkeit, Dinge vorherzusagen wird auf ... allgemeine Charakteristika der zu erwartenden Ereignisse beschränkt bleiben und nicht die Fähigkeit zur Vorhersage bestimmter einzelner Ereignisse umfassen. ... [Und dennoch,] wie mir wichtig ist zu wiederholen, werden wir immer noch Vorhersagen leisten, die falsifizierbar sind und daher empirische Bedeutung haben. ... Aber die Gefahr, vor der ich warnen möchte, ist genau der Glaube, dass es, um als wissenschaftlich anerkannt zu werden, nötig sei, mehr zu leisten. Auf diesem Wege liegen Scharlatanerie und Schlimmeres. ... Ich gestehe, dass ich ein echtes, aber unvollkommenes Wissen ... der Anmaßung eines exakten Wissens vorziehe, das höchstwahrscheinlich falsch ist. [Hayek, 1978, S. 29, 33]

Das Streben nach Allwissenheit

Hayeks Mahnung war an die Adresse der keynesianischen ökonometrischen Modelle nach 1945 gerichtet, die vorgeblich aus einer Formalisierung von Keynes' Ideen entstanden und mit statistischen Methoden auf der Grundlage historischer Daten eingeschätzt wurden. Zur Zeit von Hayeks Ansprache nach Verleihung des Nobelpreises war die Brauchbarkeit dieser Modelle für die Analyse der Wirtschaftspolitik schwer in die Kritik geraten, entweder weil sie das Prognoseverhalten der Marktteilnehmer mit mechanischen Regeln darstellten, welche die erwogenen Änderungen der wirtschaftspolitischen Maßnahmen gar nicht mit ins Kalkül zogen, oder weil sie die Auswirkungen dieses Verhaltens auf die aggregierten Ergebnisse völlig vernachlässigten.[1]

Modelle rationaler Erwartungen, die in dieser Zeit höchst einflussreich wurden, wurden von ihren Befürwortern als Mittel vorgeschlagen, um diesen Fehler der keynesianischen ökonometrischen Modelle zu beheben. Aber die Modelle rationaler Erwartungen waren genauso mechanisch wie ihre keynesianischen Vorgänger.[2] Da ihre Darstellung des individuellen Prognoseverhaltens beklagenswert inadäquat ist, waren die Modelle rationaler Erwartungen ungeeignet für eine Analyse, wie Marktteilnehmer auf erwogene Veränderungen in der Wirtschaftspolitik reagieren würden. Bemerkenswerterweise (angesichts der Tatsache, dass sie von Hayeks Nachfolgern an der University of Chicago entwickelt wurden) waren diese Modelle überdies vollständig prädeterminiert und führten so »die Anmaßung eines exakten Wissens« fort, die Hayek in seiner Ansprache nach Verleihung des Nobelpreises so vernichtend kritisiert hatte.

Mit dem Auftauchen der Hypothese rationaler Erwartungen bewegten sich Makroökonomie und Finanztheorie weg von der frühmodernen Position, standardmäßige Wahrscheinlichkeitsbeschreibungen hätten für das Verständnis des individuellen Verhaltens und der Markergebnisse kaum einen Wert, und hin zum entgegengesetzten Extrem. Der heutige Ansatz setzt voraus, dass es im Prinzip, abgesehen von ein paar Zufallsfehlerausdrücken, keine Grenzen für das Wissen der Ökonomen gebe. Gewiss erkennen die Ökonomen an, dass der gegenwärtige Stand des Wissens noch nicht weit genug fortgeschritten ist, um eine einzelne Wahrscheinlichkeitsverteilung zur adäquaten Erfassung der »Mechanik der wirtschaftlichen Entwicklung« zu liefern (Lucas, 2002, S. 21). Aber die Entdeckung einer solchen vollständig prädeterminierten Erklärung der Geschichte bleibt doch das Hauptziel im Forschungsprogramm der heutigen Ökonomen.

Der Glaube daran, dass bessere, vollständig prädeterminierte Modelle den Schlüssel zur adäquaten Vorhersage aller künftigen Veränderungen und ihrer Konsequenzen liefern könnten, ist aber nicht nur bei den Anhängern der Hypothese rationaler Erwartungen rätselhaft. Denn als die Verhaltens-

---

1 Für eine Diskussion dieses revolutionären Zeitpunkts in der heutigen Makroökonomie siehe Lucas (1995).

2 Im Unterschied zu seinen Anhängern scheint Lucas (1995, S. 253) diesen Punkt zu erkennen und führt seinen Ansatz zurück auf Tinbergens (1939) Entwicklung makroökonomischer Modelle.

Das Streben nach
Allwissenheit

ökonomen, die viele wichtige Fehler in den Modellen rationaler Erwartungen aufdeckten, ihre Erkenntnisse formalisierten, folgten auch sie ihren konventionellen Vorgängern und taten dies ebenfalls mit vollständig prädeterminierten Modellen.

Exakte versus kontingente Vorhersagen

Das Ziel der heutigen Ökonomen, ein Modell zu finden, das den vollständigen Satz der künftigen Marktergebnisse und Wahrscheinlichkeiten vorhersagen könnte, ist nicht das erste derartige Unterfangen in den Sozialwissenschaften. Mit seiner bedeutsamen Widerlegung der Behauptung, der »Historizismus« könnte eines Tages die Sozialwissenschaften in die Lage versetzen, »den künftigen Verlauf der Geschichte vorherzusagen«, zeigte Karl Popper, dass jeder derartige Vorstoß »in dem Maße, in dem [historische Entwicklungen] durch das Wachstum unseres Wissens beeinflusst werden können«, vergeblich ist (Popper, 1957, S. xi–xii).

Da die Marktergebnisse – insbesondere die Ergebnisse der Finanzmärkte – ganz wesentlich von dem sich wandelnden Verständnis der Prozesse und der Psychologie abhängen, die diesen Ergebnissen sowohl auf der individuellen als auch auf der aggregierten Ebene zugrunde liegen, kann unsere Kritik der heutigen Makroökonomie und Finanztheorie als eine weitere Widerlegung der vergeblichen Bestrebungen des Historizisten angesehen werden. Auch wenn Popper sehr kritisch gegenüber Versuchen war, vollständig prädeterminierte Erklärungen der Geschichte zu entwickeln, beeilte er sich doch, darauf hinzuweisen, dass dieses

> Argument natürlich nicht die Möglichkeit jeglicher Art gesellschaftlicher Vorhersagen widerlegt; es ist im Gegenteil vollkommen kompatibel mit der Möglichkeit, gesellschaftliche Theorien – zum Beispiel ökonomische Theorien – mittels der Vorhersage zu testen, dass unter bestimmten Bedingungen bestimmte Entwicklungen eintreten werden. Es widerlegt nur die Möglichkeit, historische Entwicklungen in dem Maße vorherzusagen, in dem sie durch das Wachstum unseres Wissens beeinflusst werden können. [Popper, 1957, S. xii]

Die Anerkennung unseres eigenen unvollkommenen Wissens

Wie kann die ökonomische Analyse offen bleiben für die Bedeutung von Revisionen bei der Interpretation der Marktergebnisse durch die Marktteilnehmer und dennoch Vorhersagen erzeugen, die empirisch relevant sind? Wie kann sie die Bedeutung von nicht routinemäßigen Veränderungen und unvollkommenem Wissen anerkennen und dennoch individuelles und aggregiertes Verhalten weiter mit mathematischen Ausdrücken darstellen? Der Fortbestand der Relevanz von Makroökonomie und Finanztheorie für die Märkte der wirklichen Welt und die Analyse der Wirtschaftspolitik hängt von ihrer Fähigkeit ab, Antworten auf diese Fragen zu formulieren; die Ökonomie des unvollkommenen Wissens bietet eine Antwort.

Die frühe moderne ökonomische Analyse, insbesondere die von Keynes, wird mitunter so interpretiert, als behaupte sie, ökonomische Entscheidungen, insbesondere auf den Finanzmärkten, rührten nur von unberechenbaren »animalischen Instinkten« her. Wäre dies der Fall, wäre natürlich keine ökonomische Theorie möglich, die darauf abzielt, die Ergebnisse dieser Märkte mit mathematischen Modellen zu erklären und Hypothesen präzise mit empirischen Belegen zu konfrontieren. Wie es Edmund Phelps (2008, S. A19) ausdrückte: »Animalische Instinkte können nicht im Modell nachgebildet werden.« Das Buch von Akerlof und Shiller (2009), dessen Argumentation zufolge animalische Instinkte in einer weiten Definition der Schlüssel zum Verständnis von makroökonomischen Ergebnissen und Kursschwankungen sind, stützt sich auch tatsächlich auf eine berichtende Analysemethode statt auf mathematische Modelle.

Die Ökonomie des unvollkommenen Wissens nimmt eine Mittelposition ein zwischen unberechenbaren animalischen Instinkten und der heutigen Annahme, Veränderungen und deren Konsequenzen könnten mit mechanischen Regeln adäquat im Voraus spezifiziert werden. Im Unterschied zum heutigen Ansatz erkunden die mathematischen Modelle der Ökonomie des unvollkommenen Wissens die Möglichkeit, Veränderungen und deren Konsequenzen mit qualitativen und kontingenten Bedingungen darzustellen. Diese Bedingungen sind kontextabhängig und die qualitativen Regelmäßigkeiten, die sie formalisieren, werden, wie in Kapitel 9 diskutiert, erkennbar – oder verlieren ihre Relevanz – in Momenten, die niemand vollständig vorhersagen kann.

Die Ökonomie des unvollkommenen Wissens vertritt daher nicht die extreme, oft mit Knight in Verbindung gebrachte Ansicht, die Ungewissheit sei so radikal, dass sie es den Ökonomen unmöglich mache, irgendetwas Brauchbares und empirisch Relevantes darüber zu sagen, wie sich Marktergebnisse im Zeitverlauf entfalten. Tatsächlich machen wir, abweichend von der Position Knights und Keynes', nicht standardmäßig Gebrauch von probabilistischem Formalismus.[3] Dieser Ansatz erleichtert die Formalisierung der qualitativen Bedingungen, die Modelle der Ökonomie des unvollkommenen Wissens ausmachen, und die mathematische Ableitung ihrer qualitativen und kontingenten Implikationen. Dagegen erkennt die Ökonomie des unvollkommenen Wissens die Bedeutung der Argumente der frühen modernen Ökonomie an, dass Marktteilnehmer (und Ökonomen) nur zu unvollkommenem Wissen über die kausalen Faktoren Zugang haben, die nützlich sein könnten, um die Ergebnisse zu verstehen.

Da ihre Restriktionen für die Veränderungen qualitativ sind, stellen IKE-Modelle die Ergebnisse zu jedem Zeitpunkt mit unzähligen Wahrscheinlichkeitsverteilungen dar. In diesem Sinne ist jedes derartige Modell offen und spiegelt die von Popper formulierte Tatsache wider: »Ganz abgesehen von der Tatsache, dass wir die Zukunft nicht kennen, ist die Zukunft auch objektiv nicht festgelegt. Die Zukunft ist offen: *objektiv* offen« (Popper, 1990, S. 18, Hervorhebung hinzugefügt).

Die qualitativen und kontingenten Vorhersagen, die von unserem IKE-Modell für die Kursschwankungen von Vermögenswerten erzeugt werden, stellen etwas dar, das Popper als ein erreichbares Ziel der ökonomischen Theorie betrachten würde. Unser Modell sagt zwar voraus, dass der Kurs eines Vermögenswerts unter »bestimmten Bedingungen« eine nachhaltige Bewegung in einer Richtung ausführen wird, sagt aber nicht voraus, wann solche Auf- oder Abschwünge beginnen oder enden werden.

Unser Modell für die Kursschwankungen von Vermögenswerten baut aber nicht nur auf Poppers Erkenntnissen über Möglichkeit, Ausmaß und Charakter von Vorhersagen in den Sozialwissenschaften auf, sondern verdeutlicht darüber hinaus auch Hayeks (1978, S. 33) Behauptung: »Unsere Fähigkeit, Dinge vorherzusagen wird auf ... allgemeine Charakteristika der zu erwartenden Ereignisse beschränkt bleiben und nicht die Fähigkeit zur Vorhersage bestimmter einzelner Ereignisse umfassen.« Ein IKE-Modell vermeidet mit Bedacht, »bestimmte einzelne Ereignisse« vorherzusagen, wie etwa den Zeitpunkt, an dem die Schwankung beginnen oder enden wird, erzeugt aber Vorhersagen über deren »allgemeine Charakteristika« –

---

3 Für eine mathematische Darlegung siehe Frydman und Goldberg (2010a).

zum Beispiel dass sie tendenziell relativ nachhaltig sein werden. Durch die Untersuchung der Nachhaltigkeit und verwandter Merkmale von Schwankungen bei Kursen und Risiko, die von alternativen Modellen impliziert werden, kann ein Ökonom daher Erklärungen für ökonomische Phänomene vergleichen. Johansen et al. (2010) und Frydman et al. (2010b, c) entwickeln einen solchen Ansatz für ökonometrische Testverfahren und kommen zu dem Schluss, dass unser IKE-Modell für Schwankungen auf den Devisenmärkten eine bedeutend bessere Erklärung für Wechselkursbewegungen liefert als Standard- und Blasenmodelle, die auf der Hypothese rationaler Erwartungen basieren.[4]

Diese Studien zeigen: Die Ökonomie des unvollkommenen Wissens kann, obwohl wir unvollkommenes Wissen und nicht routinemäßige Veränderungen ins Zentrum der ökonomischen Analyse stellen und unseren Ehrgeiz darauf beschränken, lediglich qualitative Vorhersagen zu erzeugen, »immer noch Vorhersagen leisten, die falsifizierbar sind und daher empirische Bedeutung haben« (Hayek, 1978, S. 29).

Die Ökonomie des unvollkommenen Wissens als Grenze der makroökonomischen Theorie

In Frydman und Goldberg (2007) und in unseren jüngsten technischen Studien haben wir gezeigt, wie IKE-Modelle neues Licht auf hervorstechende Merkmale empirischer Daten über Kurse und Risiko werfen, die internationale Makroökonomen schon seit Jahrzehnten verwirren. In diesem Buch haben wir den Fokus darauf gerichtet, wie das Erkennen der Schlüsselrolle nicht routinemäßiger Veränderungen und unvollkommenen Wissens uns in die Lage versetzt, besser zu verstehen, wie die Finanzmärkte, besonders die Märkte für Anteilskapital, der Gesellschaft bei der Allokation des Kapitals helfen und warum Kursschwankungen bei den Vermögenswerten ein wesentlicher Bestandteil dieses unentbehrlichen Prozesses sind.

Die Ökonomie des unvollkommenen Wissens bietet auch eine neue Möglichkeit, zu erklären, warum Kursschwankungen mitunter exzessiv werden,

4   Unser Ansatz zum Test der Implikationen von Schwankungsmodellen der Ökonomie des unvollkommenen Wissens gegenüber Modellen rationaler Erwartungen verwendet die Cointegrating VAR Methodology and Inference, die von Soren Johansen und Katarina Juselius in vielen Artikeln der letzten zwei Jahrzehnte entwickelt wurde. Für eine Behandlung in Buchformat siehe Johansen (1996) und Juselius (2006).

und zeigt, wie die bisher vernachlässigte Beziehung zwischen finanziellem Risiko und Kursschwankungen uns helfen kann, zu verstehen, wie exzessive Kursschwankungen ihr Ende finden. Diese Analyse liefert einen gedanklichen Rahmen für eine vorsorgende Politik, die darauf abzielt, exzessive Kursschwankungen zu dämpfen und so die sozialen Kosten zu verringern, die entstehen, wenn sie ihre Richtung umkehren.

Auch wenn die Anwendung der Ökonomie des unvollkommenen Wissens auf die Finanzmärkte vielversprechend erscheint, so ist es doch noch zu früh, eine breitere Anwendbarkeit dieses Ansatzes bei der Modellbildung in Makroökonomie und Politik zu behaupten. Können qualitative und kontingente Regelmäßigkeiten auch in anderem Kontext als auf den Märkten für Vermögenswerte festgestellt werden, dann kann der nicht standardmäßige probabilistische Formalismus der Ökonomie des unvollkommenen Wissens zeigen, wie diese in mathematische Modelle integriert und mit empirischen Belegen konfrontiert werden können. Können aber Revisionen von Prognosestrategien (oder, weiter gefasst, Veränderungen auf individuellem und aggregiertem Niveau) nicht adäquat mit qualitativen und kontingenten Bedingungen charakterisiert werden, dann könnten empirisch relevante Modelle davon, wie sich die Marktergebnisse im Zeitverlauf entfalten, außer Reichweite der ökonomischen Analyse sein. In diesem Sinne stellt die Ökonomie des unvollkommenen Wissens die Grenze dessen dar, was moderne Makroökonomie und Finanztheorie leisten können. Wie weit und in welchem Kontext diese Grenze ausgeweitet werden kann, ist die entscheidende offene Frage, die durch dieses Buch aufgeworfen wird.

Literaturverzeichnis

Abreu, Dilip; Brunnermeier, Markus K. (2003), »Bubbles and Crashes«, *Econometrica* 71: 173–204.

Akerlof, George A. (2001), »Behavioral Macroeconomics and Macroeconomic Behavior«, Ansprache nach Verleihung des Nobelpreises, Stockholm: Nobelstiftung.

Akerlof, George A.; Shiller, Robert J. (2009), *Animal Spirits: How Human Psychology Drives the Economy and Why It Matters for Global Capitalism*, Princeton, NJ: Princeton University Press.

Allen, Franklin; Gorton, Gary (1993), »Churning Bubbles,« *Review of Economics Studies* 60: 813–36.

Atkins, Ralph (2006), »Central Banks Eye Norway's Clarity on Rates«, *Financial Times*, 25. Mai, S. 15.

Barberis, Nicholas C.; Thaler, Richard H. (2003), »A Survey of Behavioral Finance«, in Constantinides, George; Harris, Milton und Stulz, Rene (Hrsg.), *Handbook of the Economics of Finance*, Amsterdam: North-Holland, 1052–121.

Barberis, Nicholas C.; Shleifer, Andrei und Vishny, Robert (1998), »A Model of Investor Sentiment«, *Journal of Financial Economics* 49: 307–43.

Beckman, Joscha; Belke, Ansgar und Kuhl, Michael (2010), »How Stable Are Monetary Models of the Dollar-Euro Exchange Rate? A Time-Varying Coefficient Approach«, Erscheinen angekündigt in *Review of World Economics.*

Bekaert, Geert; Hodrick, Robert J. (1993), »On Biases in the Measurement of Foreign Exchange Risk Premiums«, *Journal of International Money and Finance* 12: 115–38.

Berg, Eric N. (1992), »A Study Shakes Confidence in the Volatile-Stock Theory«, *New York Times*, 18. Februar, S. D1.

Berger, Allen N.; Udell, Gregory F. (1998), »The Economics of Small Business Finance: The Roles of Private Equity and Debt Markets in the Financial Growth Cycle«, *Journal of Banking and Finance* 22: 613–73.

Bernanke, Ben S. (2002), »Asset-Price ‹Bubbles› and Monetary Policy«, Rede vor dem New York Chapter of the National Association for Business Economics, New York, 15. Oktober.

Bernanke, Ben S.; Gertler, Mark (2001), »Should Central Banks Respond to Movements in Asset Prices?«, *American Economic Review* 91: 253–57.

Bernanke, Ben S.; Gertler, Mark und Gilchrist, Simon (1999), »The Financial Accelerator in a Quantitative Business Cycle Framework«, in Taylor, John B.; Woodford, Michael (Hrsg.), *Handbook of Macroeconomics*, Bd. 1, Amsterdam: Elsevier.

Bienz, Carsten; Leite, Tore E. (2008), »A Pecking Order of Venture Capital Exits«, Social Science Research Network Working Paper, April.

BIZ [Bank für Internationalen Zahlungsausgleich] (2010), »Macroprudential Instruments and Frameworks: A Stocktaking of Issues and Experiences«, Committee on the Global Financial System Paper 38, Mai. Verfügbar unter: http://www.bis.org/publ/cgfs38.htm.

Black, Bernard S.; Gilson, Ronald J. (1998), »Venture Capital and the Structure of Capital Markets: Banks versus Stock

Markets«, *Journal of Financial Economics* 47: 243–77.

Blanchard, Olivier (2009), »The State of Macro«, *Annual Review of Economics* 1: 209–28.

Bordo, Michael (2003), »Stock Market Crashes, Productivity Boom Busts and Recessions: Some Historical Evidence«, Hintergrundpapier, erstellt für Kapitel über Asset Price Busts, *World Economic Outlook*, April. Verfügbar unter: http://sites.google.com/site/michaelbordo/.

Bordo, Michael; Jeanne, Olivier (2004), »Boom-Busts in Asset Prices, Economic Instability and Monetary Policy«, in Richard Burdekin und Pierre Siklos (Hrsg.), *Deflation: Current and Historical Perspectives*, Cambridge: Cambridge University Press.

Borio, Claudio (2003), »Towards a Macroprudential Framework for Financial Supervision and Regulation«, Bank für Internationalen Zahlungsausgleich, Arbeitspapier 128, Basel, Schweiz, Februar.

Borio, Claudio; Lowe, Philip (2002a), »Asset Prices, Financial and Monetary Stability: Exploring the Nexus«, Bank für Internationalen Zahlungsausgleich, Arbeitspapier 114, Basel, Schweiz, Juli.

——— (2002b), »Assessing the Risk of Banking Crises«, *BIZ, Quarterly Review*, Dezember: 43–54.

Borio, Claudio; Shim, Ilhyock (2007), »What Can (Macro-)Prudential Policy Do to Support Monetary Policy?«, Bank für Internationalen Zahlungsausgleich, Arbeitspapier 242, Basel, Schweiz, Dezember.

Boughton, John M. (1987), »Tests of the Performance of Reduced-Form Exchange Rate Models«, *Journal of International Economics* 23: 41–56.

Brown, R. L.; Durbin, J. und Evans, J. M. (1975), »Techniques for Testing the Constancy of Regression Relationships over Time (with Discussion),« *Journal of the Royal Statistical Society* B 37: 149–92.

Brunnermeier, Markus K. (2001), *Asset Pricing under Asymmetric Information: Bubbles, Crashes, Technical Analysis, and Herding*, Oxford: Oxford University Press.

Bygrave, William D.; Timmons, Jerry A. (1992), »Venture Capital at the Crossroads«, Cambridge, MA: Harvard Business School Press.

Camerer, Colin; Loewenstein, George und Rabin, Matthew (2004), *Advances in Behavioral Economics*, Princeton, NJ: Princeton University Press.

Campbell, John Y.; Shiller, Robert J. (1988), »Stock, Prices, Earnings, and Expected Dividends«, *Journal of Finance* 43: 661–76.

——— (1998), »Valuation Ratios and the Long-Run Stock Market Outlook«, *Journal of Portfolio Management* 24: 11–26.

Cassidy, John (2009), *How Markets Fail*, New York: Farrar, Straus and Giroux.

——— (2010a), »Interview with James Heckman«, New York. Verfügbar unter http://www.newyorker.com/online/blogs/johncassidy/2010/01/interview-with-james-heckman.html.

——— (2010b), »Interview with John Cochrane«, New York. Verfügbar unter http://www.newyorker.com/online/blogs/johncassidy/2010/01/interview-with-james-heckman.html.

Cavusoglu, Nevin; Frydman, Roman und Goldberg, Michael D. (2010), »The Premium on Foreign Exchange and Historical Benchmarks: Evidence from 10 Currency Markets«, vervielfältigt, University of New Hampshire, Durham.

Cecchetti, Stephen; Genberg, Hans; Lipsky, John und Wadhwani, Sushil (2000), »Asset Prices and Central Bank Policy«, Geneva Report on the World Economy 2, International Center for Monetary and Banking Studies and Centre for Economic Policy Research.

Cecchetti, Stephen; Genberg, Hans und Wadhwani, Sushil (2002), »Asset Prices in a Flexible Inflation Targeting Framework«, in William C. Hunter, George G. Kaufman und Michael Pomerleano (Hrsg.), *Asset Price Bubbles: Implications for Monetary, Regulatory, and International Policies*, Cambridge, MA: MIT Press.

Chen, Hsiu-Lang; Jegadeesh, Narasimhan und Wermers, Russ (2000), »The Value of Active Mutual Fund Management: An Examination of the Stockholdings and Trades of Fund Managers«, *Journal of Financial and Quantitative Analysis* 35: 343–68.

Cheung, Yin-Wong; Chinn, Menzie D. (2001), »Currency Traders and Exchange Rate Dynamics: A Survey of the U.S. Market«, *Journal of International Money and Finance* 20: 439–71.

Cheung, Yin-Wong; Chinn, Menzie D. und Marsh, Ian (1999), »How do UK-Based Foreign Exchange Dealers Think Their Market Operates?«, CEPR Discussion Paper 2230, London: Center for Economic Policy Research.

Cheung, Yin-Wong; Chinn, Menzie D. und Pascual, Antonio Garcia (2005), »Empirical Exchange Rate Models of the Nineties: Are Any Fit to Survive?«, *Journal of International Money and Finance* 24: 1150–75.

Christoffel, Kai; Coenen, Günter und Warne, Anders (2010), »Forecasting with DSGE Models«, Europäische Zentralbank, Arbeitspapier 1185, Frankfurt/Main, Mai.

Cochrane, John H. (2009), »How Did Paul Krugman Get It So Wrong?«, Verfügbar unter http://faculty.chicagobooth.edu/john.cochrane/research/Papers/ krugman_response.htm.

Crotty, James R. (1986), »Marx, Keynes, and Minsky on the Instability of the Capitalist Growth Process and the Nature of Government Economic Policy«, vervielfältigt.

De Bondt, Werner F. M.; Thaler, Richard H. (1985), »Does the Stock Market Overreact?«, *Journal of Finance* 40: 793–808.

De Grauwe, Paul; Grimaldi, Marianna (2006), *The Exchange Rate in a Behavioral Finance Framework*, Princeton, NJ: Princeton University Press.

DeLong, Bradford J.; Shleifer, Andrei; Summers, Lawrence H. und Waldman, Robert J. (1990a), »Noise Trader Risk in Financial Markets«, *Journal of Political Economy* 98: 703–38.

——— (1990b), »Positive Feedback Investment Strategies and Destabilizing Rational Speculation«, *Journal of Finance* 45: 375–95.

Dominguez, Kathryn M.; Frankel, Jeffrey A. (1993), *Does Foreign Exchange Intervention Work?* Washington, DC: Institute for International Economics.

Dornbusch, Rudiger; Frankel, Jeffrey A. (1988), »The Flexible Exchange Rate System: Experience and Alternatives«, in Silvio Borner (Hrsg.), *International Finance and Trade*, London: Macmillan, nachgedruckt in Jeffrey A. Frankel (Hrsg.) (1995), *On Exchange Rates*, Cambridge MA: MIT Press.

Dow, Alexander; Dow, Sheila (1985), »Animal Spirits and Rationality«, in Tony Lawson und Hashem Pesaran (Hrsg.), *Keynes' Economics: Methodological Issues*, Armonk, NY: M. E. Sharpe.

Edwards, Ward (1968), »Conservatism in Human Information Processing«, in Benjamin Kleinmuth (Hrsg.), *Formal Representation of Human Judgement*, New York: John Wiley and Sons.

Engel, Charles A. (1996), »The Forward Discount Anomaly and the Risk Premium: A Survey of Recent Evidence«, *Journal of Empirical Finance* 3: 123–91.

Evans, George W.; Honkapohja, Seppo (2005), »An Interview with Thomas J. Sargent«, *Macroeconomic Dynamics* 9: 561–83.

Faisenthal, Mark (2008), »Greenspan ‹Shocked› at Credit System Breakdown,« Reuters.com, 23. Oktober: http://www.reuters.com.

Fama, Eugene F. (1965), »Random Walks in Stock Market Prices«, *Financial Analysts Journal* 21: 55–59.

——— (1970), »Efficient Capital Markets: A Review of Theory and Empirical Work«, *Journal of Finance* 25: 383–417.

——— (1976), *Foundations of Finance*, New York: Basic Books.

——— (1991), »Efficient Capital Markets: II«, *Journal of Finance* 46: 1575–617.

Fama, Eugene F.; French, Kenneth (1988), »Permanent and Temporary Components of Stock Prices«, *Journal of Political Economy* 96: 246–73.

—— (1989), »Business Conditions and Expected Returns on Stocks and Bonds«, *Journal of Financial Economics* 25: 23–49.

Fama, Eugene F.; MacBeth, James D. (1973), »Risk, Return, and Equilibrium: Empirical Tests«, *Journal of Political Economy* 81: 607–36.

Farmer, Roger (2009), »A New Monetary Policy for the 21st Century«, FT.com, 12. Januar: http://www.FT.com.

Fatum, Rasmus; Hutchison, Michael M. (2003), »Is Sterilized Foreign Exchange Intervention Effective after All? An Event Study Approach«, *Economic Journal* 113: 390–411.

—— (2006), »Effectiveness of Official Daily Foreign Exchange Market Intervention Operations in Japan«, *Journal of International Money and Finance* 25: 199–219.

Fernández de Lis, Santiago; Pagés, Jorge Martinez und Saurina, Jesús (2001), »Credit Growth, Problem Loans and Credit Risk Provisioning in Spain«, in *Marrying the Macro- and Microprudential Dimensions of Financial Stability*, Bank für Internationalen Zahlungsausgleich Diskussionspapier 1, März. Verfügbar unter: http://www.bis.org/publ/bppdf/bispap01.htm.

Fox, Justin (2009), *The Myth of the Rational Market*, New York: Harper-Collins.

Frankel, Jeffrey A. (1985), »The Dazzling Dollar«, *Brookings Papers on Economic Activity* 1: 190–217.

Frankel, Jeffrey A.; Froot, Kenneth (1987), »Understanding the U.S. Dollar in the Eighties: The Expectations of Chartists and Fundamentalists«, *Economic Record* Special issue: 24–38. Nachgedruckt in Jeffrey A. Frankel (Hrsg.) (1995), *On Exchange Rates*, Cambridge, MA: MIT Press.

Frankel, Jeffrey A.; Rose, Andrew K. (1995), »Empirical Research on Nominal Exchange Rates«, in Gene Grossman und Kenneth S. Rogoff (Hrsg.), *Handbook of International Economics*, Bd. III, Amsterdam: North-Holland.

Friedman, Benjamin M. (2009), »The Failure of the Economy & the Economists«, *New York Review of Books*, 28. Mai, S. 42–45.

Friedman, Milton (1953), *Essays in Positive Economics*, Chicago: University of Chicago Press.

Froot, Kenneth A.; Thaler, Richard H. (1990), »Anomalies: Foreign Exchange«, *Journal of Economic Perspectives* 4 (Sommer): 179–92.

Frydman, Roman (1982), »Towards an Understanding of Market Processes: Individual Expectations, Learning and Convergence to Rational Expectations Equilibrium«, *American Economic Review* 72: 652–68.

—— (1983), »Individual Rationality, Decentralization and the Rational Expectations Hypothesis«, in Roman Frydman and Edmund S. Phelps (Hrsg.), *Individual Forecasting and Aggregate Outcomes: »Rational Expectations« Examined*, New York: Cambridge University Press.

Frydman, Roman; Goldberg, Michael D. (2003), »Imperfect Knowledge Expectations, Uncertainty-Adjusted Uncovered Interest Rate Parity, and Exchange Rate Dynamics«, in Philippe Aghion, Roman Frydman, Joseph Stiglitz und Michael Woodford (Hg.), *Knowledge, Information, and Expectations in Modern Macroeconomics: In Honor of Edmund S. Phelps*, Princeton, NJ: Princeton University Press.

—— (2004), »Limiting Exchange Rate Swings in a World of Imperfect Knowledge«, in Peter Sorensen (Hrsg.), *European Monetary Integration: Historical Perspectives and Prospects for the Future. Essays in Honour of Niels Thygesen*, Kopenhagen: DJOEF.

—— (2007), *Imperfect Knowledge Economics: Exchange Rates and Risk*, Princeton, NJ: Princeton University Press.

—— (2008), »Macroeconomic Theory for a World of Imperfect Knowledge«, *Capitalism and Society* 3(3): Artikel 1, http://www.bepress.com/ cas/vol3/iss3/art1/.

—— (2009), »Financial Markets and the State: Price Swings, Risk, and the Scope of Regulation«, *Capitalism and Society* 4(2): Artikel 2, http://www.bepress.com/cas/vol4/iss2/art2/.

—— (2010a), »The Imperfect Knowledge Imperative in Modern Macroeconomics and Finance Theory«, erstellt für die Konferenz über Microfoundations for Modern Macroeconomics, Center on Capitalism and Society, Columbia University, New York, 19. November, Erscheinen angekündigt in Roman Frydman und Edmund S. Phelps (Hrsg.), *Foundations for a Macroeconomics of the Modern Economy*.

—— (2010b), »Opening Models of Asset Prices and Risk to Non-Routine Change,« erstellt für die Konferenz über Microfoundations for Modern Macroeconomics, Center on Capitalism and Society, Columbia University, New York, 19. November, Erscheinen angekündigt in Roman Frydman und Edmund S. Phelps (Hrsg.), *Foundations for a Macroeconomics of the Modern Economy*.

Frydman, Roman; Phelps, Edmund S. (1983), »Introduction«, in Roman Frydman und Edmund S. Phelps (Hrsg.), *Individual Forecasting and Aggregate Outcomes: »Rational Expectations« Examined*, New York: Cambridge University Press.

—— (1990), »Pluralism of Theories Problems in Post-Rational-Expectations Modeling«, Papier vorgelegt beim 1990 Siena Summer Workshop on Expectations and Learning, Siena, Italien, Juni.

Frydman, Roman; Rapaczynski, Andrzej (1993), »Markets by Design,« Manuskript, New York.

—— (1994), *Privatization in Eastern Europe: Is the State Withering Away?* Budapest und Oxford: Central European University Press in Kooperation mit Oxford University Press.

Frydman, Roman; Gray, Cheryl; Hessel, Marek und Rapaczynski, Andrzej (1999), »When Does Privatization Work? The Impact of Private Ownership on Corporate Performance in Transition Economies«, *Quarterly Journal of Economics* 114: 1153–92.

—— (2000), »The Limits of Discipline: Ownership and Hard Budget Constraints in the Transition Economies«, *Economics of Transition* 8: 577–601.

Frydman, Roman; Hessel, Marek und Rapaczynski, Andrzej (2006), »Why Ownership Matters: Entrepreneurship and the Restructuring of Enterprises in Central Europe«, in Merritt B. Fox and Michael A. Heller (Hrsg.), *Corporate Governance Lessons from Transition Economies*, Princeton, NJ: Princeton University Press.

Frydman, Roman; Goldberg, Michael D. und Phelps, Edmund S. (2008), »We Must Not Rely Only on the Rosiest Ratings«, *Financial Times*, 20. Oktober, S. 11.

Frydman, Roman; Khan, Omar und Rapaczynski, Andrzej (2010a), »Entrepreneurship in Europe and the United States: Security, Finance, and Accountability«, Erscheinen angekündigt in Edmund S. Phelps und Hans-Werner Sinn (Hrsg.), *Perspectives on the Performance of the Continent's Economies*, Cambridge, MA: MIT Press.

Frydman, Roman; Goldberg, Michael D.; Johansen, Soren und Juselius, Katarina (2010b), »Why REH Bubble Models Do Not Adequately Account for Swings«, vervielfältigt, Universität Kopenhagen, Dänemark.

—— (2010c), »Imperfect Knowledge and Long Swings in Currency Markets«, vervielfältigt, Universität Kopenhagen, Dänemark.

Goldberg, Michael D.; Frydman, Roman (1996a), »Imperfect Knowledge and Behavior in the Foreign Exchange Market«, *Economic Journal* 106: 869–93.

—— (1996b), »Empirical Exchange Rate Models and Shifts in the Co-Integrating Vector«, *Journal of Structural Change and Economic Dynamics* 7: 55–78.

—— (2001), »Macroeconomic Fundamentals and the DM/$ Exchange Rate: Temporal Instability and the Monetary Model«, *International Journal of Finance and Economics* 19: 421–35.

Gollier, Christian (2001), *The Economics of Risk and Time*, Cambridge, MA: MIT Press.

Gompers, Paul; Lerner, Josh (1997), »Risk and Reward in Private Equity Investments: The Challenge of Performance Assessment,« *Journal of Private Equity* 1: 5–12.

Gourinchas, Pierre-Olivier; Tornell, Aaron (2004), »Exchange Rate Puzzles and Distorted Beliefs«, *Journal of International Economics* 64: 303–33.

Greenspan, Alan (2007), *The Age of Turbulence: Adventures in a New World*, London: Penguin.

Gromb, Denis; Vayanos, Dimitri (2010), »Limits to Arbitrage: The State of the Theory,« *Annual Review of Financial Economics* 2: 251–75.

Grossman, Sanford; Stiglitz, Joseph E. (1980), »On the Impossibility of Informationally Efficient Markets«, *American Economic Review* 70: 393–408.

Gürkaynak, Refet S.; Levin, Andrew T. und Swanson, Eric T. (2006), »Does Inflation Targeting Anchor Long-Run Inflation Expectations? Evidence from Long-Term Bond Yields in the U.S., U.K., and Sweden«, Federal Reserve Bank of San Francisco Working Paper 2006-09, San Francisco, März.

Hamilton, James D. (1988), »Rational-Expectations Econometric Analysis of Changes in Regime: An Investigation of the Term Structure of Interest Rates,« *Journal of Economics Dynamics and Control* 12: 385–423.

Hare, Paul G. (1981a), »Aggregate Planning by Means of Input-Output and Material-Balances Systems«, *Journal of Comparative Economics* 9: 272–91.

——— (1981b), »Economics of Shortage and Non-Price Controls«, *Journal of Comparative Economics* 9: 406–25.

Hayek, Friedrich A. (1945), »The Use of Knowledge in Society«, *American Economic Review* 35: 519–30.

——— (1948), *Individualism and Economic Order*, Chicago: University of Chicago Press.

——— (1978), »The Pretence of Knowledge«, Ansprache nach Verleihung des Nobelpreises 1974, in *New Studies in Philosophy, Politics, Economics and History of Ideas*, Chicago: University of Chicago Press.

Heid, Frank (2007), »The Cyclical Effects of the Basel II Capital Requirements«, *Journal of Banking and Finance* 31: 3885–900.

Hessels, Jolanda; Grilo, Isabel und van der Zwan, Peter (2009), »Entrepreneurial Exit and Entrepreneurial Engagement«, Scientific Analysis of Entrepreneurship and SME's, Zoetermeer, Niederlande, Juni.

Hindu Business Line (2007), »Investment Nuggets: Walter Schloss«, 14. Januar: http://www.thehindubusinessline.com.

Institute of International Finance (2010), »The Net Cumulative Economic Impact of Banking Sector Regulation: Some New Perspectives«, Oktober, Washington, DC.

Jegadeesh, Narasimhan; Titman, Sheridan (1993), »Returns to Buying Winners and Selling Losers: Implications for Stock Market Efficiency«, *Journal of Finance* 48: 65–91.

Jensen, Michael C. (1978), »Some Anomalous Evidence Regarding Market Efficiency«, *Journal of Financial Economics* 6: 95–101.

Johansen, Soren (1996), *Likelihood Based Inference on Cointegration in the Vector Autoregressive Model*, Oxford: Oxford University Press.

Johansen, Soren; Juselius, Katarina; Frydman, Roman und Goldberg, Michael D. (2010), »Testing Hypotheses in an I(2) Model with Piecewise Linear Trends: An Analysis of the Persistent Long Swings in the Dmk/\$ Rate«, *Journal of Econometrics* 158: 117–29.

Juselius, Katarina (2006), *The Cointegrated VAR Model: Methodology and Applications*, Oxford: Oxford University Press.

Kahn, James A. (2009), »Productivity Swings and Housing Prices«, *Federal Reserve Bank of New York Current Issues in Economics* 15: 1–8.

Kahneman, Daniel; Tversky, Amos (1979), »Prospect Theory: An Analysis of Decision under Risk«, *Econometrica* 47: 263–91.

Kaletsky, Anatole (2010), *Capitalism 4.0*, New York: Public Affairs.

Keynes, John Maynard (1921), *A Treatise on Probability*, London: Macmillan, nachgedruckt 1957.

——— (1936), *The General Theory of Employment, Interest and Money*, Harcourt, Brace and World.

——— (1971–1989), *The Collected Writings of John Maynard Keynes*, 30 Bde., Cambridge: Macmillan and Cambridge University Press.

Kindleberger, Charles P. (1996), *Manias, Panics, and Crashes*, New York: John Wiley and Sons.

King, Mervyn (2005), »Monetary Policy—Practice Ahead of Theory«, Mais Lecture 2005, Bank of England, London. Verfügbar unter http://www.bankofengland/news/2005/056.htm.

Knight, Frank H. (1921), *Risk, Uncertainty and Profit*, Boston: Houghton Mifflin.

Krugman, Paul R. (1986), »Is the Strong Dollar Sustainable?«, NBER Working Paper 1644, National Bureau of Economic Research, Cambridge, MA.

——— (2009), »How Did Economists Get It So Wrong?«, *New York Times Magazine*, 2. September, S. 36–43.

Kydland, Finn E.; Prescott, Edward C. (1977), »Rules Rather Than Discretion: The Inconsistency of Optimal Plans«, *Journal of Political Economy* 85: 473–91.

——— (1996), »A Computational Experiment: An Econometric Tool«*Journal of Economic Perspectives* 10: 69–85.

Lange, Oscar (1967), »The Computer and the Market«, in C. H. Feinstein (Hrsg.), *Socialism, Capitalism and Economic Growth*, Cambridge: Cambridge University Press.

Lerner, Josh (1994), »Venture Capitalists and the Decision to Go Public«, *Journal of Financial Economics* 35: 293–316.

Le Roy, Stephen (1989), »Efficient Capital Markets and Martingales«, *Journal of Economic Literature* 27: 1583–621.

Lewis, Karen K. (1995), »Puzzles in International Financial Markets«, in Gene Grossman and Kenneth S. Rogoff (Hrsg.), *Handbook of International Economics*, Bd. III, Amsterdam: North-Holland, 1913–17.

Lo, Andrew W.; MacKinlay, A. Craig (1999), *A Non-Random Walk down Wall Street*, Princeton, NJ: Princeton University Press.

Lowenstein, Roger (1995), *Buffett: The Making of an American Capitalist*, New York: Random House.

Lucas, Robert E. Jr. (1973), »Some International Evidence on Output-Inflation Trade-Offs«, *American Economic Review* 63: 326–34.

——— (1976), »Econometric Policy Evaluation: A Critique«, in Karl Brunner und Allan H. Meltzer (Hrsg.), *The Phillips Curve and Labor Markets*, Carnegie-Rochester Conference Series on Public Policy, Amsterdam: North-Holland.

——— (1995), »The Monetary Neutrality«, Ansprache nach Verleihung des Nobelpreises, Stockholm: Nobelstiftung.

——— (2001), »Professional Memoir«, vervielfältigt, University of Chicago. Verfügbar unter http://home.uchicago.edu.

——— (2002), *Lectures on Economic Growth*, Cambridge, MA: Harvard University Press.

Macroeconomic Assessment Group (2010), »Interim Report: Assessing the Macroeconomic Impact of the Transition to Stronger Capital and Liquidity Requirements«, Bank für Internationalen Zahlungsausgleich, Basel, Schweiz, August.

Mangee, Nicholas (2011), »Long Swings in Stock Prices: Market Fundamentals and Psychology«, Ph.D. dissertation, University of New Hampshire, Durham, Erscheinen angekündigt.

Mark, Nelson C.; Wu, Yangru (1998), »Rethinking Deviations from Uncovered Interest Parity: The Role of Covariance Risk and Noise«, *Economic Journal* 108: 1686–786.

Marx, Karl (1981), *Capital*, Bd. 3, London: Penguin.

Meese, Richard A.; Rogoff, Kenneth S. (1983), »Empirical Exchange Rate Models of the Seventies: Do They Fit out of Sample?«, *Journal of International Economics* 14: 3–24.

———— (1988), »Was It Real? The Exchange
Rate-Interest Differential Relation over the
Modern Floating-Rate Period«, *Journal of
Finance* 43: 993–48.

Mehra, Rajnish; Prescott, Edward C. (1985),
»The Equity Premium Puzzle: A Puzzle«,
Journal of Monetary Economics 15: 145–61.

Melberg, Hans O. (2010), »A Note on Keynes' Animal Spirits«, vervielfältigt, Oslo,
Norwegen.

Menkhoff, Lukas; Taylor, Mark P. (2007),
»The Obstinate Passion of Foreign Ex-
change Professionals: Technical Analysis«,
Journal of Economic Literature 45: 936–72.

Minsky, Hyman (2008), *Stabilizing an Un-
stable Economy*, New York: McGraw-Hill.

Montias, Michael J. (1962), *Central Planning
in Poland*, New Haven, CT: Yale University
Press.

Muelbauer, John (2008), »The World's Central Banks Must Buy Assets«, *Financial
Times*, 25. November, Asia edition 1, S. 11.

Muth, John F. (1961), »Rational Expectations
and the Theory of Price Movements«, *Econometrica* 29: 315–35.

Obstfeld, Maurice; Rogoff, Kenneth S.
(1996), *Foundations of International Macroeconomics*, Cambridge, MA: MIT Press.

Orphanides, Athanasios; Williams John C.
(2007), »Inflation Targeting under Imperfect Knowledge«, *Federal Reserve Bank of
San Francisco Economic Review* 1–23.

Phelps, Edmund S. (1983), »The Trouble
with ‹Rational Expectations' and the
Problem of Inflation Stabilization«, in
Roman Frydman and Edmund S. Phelps
(Hrsg.), *Individual Forecasting and Aggrega-
te Outcomes: »Rational Expectations« Ex-
amined*, New York: Cambridge University
Press.

———— (2008), »Our Uncertain Economy«,
Wall Street Journal, 14. März, S. A19.

———— (2009), »Uncertainty Bedevils the
Best System«, *Financial Times*, 15. April,
S. 13.

Phelps, Edmund S.; Alchian, Armen A.;
Holt, Charles C.; Mortensen, Dale T.; Ar-
chibald, G.C.; Lucas, Robert E. und Rap-
ping, Leonard A. (1970), *Microeconomic
Foundations of Employment and Inflation*,
New York: Norton.

Popper, Karl R. (1946), *The Open Society and
Its Enemies*, Princeton, NJ: Princeton University Press, nachgedruckt 1962.

———— (1957), *The Poverty of Historicism*,
London und New York: Routledge.

———— (1990), *A World of Propensities*, Bris-
tol, Großbritannien: Thoemmes Antiquari-
an Books.

———— (1992), *The Logic of Scientific Dis-
covery*, London und New York: Routledge.

Prescott, Edward C. (2006), »Nobel Lecture:
The Transformation of Macroeconomic
Policy and Research«, *Journal of Political
Economy* 114: 203–35.

Rabin, Matthew (2002), »A Perspective on
Psychology and Economics,« *European
Economic Review* 46: 657–85.

Reinhart, Carmen M.; Rogoff, Kenneth S.
(2009), *This Time Is Different: Eight Centu-
ries of Financial Folly*, Princeton, NJ:
Princeton University Press.

Repullo, Rafael; Suarez, Javier (2008), »The
Procyclical Effects of Basel II«, Diskussionspapier, Centre for Economic Policy Research, London.

Rogoff, Kenneth S.; Stavrakeva, Vania
(2008), »The Continuing Puzzle of Short
Horizon Exchange Rate Forecasting«,
NBER Working Paper 14701, National Bu-
reau of Economic Research, Cambridge,
MA.

Samuelson, Paul A. (1965a), »Some Notions
of Causality and Teleology in Economics«,
in D. Lerner (Hrsg.), *Cause and Effect*,
Glencoe, IL: Free Press.

———— (1965b), »Proof That Properly
Anticipated Prices Fluctuate Randomly«,
Industrial Management Review 6:
41–49.

———— (1973), »Proof That Properly Dis-
counted Present Values of Assets Vibrate
Randomly«, *Bell Journal of Economics* 4:
369–74.

Sargent, Thomas J. (1987), *Macroeconomic
Theory*, New York: Academic Press.

———— (1993), *Bounded Rationality in Macroeconomics*, Oxford: Oxford University Press.

—— (2001), *The Conquest of American Inflation*, Princeton, NJ: Princeton University Press.

—— (2010), »An Interview with Arthur J. Rolnick: Modern Macroeconomics Under Attack«, Federal Reserve Bank of Minneapolis, September. Verfügbar unter: http://www.minneapolisfed.org/publications_papers/pub_display.cfm?id=4526.

Sarkar, Asani; Shrader, Jeffrey (2010), »Financial Amplification Mechanisms and the Federal Reserve's Supply of Liquidity during the Financial Crisis«, in »Special Issue: Central Bank Liquidity Tools and Perspectives on Regulatory Reform«, *Federal Reserve Bank of New York Economic Policy Review* 16: 55–74.

Schulmeister, Stephan (2003), »Technical Trading Systems and Stock Price Dynamics«, WIFO-Studie mit Unterstützung des Jubiläumsfonds der Österreichischen Nationalbank 2002, Wien, Österreich.

—— (2006), »The Interaction between Technical Currency Trading and Exchange Rate Fluctuations«, *Finance Research Letters* 3: 212–33.

Shiller, Robert J. (1981), »Do Stock Prices Move Too Much to Be Justified by Subsequent Changes in Dividends?«, *American Economic Review* 71: 421–36.

—— (2000), *Irrational Exuberance*, New York: Broadway Books.

Shleifer, Andrei (2000), *Inefficient Markets*, Oxford: Oxford University Press.

Simon, Herbert A. (1971), »Theories of Bounded Rationality«, in Bruce McGuire und Roy Radner (Hrsg.), *Decision and Organization*, Amsterdam: North-Holland.

Sims, Christopher A. (1996), »Macroeconomics and Methodology«, *Journal of Economic Perspectives* 10: 105–20.

—— (2010), »How Empirical Evidence Does or Does Not Influence Economic Thinking«, Präsentation bei der Eröffnungskonferenz des Institute for New Economic Thinking, Cambridge, 8.–11. April. Verfügbar unter http://ineteconomics.org/sites/inet.civicactions.net/files/INET Session5-ChristopherSims.pdf.

Skidelsky, Robert (1983), *John Maynard Keynes*, Bd. 1, London: Macmillan.

—— (1992), *John Maynard Keynes*, Bd. 2, London: Macmillan.

—— (2000), *John Maynard Keynes*, Bd. 3, London: Macmillan.

—— (2009), *Keynes: The Return of the Master*, New York: Public Affairs.

—— (2010), »Keynes and the Social Democratic Tradition«, Project Syndicate, 10. Juni: http://www.project-syndicate.org.

Soros, George (1987), *The Alchemy of Finance*, New York: Wiley.

—— (2008), *The New Paradigm for Financial Markets: The Credit Crisis of 2008 and What It Means*, New York: Public Affairs.

—— (2009), »Financial Markets«, Lecture 2 der Central European University Lectures, Budapest, Ungarn, 27. October. Verfügbar unter http://www.ceu.hu/news/2009-10-26/the-ceu-lectures-george-soros-on-the-economy-reflexivity-and-open-society-0.

Spence, Michael A. (2001), »Signaling in Retrospect and the Informational Structure of Markets«, Ansprache nach Verleihung des Nobelpreises, Stockholm: Nobelstiftung. Verfügbar unter: http://nobelprize.org/nobel_prizes/economics/laureates/2001/spence-lecture.pdf.

Stiglitz, Joseph E. (2001), »Information and the Change in the Paradigm in Economics«, Ansprache nach Verleihung des Nobelpreises, Stockholm: Nobelstiftung, verfügbar unter: http://nobelprize.org/nobel_prizes/economics/laureates/2001/stiglitz-lecture.pdf.

—— (2010), »The Non-Existent Hand«, *London Review of Books*, 22. April, S. 17–18.

Stillwagon, Josh (2010), »Imperfect Knowledge and Currency Risk: A CVAR Analysis with Survey«, vervielfältigt, University of New Hampshire, Durham.

Tinbergen, Jan (1939), *Business Cycles in the United States of America, 1919–32*, Genf: Völkerbund.

Tobin, James (1958), »Liquidity Preference as Behavior Towards Risk«, *Review of Economic Studies* 25(1): 15–29.

Trichet, Jean-Claude (2010), »Introductory Remarks«, Pressefonferenz der Europäischen Zentralbank, 2. September. Verfügbar unter: http://www.ecb.int/press/pressconf/2010/html/is100902.en.html.

Turner, Adair (2009), »The Turner Review: A Regulatory Response to the Global Banking Crisis«, Financial Services Authority, London. Verfügbar unter http://www.fsa.gov.uk/pubs/other/turner_review.pdf.

Vajna, Thomas (1982), »Problems and Trends in the Development of the Hungarian Economic Mechanism: A Balance Sheet of the 1970s«, in Alec Nove, Hans-Hermann Hohmann und Getraud Seidenstecher (Hrsg.), *The East European Economies in the 1970s*, London: Butterworths.

Venture Economics (1988), *Exiting Venture Capital Investments*, Needham, MA: Venture Economics.

Volcker, Paul (2010), »The Time We Have Is Growing Short«, *New York Review of Books*, 24. Juni, S. 12, 14.

Wallace, A. (1980), »Is Beta Dead?«, *Institutional Investor*, Juli, S. 23–30.

Wright, Mike; Robbie, Ken und Ennew, Christine T. (1997), »Serial Entrepreneurs«, *British Journal of Management* 8: 251–68.

Zaleski, Eugène (1980), *Stalinist Planning for Economic Growth, 1933–1955*, Chapel Hill: University of North Carolina Press.

Zheng, L. (2009), »The Puzzling Behavior of Equity Returns: The Need to Move Beyond the Consumption Capital Asset Pricing Model«, Ph.D. dissertation, University of New Hampshire, Durham.

Stichwortverzeichnis